Die Auftragsdefinition für den öffentlich-rechtlichen Rundfunk nach dem 7. und 8. Rundfunkänderungsstaatsvertrag

Studien zum deutschen und europäischen Medienrecht

herausgegeben von Dieter Dörr und Udo Fink

mit Unterstützung der Dr. Feldbausch Stiftung

Bd. 25

PETER LANG

Frankfurt am Main · Berlin · Bern · Bruxelles · New York · Oxford · Wien

Valérie Schüller

Die Auftragsdefinition für den öffentlich-rechtlichen Rundfunk nach dem 7. und 8. Rundfunkänderungsstaatsvertrag

PETER LANG
Internationaler Verlag der Wissenschaften

Bibliografische Information der Deutschen Nationalbibliothek
Die Deutsche Nationalbibliothek verzeichnet diese Publikation in der Deutschen Nationalbibliografie; detaillierte bibliografische Daten sind im Internet über <http://www.d-nb.de> abrufbar.

Zugl.: Mainz, Univ., Diss., 2006

D 77
ISSN 1438-4981
ISBN 978-3-631-55786-0

www.peterlang.de

Meinen Eltern und Schwestern

Vorwort des Herausgebers

Wenn man den Titel der vorliegenden Abhandlung liest, könnte man meinen, es handele sich um eine Frage, die bereits Gegenstand zahlreicher Monografien und Aufsätze ist. Schon seit geraumer Zeit wird über die Grundversorgungsaufgabe und den Funktionsbereich des öffentlich-rechtlichen Rundfunks diskutiert und gestritten. Trotzdem ist dieser Eindruck einer schon ausdiskutierten Frage unzutreffend. Vielmehr hat das Problem, welchen Auftrag der öffentlich-rechtliche Rundfunk hat, nicht zuletzt vor dem Hintergrund des Europarechts eine völlig neue Dimension erhalten, auf die der Gesetzgeber mit den §§ 11 und 19 RStV i.d.F. des 7. und 8. Rundfunkänderungsstaatsvertrages reagiert hat. Hintergrund für die neue Diskussion ist das Beihilfenverbot des EG-Vertrages und das Protokoll über den öffentlich-rechtlichen Rundfunk in der Gemeinschaft. Sowohl Art. 87 Abs. 1 EG-Vertrag als auch Art. 86 Abs. 2 EG-Vertrag und das Protokoll über den öffentlich-rechtlichen Rundfunk in der Gemeinschaft verlangen nämlich, dass die Mitgliedstaaten den Auftrag des öffentlich-rechtlichen Rundfunks konkret umreißen.

Dies stellt gerade die Bundesrepublik Deutschland vor eine schwierige Aufgabe, da nach der Rechtsprechung des Bundesverfassungsgerichts der Rundfunk staatsfrei zu sein hat. Jede Konkretisierung des Auftrags, den der öffentlich-rechtliche Rundfunk zu erfüllen hat, sieht sich dem Vorwurf ausgesetzt, in die Programmautonomie der Rundfunkanstalten einzugreifen und damit das Gebot der Staatsferne zu verletzen. Die Länder haben mit den §§ 11 und 19 RStV den Versuch gemacht, unter Beachtung des Gebots der Staatsferne die notwendige Konkretisierung des Auftrags, den der öffentlich-rechtliche Rundfunk zu erfüllen hat, herbeizuführen.

Nach einer Einleitung hat Valérie Schüller ihre Dissertation in drei Hauptteile untergliedert, um die Probleme umfassend zu beleuchten. Die Einleitung zeigt mit knappen Strichen auf, warum die Frage nach dem Auftrag, den der öffentlich-rechtliche Rundfunk zu erfüllen hat, aktuell eine so hohe Bedeutung aufweist. Teil B befasst sich mit dem bestehenden dualen Rundfunksystem. Der anschließende Teil C wendet sich der Rundfunkfreiheit des Art. 5 Abs. 1 GG zu. In Teil D klärt die Verfasserin nunmehr die Hauptfrage, ob die Auftragsdefinition, wie sie in den §§ 11 und 19 RStV vorgenommen wurde, einer Überprüfung standhält. Ausgehend von ihrem Befund, dass § 19 RStV einen Eingriff in die Rundfunkfreiheit mit sich bringt, stellt sie konsequent darauf ab, ob dieser Eingriff entsprechend der Wechselwirkungstheorie verhältnismäßig ist. Dies wird mit durchaus gut nachvollziehbarer Argumentation verneint. Die Verfasserin schlägt einen anderen Lösungsweg vor, der aus ihrer Sicht einen sachgerechten Ausgleich zwischen den Interessen der Gebührenzahler und der Rundfunkfunkfreiheit, die auch die Entwicklung des öffentlich-rechtlichen Rundfunks gewährleisten muss, herstellt. Ein Ausblick mit einer hervorragenden Zusammenfassung rundet die Arbeit ab und gibt in Thesen alle wesentlichen Ergebnisse in prägnanter Weise wieder.

Valérie Schüller hat mit ihrer Dissertation eine gelungene Abhandlung vorgelegt, die zentrale Fragen des Rundfunkrechts betrifft, die durch die durch §§ 11, 19 RStV erfolgte Umschreibung des Auftrages, den der öffentlich-rechtliche Rundfunk zu erfüllen hat, neue Aktualität gewonnen haben.

Mainz, im Februar 2007 Dieter Dörr

Vorwort der Autorin

Die vorliegende Arbeit wurde im Sommersemester 2006 vom Fachbereich Rechts- und Wirtschaftswissenschaften der Johannes Gutenberg-Universität Mainz als Dissertation angenommen.

Mein aufrichtiger und besonders herzlicher Dank gilt meinem Doktorvater Herrn Professor Dr. Dieter Dörr, der mich stets gefördert und mir als wissenschaftliche Mitarbeiterin am Mainzer Medieninstitut und an seinem Lehrstuhl die Promotion ermöglicht hat und von dem ich viel lernen durfte. Danken möchte ich auch Herrn Professor Dr. Karl-E. Hain für seine wertvollen Anregungen und die zügige Erstellung des Zweitgutachtens.

Dank auch an Frau Christine Heer-Reißmann und Caroline Volkmann, die die besten Kolleginnen waren, die man sich vorstellen kann. Frau Birgit Harz danke ich für die lehrreiche Zeit am Mainzer Medieninstitut.

Von ganzem Herzen danke ich meiner lieben Schwester Eva Schüller, die das Korrekturlesen übernommen und der Arbeit mit ihren Formatierungskünsten den letzten Schliff gegeben hat.

Mehr als nur Dank schulde ich meinen Eltern, die mir das Studium ermöglicht und damit maßgeblich zum Gelingen dieser Arbeit beigetragen haben.

Schließlich danke ich meinem wunderbaren Mann Tobias.

Mainz, im Februar 2007 Valérie Schüller-Keber

Inhaltsverzeichnis

A. Einleitung

Der öffentlich-rechtliche Rundfunk gerät mehr und mehr in Bedrängnis. Durch die anhaltend schlechte konjunkturelle Lage zieht sich die Werbewirtschaft zurück und damit brechen Werbeeinnahmen ein, aus denen sich die zweite Säule der dualen Rundfunkordnung, der private Rundfunk, zu finanzieren hat.[1] Vor diesem Hintergrund wird von dessen Vertretern gefordert, dem öffentlich-rechtlichen Rundfunk zu verbieten oder zumindest nur noch ganz eingeschränkt zu gestatten, sich ebenfalls weiterhin am „Werbekuchen" zu beteiligen.[2] Im Schussfeld standen ebenso die Online-Angebote der Anstalten, was bislang schon zu erheblichen Umstrukturierungen geführt hat.[3] So sah sich etwa das ZDF gezwungen, seine Kooperation im Online-Bereich mit t-online aufzukündigen und die ehemalige Domain www.heute.t-online.de seit dem 01. Januar 2005 vom Netz zu nehmen und durch www.heute.de zu ersetzen. Aber auch die Gebührenfinanzierung des öffentlich-rechtlichen Rundfunks selbst wird von Seiten der privaten Veranstalter in Zeiten eines schwachen Wirtschaftswachstums noch stärker in Frage gestellt als in der Vergangenheit. Durch die Programmausweitung, so die Argumentation, hin zu Bereichen, die dem privaten Rundfunk vorbehalten seien, würde die Gebührenbelastung der Bürger überstrapaziert. Diese Gebührenbelastung sei aber nur dann gerechtfertigt, wenn sich der öffentlich-rechtliche Rundfunk auch im Rahmen seines verfassungsrechtlich vorgegebenen Auftrages bewege. Dieser vom Bundesverfassungsgericht aus Art. 5 GG entwickelte Auftrag des öffentlich-rechtlichen Rundfunks steht also im Mittelpunkt der politischen und rechtlichen Diskussion.

Unklar war bislang, was von diesem Auftrag genau erfasst sein sollte. Um zu einer klaren Regelung zu kommen, sollte nach dem politischen Willen die Aufgabenbestimmung des öffentlich-rechtlichen Rundfunks konkretisiert werden.

Zunächst mit dem 7. Rundfunkänderungsstaatsvertrag,[4] der am 01. April 2004 in Kraft getreten war, dann auch mit dem am 01. April 2005 in Kraft getretenen

---

1 Vgl. hierzu nur epd medien 39/2005, S. 10, wonach ProSiebenSat.1 für das erste Quartal 2005 Umsatzverluste von minus 1,4 % auf 430 Millionen Euro hinnehmen musste. Geplant ist ein Kostensenkungsprogramm, um die schlechte Werbekonjunktur auszugleichen.

2 epd medien 52/2004, S. 14 f.; epd medien 93/2004, S. 14; Funkkorrespondenz 29/2004, S. 31; siehe hierzu auch Bosmann, Verfassungsrechtliche Aspekte eines Werbeverbotes für den öffentlich-rechtlichen Rundfunk, ZUM 2003, 444 ff.

3 Vgl. hierzu nur Lilienthal, epd medien vom 21.04.2004, S. 3 ff.

4 Die korrekte Bezeichnung lautet: Rundfunkstaatsvertrag vom 31. August 1991 zuletzt geändert durch den Siebten Staatsvertrages zur Änderung rundfunkrechtlicher Staatsverträge vom 26. September 2003.

8. Rundfunkänderungsstaatsvertrag[5] soll nun eine Klärung dieser Frage eingetreten sein. Kernstück ist insoweit § 11, der mit dem 7. Rundfunkänderungsstaatsvertrag normiert wurde und der sich auf den Auftrag des öffentlich-rechtlichen Rundfunks bezieht. Der Gesetzgeber hat damit erstmalig den Versuch unternommen, die Aufgabe des öffentlich-rechtlichen Rundfunks einheitlich im Rundfunkstaatsvertrag festzuschreiben. Er hat dazu einen interessanten neuen Weg gewählt, nämlich das Modell einer so genannten "regulierten Selbstregulierung", ähnlich dem System im Jugendschutz.[6] Die Regulierung erfolgt in drei Stufen: Auftragsdefinition im Staatsvertrag selbst, Richtlinien innerhalb der Sender und turnusmäßiger Bericht durch die Sender. Der Programmauftrag der öffentlich-rechtlichen Anstalten umfasst nach der neuen Regelung Information, Bildung, Beratung und Unterhaltung. Besonders die Rolle von kulturellen Inhalten im öffentlich-rechtlichen Rundfunk wird im geänderten Staatsvertrag herausgestellt. Der Programmauftrag umfasst auch zukünftig Online-Angebote von ARD und ZDF, allerdings ausdrücklich nur noch in programmbegleitender Form.[7] Die Rundfunkanstalten sind berechtigt, "programmbegleitend Mediendienste mit programmbezogenem Inhalt" anzubieten, wie es nun in § 11 Abs. 1 S. 2 RStV heißt.[8] Ergänzend zu den qualitativen Regelungen des § 11 RStV wurde mit dem 8. Rundfunkänderungsstaatsvertrag eine quantitative Programmzahlbegrenzung eingeführt, die nunmehr in § 19 geregelt ist.[9]

Die vorliegende Arbeit beschäftigt sich mit der Frage, ob die durch die Länder in Form des Staatsvertrages vorgenommene Auftragsbeschreibung und -festlegung verfassungsrechtlichen Bestand hat.[10] Hierzu ist es unerlässlich, die historische Entwicklung der heute bestehenden Rundfunklandschaft darzustellen und

---

[5] Die korrekte Bezeichnung lautet: Rundfunkstaatsvertrag vom 31. August 1991 zuletzt geändert durch den Achten Staatsvertrag zur Änderung rundfunkrechtlicher Staatsverträge vom 08. bis 15.10.2004.

[6] Einführend hierzu etwa Groß, NVwZ 2004, 1393 ff.

[7] Vor den neuen Regelungen durch den 7. Rundfunkänderungsstaatsvertrag vom 25.09.2003 war die Frage der Mediendienste nicht im Rundfunkstaatsvertrag geregelt. Die Ermächtigung für das ZDF etwa war in § 4 Abs.3 ZDF-Staatsvertrag zu finden. Dort war seit dem 4. Rundfunkänderungsstaatsvertrag vom 31. August 1999, der am 1. April 2000 in Kraft trat, geregelt, dass Mediendienste im Sinne von § 2 Abs. 2 Nr. 4 Mediendienstestaatsvertrag mit *vorwiegend* programmbezogenem Inhalt angeboten werden durften. Für die ARD galt § 4 des ARD-Staatsvertrages. Für die einzelnen Landesanstalten gab es entsprechende Regelungen in den jeweiligen Staatsverträgen beziehungsweise Gesetzen. Diese waren und sind zum Teil noch unterschiedlich weit gefasst. So ermächtigt etwa das WDR-Gesetz den WDR in § 3 Abs. 3 Satz 2, neue Dienste mittels neuer Technik anzubieten.

[8] Zu den Einzelheiten vgl. unten D. V.

[9] Siehe hierzu unten D. VI. und Dörr/Zorn, NJW 2005, 3114, 3117 f.

[10] Die Brisanz dieser Problematik wird auch dadurch belegt, dass sich eine weitere Arbeit jüngst mit diesem Thema befasst hat. Vgl. hierzu Reese, Der Funktionsauftrag des öffentlich-rechtlichen Rundfunks vor dem Hintergrund der Digitalisierung.

die Rechtsprechung des Bundesverfassungsgerichts zur Interpretation der Rundfunkfreiheit des Art. 5 Abs. 1 GG und der verfassungsrechtlichen Stellung des öffentlich-rechtlichen Rundfunks nachzuzeichnen. Hierbei ist insbesondere ein Augenmerk auf die Konstruktion der Ausgestaltungsgesetze, die das Bundesverfassungsgericht in Bezug auf die Rundfunkfreiheit des Art. 5 Abs. 1 GG entwickelt hat, zu legen und diese Rechtsfigur kritisch zu bewerten. Im Anschluss daran werden die genauen Vorgaben durch den neuen Rundfunkstaatsvertrag zu beleuchten sein. Schließlich wird die Vereinbarkeit der beiden Normen selbst mit der Rundfunkfreiheit Gegenstand der Untersuchung sein.

B. Das bestehende duale Rundfunksystem

Um die Situation des öffentlich-rechtlichen Rundfunks in der derzeit bestehenden Rundfunklandschaft verstehen zu können, muss man sich zunächst mit den Anfängen des Rundfunks beschäftigen. Auch wenn sich die Struktur des Rundfunkssystems erst vor etwa 20 Jahren grundlegend verändert hat, darf die frühere historische Entwicklung des Rundfunks in der heutigen Diskussion nicht übersehen werden. Ebenso unerlässlich um die gegensätzliche Argumentation einordnen zu können, ist es, die privaten Strukturen im Mediensektor aufzuzeigen. Die Besonderheiten eines jeden Teils des dualen Systems in der Bundesrepublik müssen in der rechtlichen Diskussion beachtet werden.

Die deutsche Rundfunklandschaft ist heute dadurch geprägt, das neben dem öffentlich-rechtlichen Rundfunk auch der private Rundfunk existiert. Das war nicht immer so.

I. Die Entstehung des Rundfunks

1. Die Anfänge des Rundfunks und zu Zeiten der Weimarer Republik

Die Entdeckung der drahtlosen Verbreitung elektromagnetischer Schwingungen durch Heinrich Hertz im Jahre 1887 führte erstmalig zur Nutzung des Funkmediums zunächst für den Bereich des See- und Küstenfunks, später zur drahtlosen Tonübertragung.[11] Während des ersten Weltkrieges wurde das Medium „Funk" weiterentwickelt und in erster Linie zu militärischen Zwecken genutzt. Im Oktober 1923 begann die Berliner „Radio-Stunde AG" mit der Ausstrahlung des ersten regelmäßigen Hörfunkprogramms Deutschlands. Nach und nach wurde der Rundfunkbetrieb auch in allen anderen Sendebezirken aufgenommen, in denen regionale Rundfunkgesellschaften von Privatpersonen gegründet wurden. Rundfunkrechtliche Rahmenbedingungen bestanden zu diesem Zeitpunkt nicht. Bis etwa zum Ende der Weimarer Zeit war der Rundfunk vorwiegend privater Hörfunk; der Staat, repräsentiert durch die Deutsche Reichspost, mischte jedoch stets als Teilhaber an der privaten Grundstruktur mit.[12] Als 1925 die „Reichsrundfunkgesellschaft" gegründet wurde, war die Reichspost Mehrheitsaktionär sowohl bei der Reichsrundfunkgesellschaft als auch über diese bei den einzelnen Regionalgesellschaften. Die Erste Rundfunkordnung Weimars von 1925/1926 wurde noch vor der nationalsozialistischen Machtübernahme im Jahr 1932 durch die Zweite Weimarer Rundfunkordnung abgelöst und von der Regierung von

---

[11] Zur technischen Entwicklung im Einzelnen und insbesondere der elektrischen Übertragungsbeschleunigung siehe Hickethier, Geschichte des deutschen Fernsehens, 2. 3, S. 14 ff.

[12] Altendorfer, Das Mediensystem der Bundesrepublik Deutschland, S. 16, Rdnr. 2.

Papen verschärft. Sie war gekennzeichnet durch Zentralisierung und Verstaatlichung des Rundfunks.[13]

2. Rundfunk im Nationalsozialismus

Diese Entwicklung während der letzten Phase der Weimarer Republik kam den Nationalsozialisten sehr entgegen. Sie entwickelten das zentralistische staatliche Medium vollends zum politischen Propagandainstrument und setzten es konsequent zur Verfestigung ihrer ideologischen Ziele ein.[14] Allen voran hatte der spätere Reichsminister für Volksaufklärung und Propaganda die herausragende Wirkung des Mediums erkannt und es als das „allermodernste und allerwichtigste Massenbeeinflussungsinstrument" bezeichnet.[15] Ab Juni 1933 verfügte das Reich über alle Aktienanteile der Reichsrundfunkgesellschaft. Die Regionalgesellschaften erhielten den Status einer Zweigstelle. Ab April 1934 wurden sie als „Reichssender" bezeichnet und verloren jeden selbständigen Status.[16] Weitere Schritte zur Instrumentalisierung des Rundfunks waren die Zusammenfassung aller Rundfunkschaffenden in der „Reichsrundfunkkammer" und die Schaffung eines „Reichsintendanten" des deutschen Rundfunks. Es wurden „Volksempfänger" entwickelt und zu einem Preis von 76 Reichsmark vertrieben, die die Zahl der Rundfunkhörer beträchtlich steigerten.[17] Gegen Kriegsende kam der Sendebetrieb zum Erliegen und am 08. Mai 1945 brach praktisch mit der allgemeinen deutschen Staatsgewalt auch die Rundfunkorganisation zusammen.[18]

Das Fernsehen spielte in der Weimarer Zeit noch kaum eine Rolle, obwohl die Reichspost intensiv die Entwicklung förderte. Erst am 22. März 1935 wurde der erste regelmäßige Fernsehprogrammbetrieb vom Reichspostzentralamt und der Reichsrundfunkgesellschaft in Berlin aufgenommen.[19] Mit der Übertragung der XI. Olympischen Sommerspiele im August 1936 wurde das Fernsehen dann auch einer breiteren Bevölkerungsschicht bekannt, obwohl das Programm nur in eigens in Berlin eingerichteten „Fernsehstuben" ausgestrahlt wurde. Im Krieg sendete das Fernsehen nicht nur in Berlin, sondern auch in Hamburg und Paris. Am 19. September 1944 stellte das nationalsozialistische Fernsehen seinen Sendebetrieb ein, während der Hörfunk zunächst weiter sendete.

3. Der Einfluss der Besatzungsmächte nach dem Zweiten Weltkrieg

Die heutige Struktur der Rundfunklandschaft ist das Ergebnis der nachfolgenden Besatzungszeit. Im Rahmen der Berliner Deklaration vom 05. Juni 1945 über-

---

13 Siehe hierzu Herrmann/Lausen, Rundfunkrecht, S. 86, Rdnr. 13.

14 Ricker/Schiwy, Rundfunkverfassungsrecht, S. 17 Rdnr. 30.

15 Siehe hierzu auch Buchwald, ZUM 1995, 258 f.

16 Altendorfer, Das Mediensystem der Bundesrepublik Deutschland, S. 21, Rdnr. 18.

17 Ricker/Schiwy, Rundfunkverfassungsrecht, S. 19 Rdnr. 35.

18 Herrmann/Lausen, Rundfunkrecht, S. 91, Rdnr. 22.

19 Ricker/Schiwy, Rundfunkverfassungsrecht, S. 19 Rdnr. 36.

nahmen die vier Besatzungsmächte in Deutschland die oberste Gewalt und verboten den Deutschen jede Sendetätigkeit.[20] Doch schon bald begannen die Gespräche zwischen den alliierten Dienststellen und deutschen Rundfunksachverständigen über eine neue Rundfunkorganisation. Die Vertreter der Besatzungsmächte brachten ihre Kenntnisse über die Rundfunkstruktur ihrer Heimatländer in die Gespräche ein. Die Briten hatten die öffentlich-rechtliche Rundfunkkörperschaft BBC, die Amerikaner eine Vielzahl an privaten, streng staatsfernen Gesellschaften und die Franzosen ihre zentrale Sendeanstalt mit dem Monopol für den gesamten Sendebetrieb. Der deutsche Rundfunk sollte nach Meinung aller nicht in die Organisation der staatlichen Exekutive eingefügt werden, um eine nochmalige Übernahme des Rundfunks zu Staatszwecken zu verhindern. So bot sich als Organisationsform das in der öffentlichen Verwaltung bewährte Rechtsinstitut der selbständigen Anstalt des öffentlichen Rechts an.[21] In den westlichen Besatzungszonen entstanden die Rundfunkanstalten entsprechend dem föderalistischen und dezentralen Neuaufbau der Staatsgewalt.[22]

4. Der Rundfunk in der Bundesrepublik Deutschland

Mit der Gründung der Bundesrepublik Deutschland und der Verkündung des Grundgesetzes am 23. Mai 1949 war der Einfluss der Besatzungsmächte nicht aufgehoben. Die Vorbehaltsrechte der Alliierten galten vielmehr weiter bis am 05. Mai 1955 aufgrund des Deutschland-Vertrages Deutschland wieder Souveränität erlangte. Obwohl erstmals im Grundgesetz die Freiheit der Berichterstattung durch Rundfunk garantiert wurde, erließ die Alliierte Hohe Kommission am 21. September 1949 das „Gesetz Nr. 5 über Presse, den Rundfunk, die Berichterstattung und die Unterhaltungsstätten", das zahlreiche Einschränkungen für den Rundfunk enthielt. So waren etwa Genehmigungen für die Errichtung neuer Rundfunksender nach diesem Gesetz einzuholen und die Möglichkeit für die Alliierten eröffnet, Sendungen mit den Streitkräften abträglichen Inhalten zu untersagen.[23] Bemerkenswerterweise wurde dieses Gesetz formal erst am 19. Dezember 1960 außer Kraft gesetzt, obwohl der Deutschland-Vertrag schon seit 1955 existierte.

a) Die ARD entsteht

Der weitere Verlauf der Rundfunkgeschichte zeigte, dass der Wert der von den Besatzungsmächten eingeführten Ordnung nicht von allen deutschen Politikern anerkannt wurde. Der Rundfunk in einem demokratischen Staat sei zwangsläufig demokratisch, so die Argumentation, und daher auch ein zentralistischer

---

[20] Herrmann/Lausen, Rundfunkrecht, S. 91 f., Rdnr. 24.

[21] Herrmann/Lausen, Rundfunkrecht, S. 93, Rdnr. 28.

[22] Hartstein/Ring/Kreile/Dörr/Stettner, Rundfunkstaatsvertrag, B 1, Rdnr. 1.

[23] Ricker/Schiwy, Rundfunkverfassungsrecht, S. 26, Rdnr. 46.

Rundfunk nach Weimarer Vorbild wieder denkbar.[24] Die Bundesregierung konzentrierte sich in rundfunkpolitischer Hinsicht in erster Linie auf die Kompetenzfrage. Auch über die Vorbereitung eines Bundesrundfunkgesetzes wurde debattiert. Um dem Bestreben der Bundesregierung und insbesondere dem Argument, Rundfunk sei schon von seiner Natur her eine überregionale Angelegenheit, gegenzusteuern, entschlossen sich die Intendanten und Gremienvorsitzenden der Landesrundfunkanstalten in einer Sitzung am 09. und 10. Juni 1950, eine Arbeitsgemeinschaft der Rundfunkanstalten zu bilden.[25] Es wurde die ARD ins Leben gerufen. Dies war der Bundesregierung ein Dorn im Auge und sie ließ nicht nach, ihre Bemühungen hinsichtlich einer bundeseinheitlichen Regelung aufrechtzuerhalten. Nach der Unterzeichnung des SWF-Staatsvertrages am 27. August 1951 durch die Länder Baden, Rheinland-Pfalz und Württemberg-Hohenzollern kam es zu massiven Protesten seitens der Bundesregierung. Der Staatsvertrag wurde als unzulässige Vorwegnahme künftiger ordnungspolitischer Entscheidungen des Bundes kritisiert. Die Bundesregierung unternahm einen neuerlichen Versuch eines Bundesrundfunkgesetzes, dessen Referentenentwurf am 25. Juli 1952 bekannt wurde. Da dieser Entwurf wegen der Zuleitungspflicht an den Bundesrat von vorneherein zum Scheitern verurteilt war, brachten Abgeordnete des Bundestages auf dessen Grundlage einen Entwurf für ein „Gesetz über die Wahrnehmung gemeinsamer Aufgaben auf dem Gebiet des Rundfunks", den so genannten Vogel/Mende-Entwurf, in den Bundestag ein, ohne dass es jedoch zu einer Verabschiedung kam.[26] Bei den Ländern erstarkte hingegen die Abwehrhaltung gegenüber den Bonner Plänen und die ursprüngliche Bereitschaft, den Bund zu beteiligen, erlosch. Die Position des Bundes schien sich deutlich verschlechtert zu haben. Erst mit der Auflösung der Alliierten Hohen Kommission im Mai 1955 schien die Zeit wieder reif, sich einer Reform der Rundfunkordnung zuzuwenden. Der Bundesminister für das Post- und Fernmeldewesen teilte den Rundfunkanstalten unverzüglich mit, dass die Funkhoheit nun wieder von ihm ausgeübt werde.[27] In der Folgezeit verstärkte die Bundespost ihre Bestrebungen, in eigener Regie ein Sendenetz für ein zweites Fernsehprogramm aufzubauen. Im Dezember 1957 kam es zu einer Besprechung zwischen Vertretern der Bundesregierung und der Landesregierungen, in welcher die unüberbrückbaren Gegensätze beider Standpunkte nochmals deutlich wurden. Die Länder beharrten auf dem Sende- und Programmmonopol der

---

24 Allerdings gab es auch andere Stimmen. Der hessische Intendant Beckmann etwa warnte 1948 vor einer gemeinsamen Feier zum 25-jährigen Bestehen des Rundfunks. Man müsse verhindern, zu einer zentralistischen Entwicklung zurückzukommen und eine Zentralfeier zu veranstalten, Bausch, Rundfunk in Deutschland, Rundfunkpolitik nach 1945, Band I, S. 252.

25 Vgl. zu den Einzelheiten Steinwärder, Die Arbeitsgemeinschaft der öffentlich-rechtlichen Rundfunkanstalten der Bundesrepublik Deutschland, S. 46 ff.

26 Herrmann/Lausen, Rundfunkrecht, S. 96, Rdnr. 35.

27 Ricker/Schiwy, Rundfunkverfassungsrecht, S. 32, Rdnr. 58.

Rundfunkanstalten und dem uneingeschränkten Frequenzanspruch, was die Bundesregierung nicht anerkennen wollte. Sie zögerte weitere Verhandlungen mit den Ländern hinaus und verabschiedete am 30. September 1959 den Entwurf eines Gesetzes über den Rundfunk, der neben der Deutschen Welle und dem Deutschlandfunk eine Bundesanstalt „Deutschlandfernsehen" als Auftraggeber für privatrechtliche Gesellschaften vorsah.[28]

b) Das „Erste Fernsehurteil" und die Gründung des Zweiten Deutschen Fernsehens

Als die Bundesregierung erkannte, dass dieses Gesetz politisch nicht durchsetzbar war, unterzeichnete Bundeskanzler Adenauer unter Brüskierung der Länder am 25.Juli 1960 den notariellen Vertrag der „Deutschland-Fernseh-GmbH". Der Bundesjustizminister hielt daran als Treuhänder Anteile für die Bundesländer, die jedoch schon einen Monat später auf die Bundesrepublik Deutschland übertragen wurden, nachdem feststand, dass die Länder in keinem Fall gewillt waren, sich an diesem Projekt zu beteiligen. Damit war die Deutschland-Fernsehen-GmbH in alleiniger Hand des Bundes. Gegen diese Gründung eines privatrechtlichen Bundesfernsehunternehmens wandten sich die Länder Hamburg, Hessen, Bremen und Niedersachsen und stellten beim Bundesverfassungsgericht einen Normenkontrollantrag und einen Antrag im Bund-Länder-Streit. Das Bundesverfassungsgericht verbot durch einstweilige Anordnung vom 17. Dezember 1960 allen Beteiligten die Veranstaltung eines Zweiten Fernsehens.[29] Am 28. Februar 1961 verkündete das Bundesverfassungsgericht sein Urteil, das als „Erstes Fernsehurteil" in die Geschichte einging und als „Magna Charta" des Rundfunkrechts bezeichnet wurde.[30]

Das Bundesverfassungsgericht erklärte die Errichtung der Deutschland-Fernsehen-GmbH für verfassungswidrig und stellte fest, dass die Länder und nicht der Bund für die Regelung von Organisations- und Programmfragen auf dem Gebiet des Rundfunks zuständig seien.[31] Es sah in der Gründung der Deutschland-Fernsehen-GmbH einen Verstoß gegen die Kompetenzverteilung und gegen die Rundfunkfreiheit des Art. 5 Abs. 1 GG. Die Zuständigkeit der Bundespost läge hingegen in der gesamten technischen Infrastruktur. Neben diesen kompetenzrechtlichen Fragen traf das Bundesverfassungsgericht auch grundlegende Aussagen über die Rundfunkorganisation. Es stellte fest, dass im Rundfunk alle gesellschaftlichen relevanten Gruppen zu Wort kommen müssen und postulierte damit das Vielfaltsgebot im Rundfunk. Darüber hinaus bestehe im Rundfunk eine Sondersituation aufgrund der Frequenzknappheit und Kostenintensität, so dass es einer positiven Ordnung bedürfe, die sicherstelle, dass der

28 Hartstein/ Ring/ Kreile/ Dörr/ Stettner, Rundfunkstaatsvertrag, B 1, Rdnr. 5.

29 BVerfGE 12, 36.

30 Hartstein/Ring/Kreile/Dörr/Stettner, Rundfunkstaatsvertrag, B 1, A I; S. 11.

31 BVerfGE 12, 205 ff.

Rundfunk nicht dem freien Spiel der Kräfte überlassen werde. Auf die weiteren Vorgaben des Bundesverfassungsgerichts wird an anderer Stelle noch vertieft einzugehen sein. Schon kurze Zeit später, am 17. März 1961, kamen die Regierungschefs der Länder überein, ein von der ARD unabhängiges zweites Fernsehprogramm ausstrahlen zu lassen. Am 06. Juni 1961 wurde dann der Staatsvertrag über das „Zweite Deutsche Fernsehen" unterzeichnet. Der Staatsvertrag trat schließlich, nach der Zustimmung aller Länderparlamente, am 01. Dezember 1961 in Kraft. Die erste Sendung konnte am 01. April 1963 ausgestrahlt werden.[32]

II. Die Entstehung der dualen Rundfunkordnung

Die eigentliche Entstehung des privaten Rundfunks nahm in den 70er Jahren konkrete Gestalt an, obwohl erste Spuren eines privaten Engagements schon in den Anfangszeiten des Mediums ausgemacht werden können.[33] Auch in den fünfziger Jahren gab es bereits ernstzunehmende Versuche, sich von privater Seite am Rundfunk zu beteiligen. Zu erwähnen sind insbesondere das „DENA-Projekt" und die Bemühungen um „kleine Lizenzen". Im Folgenden werden die Entwicklungen im privaten Sektor nachgezeichnet.

1. Das DENA-Projekt

Mitglieder der Deutschen Nachrichten AG (DENA) waren die Zeitungsverleger in der ehemaligen amerikanischen Besatzungszone. Anfang 1952 wurde in diesem Kreis über eine Beteiligung im Hörfunkbereich debattiert, da die DENA schon im Besitz einer Lizenz zum Übermitteln ihrer Nachrichten an die Redaktionen war und eigene Sender hatte. Man war der Auffassung aufgrund dieser Lizenz auch Werbesendungen verbreiten zu können und damit der Gefahr zu begegnen, dass das Werbefernsehen durch den öffentlich-rechtlichen Rundfunk eingeführt würde.[34] Die Wirtschaftswerbung wurde als unentbehrliches Mittel angesehen, den Einbruch der Presse durch das neue Medium zu vermeiden. Wie in den USA wollte man erreichen, dass sich der Anzeigenumsatz durch die Rundfunkwerbung weiter erhöhte.[35] Der vermeintliche Konkurrent sollte im eigenen Interesse nutzbar gemacht und einer Verdrängung durch ihn begegnet werden.[36] Diese Bestrebungen scheiterten im Mai 1953 daran, dass sich sowohl

---

32 ZDF-Jahrbuch 1962/64, S. 9.

33 Weiterführend hierzu: Fischer/Jubin (Hrsg.), Privatfernsehen, S. 14 ff.

34 Vgl. hierzu Montag, Privater oder öffentlich-rechtlicher Rundfunk?, 4.1.2.1.

35 Hagemann, Fernhören und Fernsehen, S. 77, 79.

36 Allerdings waren die angeführten Bedenken nicht bloß wirtschaftlicher Natur. Einige Vertreter der Zeitungsverleger sahen in der Werbetätigkeit des öffentlich-rechtlichen Rundfunks eine Bedrohung der Demokratie schlechthin. Die Rundfunkstationen seien im Gegensatz zu den Zeitungen öffentlich-rechtlich ausgestaltet und hingen mehr oder weniger von Parlamenten und Gesetzen ab. Könnten sich die Presseunternehmen nun nicht an

die Zeitungsverleger untereinander als auch die Zeitungsverleger mit der werbetreibenden Wirtschaft nicht auf eine gemeinsame Linie einigen konnten.[37]

2. „Kleine Lizenzen“

Dagegen waren die Bestrebungen, lokale und regionale Sendungen im Wege „kleiner Lizenzen“ zu ermöglichen, erfolgreicher. Der Arbeitskreis für Rundfunkfragen erhoffte die Erteilung von Lizenzen, die zum Betrieb von UKW-Sendern mit geringer Reichweite berechtigen sollten. Der Arbeitskreis, in dem sich rundfunkunabhängige Fachleute seit 1951 zusammengeschlossen hatten, wollte die Interessen der Allgemeinheit vertreten und die beste Lösung für künftige Rundfunkfragen finden.[38] Der Vorschlag, einen ersten „Deutschen Rundfunkrat“ auf Bundesebene einzurichten, der die Lizenzen vergeben sollte, brachte eine Lawine ins Rollen. Allerdings sollten Anbieter mit kommerziellen Interessen nicht bei der Vergabe der kleinen Lizenzen berücksichtigt werden.[39] Vielmehr sollten die Lizenzen nach dem „Entwurf einer Lizenzordnung“ an Institutionen des kulturellen, religiösen und sozialen Lebens vergeben werden.[40] Damit war die Diskussion um den privaten Rundfunk endgültig entbrannt, denn einzelne Mitglieder des Arbeitskreises waren durchaus Befürworter einer Beteiligung der kommerziellen Anbieter am Rundfunk.[41] Für eine Demokratie sei es immer ein Schönheitsfehler, wenn sie die für die Rede, Zeitung, Film und Theater anerkannten Informations- und Meinungsfreiheit nicht auch auf den Rundfunk anwende, sondern hier monopolistische Formen, ja sogar einen echten Staatsrundfunk schaffe.[42]

Schließlich kam es zu einem Entwurf für einen allgemeinen Rundfunkvertrag von Seiten der Bundesregierung, indem die Möglichkeit eröffnet werden sollte, kleine Frequenzen zu erteilen. Damit war es erstmals vorgesehen, das öffentlich-rechtliche Rundfunkmonopol zu durchbrechen.

---

diesem Medium beteiligen, beraube sich die Demokratie einer ihrer Stützen selbst. Siehe hierzu Montag, Privater oder öffentlich-rechtlicher Rundfunk?, 4.1.2.1. S. 82 m.w.N.

37 Bausch, Rundfunk in Deutschland, Rundfunkpolitik nach 1945, S. 532.

38 Montag, Privater oder öffentlich-rechtlicher Rundfunk?, 4.1.2.2. S. 82.

39 Hierüber kam es im Arbeitskreis allerdings zu Kontroversen und einige Mitglieder setzten sich schon früh für eine Berücksichtigung privater Veranstalter ein.

40 Montag, Privater oder öffentlich-rechtlicher Rundfunk?, 4.1.2.2. S. 83.

41 So führt Hagemann aus, dass es durchaus möglich sei, der Wirtschaft ihren Anteil an dem jüngsten publizistischen Medium zu geben, ohne gegen Fundamentalsätze des Rechts und der öffentlichen Interessen zu verstoßen. Das könne erreicht werden durch die Einführung einer Kette privater UKW-Sender. Hagemann, Fernhören und Fernsehen, S. 79.

42 Hagemann führt weiter aus, dass dieses Problem in Großbritannien am deutlichsten werde, Hagemann, Fernhören und Fernsehen, S. 79 f.

3. Die Diskussion zwischen Presse und Rundfunk über das Werbefernsehen

Nachdem der Bundesrepublik 1952 auf der Stockholmer Funkverwaltungskonferenz 246 UKW-Frequenzen zugeteilt worden waren, erstarkte das Interesse der Wirtschaft und der Verleger an einem Werbefernsehen mehr und mehr. Zunächst war man zwar der Auffassung, die Zeitungsbranche brauche die Werbung bei den Rundfunkanstalten[43] nicht ernst zu nehmen, weil die Zeitungsanzeigen der Rundfunkwerbung weitaus überlegen waren.[44] Bald aber stellte man fest, dass die Zahl der angesprochenen Konsumenten rentable Dimensionen erreicht hatte. Als dann 1954 durch einen Beschluss vom Rundfunkrat des Bayerischen Rundfunks das Werbefernsehen eingeführt wurde, wollte auch die Presse nicht mehr hinten anstehen und an den Werbeumsätzen partizipieren. Die Verhandlungen über eine Beteiligung an der Werbefernsehgesellschaft scheiterten jedoch.[45] Am 03. November 1956 sendete der Bayerische Rundfunk zum ersten Mal Werbespots. Hiergegen erhob der Bundesverband der Deutschen Zeitungsverleger (BDZV) Klage auf Unterlassung. Gestützt auf § 1 UWG und den Anspruch aus unerlaubter Handlung vertrat man die Auffassung, Werbefernsehen ohne gesetzliche Grundlage sei den öffentlich-rechtlichen Anstalten verboten. Das OLG München wies die Klage ab.[46] Begründet wurde das Urteil damit, dem Bayerischen Rundfunk stünde es zu, sich durch die Tochterfirmen erwerbswirtschaftlich zu betätigen. Zwar bedürfe die Ausstrahlung des Werbefernsehens einer gesetzlichen Grundlage, die nicht ohne weiteres im Wortlaut des Bayerischen Rundfunkgesetzes zu finden sei. Dennoch ergebe sich durch Auslegung des Gesetzes, dass der objektive Wille des Gesetzgebers keine Einschränkung des Aufgabenbereichs hinsichtlich Werbesendungen vorsah.[47] Wegweisend an dieser Entscheidung war die Feststellung, dass das Werbefernsehen grundsätzlich zum Aufgabenbereich der Rundfunkanstalten gehöre, jedoch einer gesetzlichen Grundlage bedürfe. Sowohl Presse als auch Rundfunk übten mit der Funktion des Werbeträgers eine Funktion aus, die mit ihrem Wesen an sich nicht notwendig verbunden, ihnen aber gestattet sei. Keine dieser Einrichtungen dürfe aber auf diesem Gebiet den Bestand der anderen gefährden. Schon das OLG sah

---

43 Im öffentlich-rechtlichen Hörfunk wurde die Werbung zu unterschiedlichen Zeitpunkten eingeführt: bei RIAS und RB 1948, bei BR und SWF 1949, beim SDR 1950, beim HR 1954 und beim SFB 1955. Dagegen strahlte der NWDR und seine Nachfolgeanstalten NDR und WDR keine Werbung im Hörfunk aus.

44 Bausch, Rundfunk in Deutschland, Band 4, S. 533; Montag, Privater oder öffentlich-rechtlicher Rundfunk?, 4.2.1. S. 85.

45 Das Angebot des Bayerischen Rundfunks lehnten die Verleger ab, weil sie sich nicht ausreichend an den Tochtergesellschaften „Bayerische Werbefunk GmbH" und „Bayerische Werbefernsehen GmbH" beteiligt sahen. Es würde der publizistischen Funktion der Presse nicht gerecht, in einer untergeordneten Funktion am neuen Medium teilzuhaben.

46 OLG München, NJW 1958, 1298 ff.

47 OLG München, NJW 1958, 1298, 1301.

damals die Möglichkeit und Notwendigkeit des einvernehmlichen Nebeneinanders der zwei durch Art. 5 Abs. 1 GG geschützten Institutionen.

Auch der Arbeitskreis für Rundfunkfragen war gegen die Werbung im öffentlich-rechtlichen Sektor. Zunächst wurde gefordert, einen Teil der Sendezeit der Werbewirtschaft zur Verfügung zu stellen. Später änderte sich diese Position dahingehend, dass der im allgemeinen Interesse stehende Rundfunk für kommerzielle Anliegen keine Zeit verschwenden solle. Dem Anliegen der Wirtschaft könne durch ein außerhalb des öffentlich-rechtlichen Rundfunks liegendes Fernsehprogramm Rechnung getragen werden.[48]

Dieser Konflikt führte nicht etwa dazu, dass das Interesse der für den privaten Rundfunk engagierten Gruppen erlahmte. Im Ergebnis führte das Werbefernsehen eher dazu, dass sich diese Lobby vergrößerte und verstärkte.[49]

Ein weiterer Versuch, das Werbefernsehen zu unterbinden ging vom Bundestag aus. Der forderte die Bundesregierung auf, das Wettbewerbsverhältnis zwischen Presse und Rundfunk von einer Kommission untersuchen zu lassen. Der Abgeordnete Dr. Martin begründete den Antrag mit dem Verdacht, dass im Verhältnis „ Zeitung, Funk und Film“ Fehlentwicklungen im Gange seien.[50] Die daraufhin ins Leben gerufene „Michel-Kommission“ [51] kam zu dem Ergebnis, dass eine Substitution des Rundfunks zu Lasten der Presse nicht bestehe, vielmehr beide unabhängig voneinander am Aufschwung im Medienbereich teilhaben würden.

Mit diesem Ergebnis wollte sich insbesondere der Zeitungsverlegerverband nicht zufrieden geben. Man initiierte eine Veröffentlichung mit dem Titel „Pressefreiheit und Fernsehmonopol“ und zeichnete Szenarien, in denen „die Presse, in ihrer Vielfalt Eckpfeiler der demokratischen Ordnung“ dem publizistischen und wirtschaftlichen Druck erlag.[52] Der letzte Versuch der Verleger im Rundfunk Fuß zu fassen, war das Angebot zur Übernahme der Programmherstellung des ZDF. Erfolgen sollte die Übernahme durch eine Gesellschaft der deutschen Zeitungsverleger. Das mittlerweile beim ZDF entstandene Defizit sollte durch die Verleger ausgeglichen und auf Gebühreneinnahmen der ARD verzichtet werden. Im Gegenzug dafür verlangte man, dass die ARD das Werbefernsehen einstellte und ganz den Verlegern überlassen werden sollte. Dieser Vorschlag stieß bei den Vertretern des öffentlich-rechtlichen Systems auf harsche Kritik

---

48 Montag, Privater oder öffentlich-rechtlicher Rundfunk?, 4.2.6., S. 91.

49 Montag, Privater oder öffentlich-rechtlicher Rundfunk?, 4.2.7., S. 93.

50 Auszug aus dem Bundestagsprotokoll vom 15. November 1963, abgedruckt bei Bausch, Rundfunk in Deutschland, Band 4, S. 545.

51 Die „Michel-Kommission“ war eine siebenköpfige Expertenkommission unter dem Vorsitz des ehemaligen Ministerialdirektors Elmar Michel.

52 Bausch, Rundfunk in Deutschland, Band 4, S. 549.

und wurde schließlich durch die Ministerpräsidenten der Länder aus rechtlichen und wirtschaftlichen Gründen abgelehnt.[53]

4. Die Veränderungen im Saarland

Zunächst führten auch die Ereignisse im Saarland nicht direkt dazu, dass sich der private Rundfunk durchsetzen konnte. Dies erscheint umso erstaunlicher, wenn man die Novellierung des Saarländischen Rundfunkgesetzes im Jahre 1967 betrachtet.

Im Saarland hatte sich die Rundfunklandschaft anders entwickelt als im übrigen Bundesgebiet. Bedingt durch die französische Besetzung und die folgende Angliederung an Frankreich war das Recht, Rundfunk zu veranstalten bei einer GmbH verankert, deren Gesellschafter das Saarland und Frankreich waren. Nach der Angliederung 1957 wurde die Gesellschaft in eine öffentlich-rechtliche Anstalt überführt. Daneben gab es noch einen kommerziellen französischen Sender, der vom saarländischen Gebiet aus in französischer Sprache nach Frankreich sendete.[54] Dies war möglich, weil das Rundfunkgesetz ausdrücklich nur die Veranstaltung von privatem Rundfunk in deutscher Sprache untersagte. Nach dem Ersten Fernsehurteil[55] wurde das Rundfunkgesetz überarbeitet. Wichtigste Bestimmung in dem neuen Gesetz war die Regelung, wonach privater Rundfunk in deutscher Sprache einer besonderen gesetzlichen Regelung bedürfe. 1967 kam es dann zum ersten Entwurf, der diese Regelungen schaffen sollte. Das Besondere an diesem Entwurf war, dass er in nur neun Stunden verabschiedet worden war.[56] Hintergrund des Schnellschusses war das finanzielle Interesse der Parteien an den Konzessionsabgaben. Es war eine Gesellschaft geplant, deren Anteile zu fast 60 Prozent den Parteien gehören sollten.[57] Schon Mitte Juni 1967 wurde der Konzessionsantrag für die Neue Fernseh AG gestellt. Allerdings wurde der Plan einer Parteiengesellschaft aufgrund verfassungsrechtlicher Bedenken aufgegeben. Die Gesellschaft wurde umbenannt und die Freie Rundfunk AG (FRAG) war geboren. Die beantragte Lizenz aber ließ auf sich warten. Schließlich erhob die FRAG 1971 Untätigkeitsklage vor dem Verwaltungsgericht. Das Oberverwaltungsgericht Saarlouis setzte das Verfahren aus und legte die Sache dem Bundesverfassungsgericht zur Entscheidung vor. Der Normenkontrollantrag wurde in Karlsruhe für unzulässig erklärt.[58] Daraufhin verurteilte das Oberverwaltungsgericht die Landesregierung zum Erlass eines

---

53 Bausch, Rundfunk in Deutschland, Band 4, S. 551.

54 Dieser Sender existiert heute noch und heißt nach wie vor „Europe 1". Das Programm des Senders ist abrufbar unter http://www.europe1.fr.

55 siehe hierzu oben B. I. 4. b).

56 OVG Saarlouis, DÖV 1974, 497.

57 Im Verteilungsverhältnis CDU 50, SPD 40 und FDP 8 Prozent, vgl. Montag, Privater oder öffentlich-rechtlicher Rundfunk, 4.8.1., S. 161.

58 BVerfGE 42, 42.

ermessensfehlerfreien Bescheides. Die Landesregierung des Saarlandes beugte sich dem Urteil und erließ einen Bescheid, in dem der Antrag auf Konzessionserteilung abgelehnt wurde. Begründet wurde die Ablehnung mit einer Gefährdung des Saarländischen Rundfunks. Auf die erneute Klage der FRAG hin setze das Verwaltungsgericht das Verfahren aus und legte dem Bundesverfassungsgericht vor. Das Bundesverfassungsgericht urteilte im so genannten FRAG-Urteil aus dem Jahre 1981, dass privater Rundfunk zwar nicht verfassungswidrig sei, aber wirksame gesetzliche Grundlagen verlange. Diese müssten sicherstellen, dass der Rundfunk nicht dem freien Spiel der Kräfte überlassen werden dürfte, sondern dass alle gesellschaftlich relevanten Kräfte zu Wort kommen könnten.[59]

5. Volksbegehren und Volkentscheid in Bayern

In Bayern führte der Kampf um den privaten Rundfunk und den politischen Einfluss in den Rundfunkgremien zu einer bis heute bestehenden Sondersituation. In der bayerischen Verfassung ist ein eigener Artikel zum Rundfunk enthalten, der vorsieht, dass der Rundfunk in öffentlich-rechtlicher Trägerschaft veranstaltet wird. [60]

Grund hierfür war die Initiative der Landtagsmehrheit im Jahre 1972, die einen Gesetzesentwurf einbrachte.[61] Obwohl in dem Entwurf noch nicht ganz klar erkennbar, sollten die Voraussetzungen dafür geschaffen werden, die Zulassung privater Rundfunkveranstalter zu ermöglichen. Daneben sollte aber auch der Einfluss der Parteien auf den Rundfunk gestärkt werden. Vorgesehen war eine Änderung des Gesetzes über den Bayerischen Rundfunk. Der Rundfunkrat sollte zukünftig statt 41 Mitglieder 59 haben, von denen deutlich mehr aus den Reihen

---

59 BVerfGE 57, 295 ff.

60 Art. 111a der Bayerischen Verfassung lautet:

„(1) Die Freiheit des Rundfunks wird gewährleistet. Der Rundfunk dient der Information durch wahrheitsgemäße, umfassende und unparteiische Berichterstattung sowie durch die Verbreitung von Meinungen. Er trägt zur Bildung und Unterhaltung bei. Der Rundfunk hat die freiheitliche demokratische Grundordnung, die Menschenwürde, religiöse und weltanschauliche Überzeugungen zu achten. Die Verherrlichung von Gewalt sowie Darbietungen, die das allgemeine Sittlichkeitsgefühl grob verletzen, sind unzulässig. Meinungsfreiheit, Sachlichkeit, gegenseitige Achtung, Schutz vor Verunglimpfung sowie die Ausgewogenheit des Gesamtprogramms sind zu gewährleisten.

(2) Rundfunk wird in öffentlicher Verantwortung und in öffentlich-rechtlicher Trägerschaft betrieben. An der Kontrolle des Rundfunks sind die in Betracht kommenden bedeutsamen politischen, weltanschaulichen und gesellschaftlichen Gruppen angemessen zu beteiligen. Der Anteil der von der Staatsregierung und dem Landtag in die Kontrollorgane entsandten Vertreter darf ein Drittel nicht übersteigen. Die weltanschaulichen und gesellschaftlichen Gruppen wählen oder berufen ihre Vertreter selbst.

(3) Das Nähere regelt ein Gesetz."

61 Bausch bezeichnet diese Phase der bayerischen Rundfunkgeschichte als „Lehrstück zum Thema Demokratie und Rundfunkfreiheit", Bausch, Rundfunk in Deutschland, Band 4, S. 630.

des Landtages kommen sollten. Als das Gesetz am 24. Februar 1972 verabschiedet wurde, kam es zu einer breiten Protestbewegung in der Öffentlichkeit. Das „Landesbürgerkomitee Rundfunkfreiheit" organisierte ein Volksbegehren. Ziele dieser Bürgerinitiative waren zwei Anliegen: zum einen sollte die Zahl der Regierungsvertreter in den Rundfunkgremien reduziert werden und zum anderen sollte privater Rundfunk unmöglich gemacht werden.[62] In die Bayerische Verfassung sollte folgende Passage eingefügt werden:

„Hörfunk und Fernsehen werden ausschließlich von öffentlich-rechtlichen Anstalten betrieben….."[63]

Erstaunlich ist, wie vehement sich die Bürgerinitiative gegen den privaten Rundfunk gewandt hat und welche Ängste man mit dessen Einführung verband. Man fürchtete, der zu hundert Prozent werbeabhängige private Rundfunk ermögliche eine erhöhte politische Einflussnahme auf die Bürger. Darüber hinaus wurde vermutet, mit der Einführung des privaten Rundfunks verflache auch das Programm der öffentlich-rechtlichen Anstalten zusehends und das Machtgefälle in der Gesellschaft würde sich verstärken.[64] Der Landtag war jedoch der Auffassung, das Volksbegehren sei verfassungswidrig, weil das Verbot eines kommerziellen Rundfunks gegen die Rundfunkfreiheit aus Art. 5 Abs. 1 GG verstoße. Er lehnte es ab und beschloss einen Gegenentwurf der bestimmte, dass Rundfunk nur in öffentlich-rechtlicher Verantwortung betrieben werden dürfe. Zugleich sollte das Verfassungsgericht darüber entscheiden, ob das Volksbegehren verfassungskonform sei. Zu einer Entscheidung hierüber kam es aber nicht mehr, weil sich die Beteiligten auf einen Kompromiss einigten. Die Verfassung sollte folgendermaßen geändert werden:

„Rundfunk wird in öffentlicher Verantwortung und in öffentlich-rechtlicher Trägerschaft betrieben…. Der Anteil der von der Staatsregierung, dem Landtag und dem Senat in die Kontrollorgane entsandten Vertreter darf ein Drittel nicht übersteigen…."[65]

In dem Volksentscheid 1973 wurde die Änderung der Bayerischen Verfassung mit 87,1 Prozent der abgegebenen Stimmen angenommen.[66] Am 01. August 1973 trat das aufgrund des Volksentscheids geänderte Gesetz für den Bayerischen Rundfunk in Kraft. Auch die hiergegen im Jahre 1977 erhobene Verfassungsbeschwerde zum Bayerischen Verfassungsgerichtshof blieb ohne Erfolg und war damit zunächst ein Sieg für die Verfechter des öffentlich-rechtlichen Systems.

---

62 Vgl. Montag, Privater oder öffentlich-rechtlicher Rundfunk?, 4.9.2.5.1., S. 181.

63 LT-DS 7/3069.

64 Montag, Privater oder öffentlich-rechtlicher Rundfunk?, 4.9.2.5.1., S. 181.

65 Abgedruckt in SZ vom 24.01.1973 und bei Hartstein/Ring/Kreile/Dörr/Stettner, Rundfunkstaatsvertrag, B 1, Rdnr. 10.

66 Allerdings war die Wahlbeteiligung mit 23,4 Prozent nicht sehr hoch.

6. Der technische Fortschritt

a) Erste lokale Projekte

Einige Unternehmer versuchten sich schon früh den technischen Fortschritt und die fehlende Rundfunkdefinition im Rundfunkrecht zunutze zu machen. So wurden seit 1968 lokale Kabelpilotprojekte initiiert. Die Veranstalter gingen davon aus, dass die Übertragung via Kabel rechtlich nicht als Rundfunk zu qualifizieren sei und daher eine fernmelderechtliche Genehmigung ausreiche.[67] So umging man zunächst die Konzessionserteilung durch die Länder. Neben Supermarkt-Fernsehen, Flughafen-Fernsehen und Rennbahn-Fernsehen in München-Riem gab es auch erste publizistische Versuche einer Fernsehausstrahlung. Die Zeitung Rheinpfalz zeigte zweimal täglich in Schaukästen am Verlagshaus Interviews und Nachrichten. Bald wurden diese Aktivitäten jedoch mit dem Hinweis auf die im Staatsvertrag über die Gebührenregelung enthaltene Rundfunkdefinition von den Ländern verboten.[68]

b) Die Kommission für den Ausbau des technischen Kommunikationssystems

Dennoch wuchs mit dem Fortschreiten der Technik im Kabel- und Satellitenbereich die Aussicht auf neue Übertragungswege. Folge davon war die Einsetzung der Kommission für den Ausbau des technischen Kommunikationssystems" (KtK) durch die Bundesregierung unter Beteiligung der Länder. Die Kommission hatte die Aufgabe, alle Fragen bezüglich der neuen Technologien, insbesondere Bedarf, Technik und Kosten, zu untersuchen. In ihrem Abschlussbericht aus dem Jahre 1976 schlug die Kommission vor, Modellversuche durchzuführen. Aber das Projekt wurde nur zögerlich in Angriff genommen. Man glaubte in der sozialdemokratischen Regierung am Beispiel der USA erkannt zu haben, dass mit einer Verkabelung der Rundfunk kommerzialisiert werden würde. Diese Skepsis führte dazu, dass geplante Kabelpilotprojekt in einigen Städten nicht durchgeführt wurden. Auch die öffentlich-rechtlichen Anstalten beteiligten sich nur zögerlich an dem Wettlauf um die neuen Medien. Der Intendant des Süddeutschen Rundfunks Bausch erklärte noch 1976, dass die Konsumenten, denen das Geld mit dem Lockruf zusätzlicher Information und Unterhaltung aus der Tasche geholt werden solle, sich weigerten, die technisch realisierbaren Projekte zu finanzieren. Es fehle ihnen an Lust und Zeit, den audiovisuellen Medienkonsum zu erweitern. Die Faszination des herkömmlichen Fernsehens sei abgeklungen, wie es zu erwarten gewesen sei. Die Unzufriedenheit vieler Zuschauer er-

---

67 Dies wurde auch in der juristischen Literatur vertreten. Siehe nur Weber, Rundfunkfreiheit-Rundfunkmonopol, in Schnur (Hrsg.) Festschrift für Ernst Forsthoff, S. 467 ff.

68 Im Staatsvertrag über die Gebührenregelung vom 31.10.1968 wurde der Rundfunkbegriff erstmalig definiert als „die für die Allgemeinheit bestimmte Veranstaltung und Verbreitung von Darbietungen aller Art in Wort, Ton und Bild unter Benutzung elektrischer Schwingungen ohne Verbindungsleiter oder längs oder mittels Leiter". Diese Begriffsbestimmung findet sich noch heute nahezu unverändert in § 2 RStV.

wachse nicht aus einem Mangel an angebotenen Programmen, sondern aus der Unmöglichkeit, zwei interessante Programme zu verfolgen, die zur gleichen Zeit ausgestrahlt werden würden.[69] Dennoch einigten sich die Ministerpräsidenten 1980 zur Anschubfinanzierung der Kabelprojekte auf den „Kabelgroschen", d.h. auf eine Erhöhung der Rundfunkgebühr um 20 Pfennig.

Mit dem Regierungswechsel 1982 wurde durch den neuen Postminister Schwarz-Schilling verstärkt an der Verkabelung Deutschlands gearbeitet. Allein 1983/84 wurden über zwei Millionen Kabelanschlüsse verlegt.[70]

c) Die Pilotprojekte und der „Urknall"

Das erste Kabelpilotprojekt wurde im Januar 1984 in Ludwigshafen auf der Grundlage eines speziellen Gesetzes in Rheinland-Pfalz durchgeführt.[71] Am 1. Januar 1984 wurde damit das öffentlich-rechtliche Sendemonopol schließlich gebrochen und der private Rundfunk aus der Taufe gehoben, denn neben den öffentlich-rechtlichen Fernsehanstalten waren erstmals private Veranstalter an dem Projekt beteiligt. Mit der Durchführung beauftragt war die Anstalt für Kabelkommunikation (AKK), eine Anstalt des öffentlichen Rechts unter der Rechtsaufsicht von Rheinland-Pfalz. Das Programmangebot war in erster Linie auf das Kabelfernsehen ausgelegt.[72] Neben den üblichen Programmen wurden weitere öffentlich-rechtliche als auch private Programme eingespeist und neben deutschen gab es auch ausländische Veranstalter.[73] Eingespeist waren unter anderem der „Musikkanal" des ZDF, „Der Schlaue Kanal", ein Bildungsprogramm des damaligen Südwestdeutschen Rundfunks, aber auch das regionale Fernsehprogramm des „Ersten Privaten Fernsehens" (EPF), eine Tochtergesellschaft der Regionalzeitung Rhein-Pfalz. Die „Programmgesellschaft für Kabel- und Satellitenrundfunk (PKS) sendete ebenfalls und ging später im Programm von SAT 1 auf.[74] Der Ludwigshafener Versuch wurde ursprünglich nur in einem kleinen Gebiet geplant, aber schon Ende 1984 auf das ganze Bundesland ausgedehnt. Jeder, der über einen Kabelanschluss zu dieser Zeit verfügte, konnte sich an das Projekt anschließen lassen. Am Ende der Projektphase waren am

69 Bausch in Paetzold (Hrsg.), Kabel-Kommunikation, S. 139 f.

70 Übersicht über die Verkabelung in der Bundesrepublik in den Jahren 1982 bis 1996 bei Hickethier, Geschichte des deutschen Fernsehens, 12.3, S. 419.

71 Landesgesetz über einen Versuch mit Breitbandkabel vom 04. Dezember 1980.

72 Eine Untersuchung zur Akzeptanz der zusätzlichen Fernsehprogramme, deren Auswirkung auf die Nutzung bestehender Programme und die Analyse der neuen Programme findet sich bei Frank/Klingler, Die veränderte Fernsehlandschaft, S. 7 ff.

73 Eine Übersicht über die in der Bundesrepublik im Jahr 1986 bereits angebotenen Sender bieten Wiedemann/Mombaur/Reck/Harder in: Neue Medien, Kabel- und Satellitenrundfunk, Deutscher Gemeindeverlag, S. 5 ff.

74 Stuiber, Medien in Deutschland, Band 2, 1. Teil, 236.

31. Dezember 1986 72.000 Haushalte angeschlossen.[75] Weitere Projekte fanden in München, Dortmund und Berlin statt.[76]

III. Die Entwicklung der Fernsehlandschaft in den letzten zwanzig Jahren

Die Entwicklung der dualen Rundfunklandschaft seit der Einführung des privaten Rundfunks ist für die Beurteilung der Funktion der öffentlich-rechtlichen Anstalten aus heutiger Sicht unerlässlich. Denn gerade anhand dieser Sondersituation wird dem öffentlich-rechtlichen Rundfunk noch immer eine Sonderrolle zuerkannt. Damit die Senderstruktur und ihre Entwicklung auch nachfolgend zur Argumentation herangezogen werden kann, ist eine Darstellung geboten.

Nachdem die Kabelpilotprojekte erfolgreich verlaufen waren und die Anbieter erhebliche Investitionen getätigt hatten, war klar, dass der Durchbruch zum privaten Fernsehen gelungen war und nicht mehr rückgängig gemacht werden konnte.[77] In der Folge wurden in den Ländern nach und nach Landesmediengesetze beschlossen, die die Entwicklung des privaten Rundfunks steuern sollten.[78]

1. Die privaten Rundfunkveranstalter

Die private Fernsehlandschaft stellt sich heute als Duopol dar. Es gibt eine Senderstruktur um zwei Senderfamilien: RTL und ProSiebenSAT.1.

a) Die Gründerjahre der Sender

aa) SAT 1

Als erstes privates Satellitenprogramm ging SAT.1 am 01. Januar 1984 im Kabelpilotprojekt Ludwigshafen auf Sendung. Bundesweit war SAT.1 ab dem 01. Januar 1985 empfangbar und ging als „Verlegerfernsehen“ in die Fernsehgeschichte ein.[79] Nach dem Südschienenstaatsvertrag[80] im Mai 1986 erhielt der Sender einige terrestrische Frequenzen in erster Linie im süddeutschen Raum. An SAT.1 war von Beginn an eine deutsche Gesellschaft beteiligt, ein Verleger- und Bankkonsortium. Zu den Gründungsgesellschaftern gehörten neben den in der Aktuell Presse-Fernsehen vertretenen Zeitungsverlegern der Springer Verlag und Leo Kirch. Zunächst positionierte sich SAT.1 als Familienprogramm mit

---

75 Stuiber, Medien in Deutschland, Band 2, 1. Teil, 235.

76 Einzelheiten zu den Projekten bei Schatz, Strukturen und Inhalte des Rundfunkprogramms der vier Kabelpilotprojekte.

77 So auch Stuiber, Medien in Deutschland, Band 2, 2. Teil, S. 551.

78 Als erstes Bundesland verabschiedete Niedersachsen im Mai 1984 ein Mediengesetz, das privaten Rundfunk nicht nur versuchsweise zuließ.

79 Vgl. die Angaben unter http://www.kek-online.de/kek/medien/beteiligung/035sat1.pdf. (Abrufdatum 06.Oktober 2005).

80 Der Südschienenstaatsvertrag über die Vergabe eines Fernsehkanals des Rundfunksatelliten TV-SAT an einen privaten Veranstalter wurde durch die Länder Bayern, Rheinland-Pfalz und Baden-Württemberg am 12. Mai 1986 verabschiedet.

den Schwerpunkten Nachrichten und Film. Die Gesellschafter teilten diese Bereiche auf und so sorgten die Verleger für den Nachrichtenteil und Leo Kirch bediente die Nachfrage nach Filmen und Serien. Den Durchbruch jedoch schaffte SAT.1 mit der Ausstrahlung von sportlichen Großereignissen wie den US-Open 1986 und die Bundesliga 1992.

Die Gesellschafterverhältnisse stellten sich bald als erfolgslähmend dar, denn wichtige Programmentscheidungen konnten aufgrund interner Unstimmigkeiten nicht getroffen werden. Die Werbeindustrie war daher zurückhaltend. Gleich zu Beginn, als SAT.1 noch ein loser Verbund in Form eines Konsortiums war, gab es Streitpotential. Deshalb wurde die Umwandlung in eine GmbH 1986 vollzogen, was aber die Probleme nicht löste.[81] Drei verschiedenen Interessengruppen prallten aufeinander, nämlich die eines Filmhändlers in Gestalt Leo Kirchs, die eines Großverlags (Springer) und die einer Vielzahl kleiner Verlagshäuser und mittelständiger Zeitungsverleger. Springer kaufte schließlich den kleineren Verlagen ihre Anteile ab, was zu weiteren Machtkämpfen zwischen Springer und Kirch führte. Nach dem Tod Springers im Jahre 1985 kam es zu einem Erbstreit im Hause Springer, der den Konzern destabilisierte. Die Neuaufteilung bot Kirch die einmalige Gelegenheit, Springer-Anteile zu erwerben. Kirch versprach sich Synergieeffekt zwischen dem Fernsehprogramm und Programmzeitschriften und erhoffte sich dadurch mehr Publicity für seinen Sender. Der Machtkampf im Springer-Konzern schwelte in der SAT.1-GmbH weiter und machte den Sender zu einem Spielball branchefremder Interessen. Bald herrschte eine Pattsituation zwischen Springer-Erben und Kirch, die jede Entscheidung unmöglich machte. Ein regelrechter Grabenkrieg entzündete sich an dem so genannten „Beisheim-Filmpakt“. Grund hierfür war der Kauf eines Paketes mit 1300 Filmen durch den Vorstandsvorsitzenden am Aufsichtsrat vorbei. Das Paket stammte von der schweizerischen Medien-Handels AG, dessen Gründer Otto Beisheim ein Freund von Leo Kirch war. Erst ab Mitte der 90 Jahre gelang es SAT.1, den Vorsprung von RTL teilweise aufzuholen. Der Sender war aber auch 1997 noch nicht im Gewinnbereich angelangt. 1998 schrieb er erstmals schwarze Zahlen. Nachdem Kirch 1998 den Holtzbrink-Anteil an SAT.1 erworben hatte, kam er auf einen Anteil von 59 %. Damit war die Pattsituation im Aufsichtsrat beendet und es gab eine Kirch-Mehrheit

Allerdings hatte SAT.1 zu diesem Zeitpunk schon großen Schaden davon getragen, denn der unmittelbare Konkurrent RTL plus hatte sich inzwischen auf dem Markt etabliert. Erst ab 1992 konnte SAT.1 mit einem neuen Senderprofil aufwarten und sich am Markt vollends etablieren.[82] Nach der KEK-Einschätzung

---

81 Die Eureka Television GmbH wurde gegründet. Sie betrieb den Sender Eureka TV, den Vorläufer von ProSieben.

82 Dies dürfte nicht zuletzt darauf zurückzuführen sein, dass mit dem Start der Saison 1992/1993 Sat.1 das Erstverwertungsrecht für die Spiele der 1. Fußball-Bundesliga besaß und ab dem 14. August 1992 "ran-Sat.1-BUNDESLIGA" gesendet wurde.

zählt SAT.1 zu den zuschaueranteilsstarken Sendern und das Programm lässt sich als Voll- oder Mischprogramm mit dem Schwerpunkt Unterhaltung beschreiben.[83]

bb) RTL

RTL nahm sein Programm nicht am Neujahrstag auf, sondern, „um originell zu erscheinen“, am 02. Januar 1984.[84] Das Programm wurde terrestrisch ausgestrahlt über Kanal 7, der ursprünglich der Kanal für das RTL Programm in Lothringen war. Bei einem Unfall war der Sendemast des Kanals zerstört worden und nach dem Wiederaufbau wurde die Frequenz nicht mehr benötigt. Man fand heraus, dass der freigewordene Kanal bei entsprechender Ausrichtung im ganzen Saarland, in Teilen von Rheinland-Pfalz und in Teilen Nordrhein-Westfalens empfangen werden konnte. So ermöglichte der Wiederaufbau des Senders der „Compagnie Luxembourgoise de Télédiffusion“ (CLT), die bereits das private Radioprogramm RTL veranstaltete, in den im Aufbau befindlichen deutschen Fernsehmarkt vorzudringen. Erst nach der Unterzeichnung des Nordschienenstaatsvertrages[85] im März 1986 wurde aus RTL plus eine Gesellschaft nach deutschem Recht.[86] Das Programm der RTL plus Deutschland GmbH wurde von der niedersächsischen Landesmedienanstalt zugelassen.[87] Der Umzug nach Köln erfolgte 1987 und kurz darauf konnte der Sender 8,3 % Zuschaueranteil verzeichnen.[88]

Zu Sendebeginn gab es nur zwei Gesellschafter an RTL, die CLT mit 60 % und das Medienunternehmen Bertelsmann (Ufa). Später kam noch die WAZ-Gruppe mit 10% , Die Deutsche Bank und Burda mit je 2% und die Frankfurter Allgemeine Zeitung mit einem Prozent hinzu.[89] Programmlich gelang der Durchbruch mit der Wimbledon-Übertragung 1988.

---

83 Siehe hierzu http://www.kek-online.de/kek/medien/beteiligung/035sat1.pdf (Abrufdatum 06.Oktober 2005)

84 Thoma in: Fischer/Jubin, Privatfernsehen in Deutschland, S. 65. Anders heißt es bei der Aufstellung der Beteiligungsverhältnisse auf der Seite der KEK, der Sender sei am 01. Januar 1984 gestartet. Vgl. http://www.kek-online.de/kek/medien/beteiligung/033rtltv .pdf. Abrufdatum 06. Oktober 2005).

85 Berlin, Niedersachsen und Schleswig-Holstein ratifizieren den Vertrag, der die Nutzung eines TV-SAT-Kanals durch private Rundfunkveranstalter regelt. Dem Staatsvertrag trat Hamburg am 4. Juli 1986 bei.

86 Vgl. Bourgeois in Rundfunkpolitik in Deutschland, Band 1, 436, 445.

87 Siehe dazu http://www.kek-online.de/kek/medien/beteiligung/033rtltv.pdf. (Abrufdatum 06. Oktober 2005)

88 DLM-Jahrbuch 1988, S. 297.

89 Thoma in: Fischer/Jubin, Privatfernsehen in Deutschland, S. 66. Der Burda-Verlag und die Frankfurter Allgemeines Zeitung haben ihre Anteile an RTL 1995 verkauft.

cc) Pro Sieben

Der Sender Pro Sieben ging aus dem Kabelpilotprojekt Eureka TV in München hervor und war zu Beginn nicht bundesweit zugelassen. Nach dem Einstieg des Kirch-Sohnes Thomas im Jahre 1988 wurde der Sender am 01. Januar 1989 in Pro Sieben umgetauft und seitdem bundesweit verbreitet.[90] Das Programmkonzept war seit 1989 auf die jüngere Zuschauerschaft zugeschnitten und ist noch heute schwerpunktmäßig darauf ausgerichtet.

dd) DSF/Tele 5

DSF wurde 1984 als Musikprogramm im Münchner Kabelpilotprojekt gegründet und bestand in erster Linie aus Videoclips. Nach dem Einstieg des italienischen Medienmoguls Berlusconi im September 1987 änderte sich das Programmformat hin zu einem Familiensender und wurde in Tele 5 umbenannt. Zum ersten Mal beteiligte sich ein ausländischer Medienunternehmer am deutschen Markt und sorgte für Panik.[91]

b) Die zweite Generation der Sender und der Beginn der Segmentierung

aa) VOX

VOX gehört nicht zu den Sendern der ersten Stunde, denn erst 1993 ging der Erlebnissender, wie er sich selbst nannte, auf Sendung. Als Ergebnis einer heftigen Debatte um die letzte zusammenhängende Frequenzkette in Deutschland, den der Westschienenstaatsvertrag vorsah, wurde VOX gestartet. Nach einem langen Interessenskonflikt erhielt die Westschienenkanal Film- und Fernseh GmbH & Co. KG, an der neben DCTP und Ufa auch ein von der Westdeutschen Landesbank geführtes Bankkonsortium beteiligt war, die Zulassung.[92]

bb) Premiere

Am 28. Februar 1992 ging Premiere als Nachfolger eines lokal gescheiterten Bezahlfernsehens auf Sendung. Gegründet wurde es von der Ufa, Canal Plus und Teleclub, woran Leo Kirch 25 % Beteiligung innehatte.[93] Premiere war der erste bundesweite Pay-TV- Sender. Damit wurde eine völlig neue Dimension des Fernsehens in Deutschland ins Leben gerufen. Auf die Besonderheiten des Pay-TV kann in dieser Arbeit nicht näher eingegangen werden.

---

90 http://www.kek-online.de/kek/medien/beteiligung/030prosieben.pdf. (Abrufdatum 06. Oktober 2005).

91 Die Welt vom 25. August 1987.

92 http://www.kek-online.de/kek/medien/beteiligung/042vox.pdf. (Abrufdatum 06. Oktober 2005).

93 Zur Entwicklung der Beteiligungsverhältnisse siehe Bourgeois in: Bausch, Rundfunkpolitik in Deutschland, Band 3, 436, 458.

cc) Weitere Sender

In den Jahren 1989 und 1990 begannen die Anbieter der ersten Generation ihr Angebot zu segmentieren. Das Programm der Hauptakteure Kirch, CLT und Bertelsmann sollte lukrativer werden und man suchte ein zweites Standbein, um die steigenden Kosten bei Film- und Sportrechten ausgleichen zu können.[94]

Im Februar 1992 wurde Kabel 1 „Der Kabelkanal" gegründet als ein Ableger von Pro Sieben. 1993 kam RTL 2 auf den Fernsehmarkt und sendete Wiederholungsprogramm für die so genannte „junge Familie". Dem durch den Golf-Krieg ausgelösten Nachrichtenboom wurde durch n-tv im Jahre 1992 Rechnung getragen. Unter Beteiligung des amerikanischen Turner-Konzerns strahlte der erste private Sender ein reines Nachrichtenprogramm aus.

Mit diesen Sendern der dritten Generation wurde ab Mitte der 90er Jahre das bestehende Angebot weiter ausdifferenziert und neue Sparten- und Zielgruppenprogramme ins Leben gerufen. Bis zum 01. Januar 1997 kamen weitere vier Sender hinzu, nämlich VOX, Eurosport, Super RTL und tm3.[95]

c) Entwicklungen in jüngster Vergangenheit

Im bundesweiten Privatfernsehen haben sich schon frühzeitig so genannte Senderfamilien herausgebildet, die im Einflussbereich eines Unternehmens stehen und daher als Veranstaltergruppe gelten. Im Jahr 2000 waren die beiden wichtigsten Veranstaltergruppierungen nach wie vor die CLT-UFA, zu der RTL, RTL II, Super RTL und VOX gehören und die KirchGruppe. Zur KirchGruppe zählten die Sender SAT.1, Premiere und Premiere World, K-toon/Junior, Discovery Channel, GoldStar TV, Classica, ProSieben, Kabel 1 und N 24.

Seit 2001 etwa setzte sich der ab den 80er Jahren anhaltende Medienboom beim Fernsehangebot nicht mehr fort und die Sendergruppen mussten rückläufige Gewinnergebnisse hinnehmen.[96] Verantwortlich für diese wirtschaftlichen Schwierigkeiten dürften die geringeren Werbeeinnahmen sein, deren Entwicklung eng verknüpft ist mit der konjunkturellen Lage der werbetreibenden Industrie. Als auslösenden Faktor des wohl bereits latent vorhandenen Rückschlagpotenzials für den wirtschaftlichen Fortschritt im Medienbereich wird der Anschlag vom 11. September 2001 genannt.[97] Neben diesen wirtschaftlichen Veränderungen gab es auch strukturelle Umgestaltungen. Das wohl wichtigste Ereignis war die Insolvenz verschiedener Unternehmen der KirchGruppe. Noch

---

94 Zur Problematik der Sportrechte siehe Dörr, in Abele/Riva (Hrsg.), Digitalisierung und Globalisierung: Chancen und Risiken für den Rundfunk, S. 70-75 und Dörr, Sport im Fernsehen: Die Funktionen des öffentlich-rechtlichen Rundfunks bei der Berichterstattung.

95 Die Landesmedienanstalten (Hrsg.), Konzentrationsbericht der KEK 2000, S. 89.

96 Vgl. hierzu etwa die Meldung zur Umsatzeinbuße bei RTL um 10,5 % in epd 73/2002, S. 15 und zur „Werbe-Wende" epd 54/2002, S. 20.

97 Die Landesmedienanstalten (Hrsg.), Konzentrationsbericht der KEK 2004, S. 74.

Mitte 2001 mit Meldungen über einen geplanten Börsengang der Kirch Media und der mit ihr fusionierten ProSiebenSat.1 Media AG in den Schlagzeilen,[98] gab es schon Anfang 2002 erste Meldungen über eine aktuelle Finanznot Leo Kirchs.[99] Die Eröffnung des Insolvenzverfahrens über die Kirch Media GmbH folgte dann am 14. Juni 2002.[100] Bis Oktober 2002 waren die weiteren Konzernobergesellschaften, die Kirch Pay TV GmbH, die Taurus Holding GmbH und die Kirch Beteiligungs GmbH, ebenfalls insolvent. Zu einer Einstellung von Programmen kam es jedoch nicht. Am Sender Premiere wurde als Folge der Zahlungsunfähigkeit die Beteilung aufgegeben, ebenso am Sender DSF. Die anderen Fernsehsender der insolventen KirchGruppe blieben bei der Sendergruppierung, die von der ProSiebenSAT.1 Media AG beherrscht wurde.

d) Die private Rundfunklandschaft heute

Auch heute stellt sich die private Rundfunklandschaft quasi als Duopol dar. Neben den beiden großen Veranstaltergruppen der ProSiebenSat.1 Media AG und der RLT Group gibt es zwar einige weitere kleinere Gruppen, die aber keinen nennenswerten Zuschaueranteil aufweisen können. Lediglich Premiere ist mit einem Zuschaueranteil von 2,3 % im Jahr 2005 als nicht zu den beiden großen Gruppen gehörig nennenswert.[101]

Die unmittelbar von der KirchGruppe gehaltenen Anteile an der ProSiebenSAT.1 Media AG in Höhe von rund 75 % wurden von der P7S1 Holding L.P. um Haim Saban erworben, [102] woran sich trotz Verkaufsabsichten bis heute nichts geändert hat.[103] Rund 25 % der Stimmrechte hält die SAT.1 Beteiligungs GmbH mit Sitz in Unterföhring.

Die Beteiligung der KirchGruppe an Premiere wurde von der Premira-Gruppe übernommen.[104] Die gesellschaftliche Struktur des Pay-TV Anbieters Premiere gliedert sich nunmehr zu etwa 51 % in Streubesitz und etwa 34 % der Stimmrechte werden von der Holding III S.A.R.L. mit Sitz in Luxemburg gehalten, die wiederum überwiegend der Premira-Gruppe zuzurechnen ist. Weitere 13 % hält

---

98 epd medien 71/2001, S. 9 f.

99 Siehe nur epd medien 8/2002, S. 9, 10; epd medien 10/2002, S. 3 ff; epd medien 20/2002 S. 15; epd medien 35/36/2002, S. 9; epd medien 37/2002; S. 8; epd medien 39/40/2002, S. 10.

100 Zur Insolvenz: Kiefer, Media Perspektiven, 10/2002, S. 491-500 und Meldung in epd medien 47/2002 S. 9.

101 Zu den einzelnen Zuschaueranteilen auch aller kleineren Sender siehe ausführlich http://www.kek-online.de/cgi-bin/esc/zuschauer.html#Daten%20zu%20den %20Zuschaueranteilen (Abrufdatum 07.04.2006).

102 http://www.kek-online.de/kek/medien/beteiligung/035sat1.pdf. (Abrufdatum 16. August 2005).

103 Siehe hierzu unter B. III. 1. e)

104 http://www.kek-online.de/kek/medien/beteiligung/028premiere.pdf. (Abrufdatum 16. August 2005).

die Fernseh Holding S.A.R.L. ebenfalls mit Sitz in Luxemburg.[105] DSF ging letztendlich an EM.TV.[106]

Die Beteilungsverhältnisse der RTL Group haben sich kaum verändert.

100 % des Stammkapitals hält die UFA Film und Fernseh GmbH mit Sitz in Köln. Diese wird zu 100 % von der RTL Group Deutschland GmbH mit Sitz in Köln gehalten. 100 % dieser GmbH hält die CLT-UFA S.A., deren Sitz sich in Luxemburg befindet. Hier erfolgt eine Aufteilung des Stammkapitals von 99,7 % zur RTL Group S.A., Luxemburg und zu 0,3 % in Streubesitz. Haupteigner der RTL Group ist die Bertelsmann AG mit 52,7 %.[107] An der Bertelsmann AG ist zu 57,6 % die Bertelsmann Stiftung beteiligt.[108]

Zusammenfassend lässt sich sagen, dass mit der Zahlungsunfähigkeit mehrerer zentraler Gesellschaften der KirchGruppe wirtschaftliche Schwierigkeiten offen zu Tage getreten sind, die negative Folgen für die gesamte Fernsehbranche nach sich gezogen haben. Beschäftigung, Wachstum und Gewinnerwartungen sind nach wie vor gefährdet. Ebenso ist deutlich geworden, dass die Erlöspotenziale der vergangenen Jahre nicht mehr realisierbar sind. Die gesamte Branche hat sich auf mittelfristig geringere Gewinne einstellen müssen und so sind wirtschaftliche Schwierigkeiten, Marktsättigung, Stellenstreichungen, Umsatzeinbußen, Kosteneinsparung, ungenügende Renditen, Einstellungsstopps und Restrukturierungsprozesse sehr häufige Themen.

Für das private Fernsehen ist die rückläufige Entwicklung des Werbemarktes ein weiterer gravierender Einschnitt. Nach einer langen Phase der Expansion und hohen Gewinnspannen hat sich die schwache nationale und internationale Wirtschaftslage auch auf die Fernsehwerbung ausgewirkt. Die Nettowerbeumsätze im gesamten TV-Bereich sank von 4.709,14 Millionen Euro im Jahr 2000 auf 3.956,41 Millionen Euro im Jahr 2002.[109] Dieser Trend hat auch in den folgenden Jahren angehalten.[110]

---

[105] http://www.kek-online.de/kek/medien/beteiligung/028premiere.pdf. (Abrufdatum 16. August 2005).

[106] http://www.kek-online.de/kek/medien/beteiligung/013dsf.pdf. (Abrufdatum 16. August 2005).

[107] Siehe hierzu Die Landesmedienanstalten (Hrsg.), Sicherung der Meinungsvielfalt in Zeiten des Umbruchs, Abbildung II-5, S. 86; auch abrufbar unter http://www.kek-online.de/kek/medien/beteiligung/033rtltv.pdf (Abrufdatum 07.04.06).

[108] Die Landesmedienanstalten (Hrsg.), Sicherung der Meinungsvielfalt in Zeiten des Umbruchs, S. 85.

[109] Daten abgedruckt in: Die Landesmedienanstalten (Hrsg.), Konzentrationsbericht der KEK 2004, S. 235.

[110] Vgl. hierzu etwa ein Online-Bericht der Landesanstalt für Medien Nordrhein-Westfalen, abrufbar unter http://www.lfm-nrw.de/funkfenster/medienwirtschaft/feetv.php3 (Abrufdatum 04.03.2006).

Das erklärt, warum von Seiten der privaten Veranstalter verstärkt Druck auf den gebührenfinanzierten - und damit von der konjunkturellen Lage unabhängigen - öffentlich-rechtlichen Rundfunk ausgeübt wird und ein Verzicht auf Werbeeinnahmen und Funktionsbegrenzungen gefordert werden.[111]

e) Entwicklungstendenzen auf dem privaten Markt

Der Tiefpunkt der Krise auf dem privaten Rundfunkmarkt scheint überwunden zu sein. Die Sender geben ihre Umsatzrenditen bekannt und PROSiebenSat.1 etwa hat sich offenbar vom Desaster der Kirchära erholt.[112] Wie der Senderkonzern mitteilte, sei der Umsatz um sechs Prozent auf 932,3 Millionen Euro gestiegen. Zum ersten Mal hätten damit in der Firmengeschichte alle vier Sender ein positives Halbjahresergebnis.[113] Ein weiteres Projekt der ProSiebenSat.1 AG war die vollständige Übernahme des Glückspielsenders 9 Live sowie des Reiseverkaufskanals Sonnenklar TV.[114] An der Euvia Media AG, zu der beide Sender gehören, hatte ProSiebenSat.1 vorher 48,4 Prozent.[115]. Das jüngste und wohl bedenklichste Vorhaben war die geplante Übernahme sämtlicher Anteile an der ProSiebenSAT.1 Media AG durch die Axel Springer AG. Diesbezüglich waren Verfahren sowohl bei der KEK als auch beim Bundeskartellamt anhängig.[116] Beide, die KEK und das Bundeskartellamt haben allerdings die Übernahme untersagt.[117]

Auch Premiere lässt verkünden, „endgültig“ in den schwarzen Zahlen zu sein. Das Ergebnis vor Steuern beträgt 20,8 Millionen Euro. Im vergleichbaren Vorjahreszeitraum war noch ein Verlust von 6,9 Millionen Euro angefallen.[118]

RLT behauptete zwar im Jahr 2003 noch seine Marktführerschaft und der Geschäftsführer bezeichnet dieses Jahr als „ein Jahr des größten Erfolges“. Allerdings war schon damals erkennbar, dass der Sender etwas von seinem Vor-

---

111 Die Nettowerbeeinnahmen von ARD und ZDF lagen im Jahr 2002 bei 252,81 Millionen Euro.

112 Vgl. etwa epd medien 14/2005, S. 14, wonach der Medienkonzern im Jahr 2004 das beste Ergebnis der Unternehmensgeschichte erzielte und epd medien 84/2005, S. 10, wonach ProSiebenSat.1 im dritten Quartal 2005 eine deutliche Gewinnsteigerung erzielt hat.

113 epd medien 63/04, S.15; FK 34/04, S. 15.

114 Die Touristikfirma BigXtra wird wohl diesen Sender übernehmen. Für die Übernahme liegt die kartellrechtliche Genehmigung vor. Vgl. Meldung in newsroom.de unter http://www.newsroom.de/news/display/index.cfm?id=309548 (Abrufdatum 17. Oktober 2005).

115 Funkkorrespondenz 12/2005, S. 20.

116 Die Fusionsanmeldung ging am 15. August 2005 beim Bundeskartellamt ein.

117 Vgl. hierzu epd medien 3/06, S. 9 f; epd medien 4/06, S. 9; epd medien 6/06, S. 7 ff.; epd medien 8/06, S. 7, 8.

118 epd medien 63/04, S. 16.

sprung eingebüßt hatte.[119] Im Jahr 2005 lag der Marktanteil von RTL nur noch bei 13,2 Prozent. Damit lag RLT nur noch an vierter Stelle.[120]

2. Die öffentlich-rechtlichen Anstalten

Auch die öffentlich-rechtlichen Rundfunkanstalten nutzten in den Jahren nach dem Urknall die neuen Errungenschaften der Technik. Die wichtigsten Entwicklungen, auch hinsichtlich der rechtlichen Rahmenbestimmungen sollen an dieser Stelle nachgezeichnet werden und dabei ein besonderes Augenmerk auf Expansionsbestrebungen, Nutzung neuer Medien und sonstige Betätigungen neben dem eigentlichen „Kerngebiet“ der Sendetätigkeit gelegt werden. Damit soll die Grundlage für die Diskussion gegeben werden, inwiefern gesetzliche Konkretisierungen des Funktionsauftrages überhaupt erforderlich sind.[121]

a) Die ARD und ihre Mitglieder

Die ARD war an dem Ludwigshafener Pilotprojekt 1984 durch den damaligen SWF beteiligt. „Der schlaue Kanal“ strahlte innerhalb des Projektes ein siebenstündiges Spartenprogramm aus.[122] Zu sehen waren Bildungsprogramme, Hobbyserie und Sprachkurse, die hauptsächlich aus Archivproduktionen des SWF und anderer Rundfunkanstalten bestanden. In programmlicher Hinsicht wurde das Jahr durch die Olympischen Winterspiele in Sarajewo und die Sommerspiele in Los Angeles geprägt, über die die ARD in Zusammenarbeit mit dem ZDF im Winter einhundertzwanzig Stunden und im Sommer zweihundertzweiundvierzig Stunden im Fernsehen berichtete.

Im April startete der SDR sein Versuchsprogramm „Südfunk-Text“. Es handelte sich dabei um einen regionalen Fernsehtext-Dienst, der den seit 1980 bestehenden bundesweiten Videotext der ARD ergänzte.[123] Am 29. Juni beschloss der Rundfunkrat des HR, am 01. Januar 1985 mit der Ausstrahlung von Werbesendungen in Hessen Drei zu beginnen. Hiergegen wurde Anfang Januar 1986 durch das Land Rheinland-Pfalz Klage vor dem Bundesverfassungsgericht erhoben.

Im weiteren Verlauf des Jahres 1986 unterzeichneten der ARD-Vorsitzende und ein Regierungsvertreter den Vertrag, der das neue Satelliten-Fernsehprogramm Eins Plus ermöglichte. Ab Ende März wurde das Programm über Satellit ver-

---

[119] epd medien 64/04, S. 13.

[120] epd medien 1/06, S. 20. Im Vergleich zu 2004 war damit ein weiterer Rückgang für RTL um 0,6 Prozentpunkte zu verzeichnen. Marktführer 2005, bezogen auf alle Zuschauer, waren die Dritten Programme der ARD mit 13,6 Prozent. Danach folgten ARD und ZDF mit jeweils 13,5 Prozent.

[121] Der Begriff „Kerngebiet“ ist an dieser Stelle untechnisch zu verstehen und soll nur den Bereich außerhalb der reinen Programmausstrahlung bezeichnen.

[122] ARD Jahrbuch 85, S. 141.

[123] ARD Jahrbuch 85, S. 147.

breitet und in Kabelanlagen eingespeist.[124] Allerdings bedurfte es vorher einer verwaltungsgerichtlichen Entscheidung zugunsten des SWF und des BR, um rechtsaufsichtliche Maßnahmen der jeweiligen Landesregierungen abzuwehren. Nachdem die Länder sich im gleichen Jahr nicht auf einen gemeinsamen Medienstaatsvertrag einigen konnten, kam es im März und im Mai zu einem getrennten Abschluss eines Medienstaatsvertrages für die „Nordschiene" zwischen Berlin, Niedersachsen und Schleswig-Holstein[125] und eines Medienstaatsvertrages für die Südschiene, an dem Rheinland-Pfalz, Baden-Württemberg und Bayern beteiligt waren. Regelungsinhalt war die Nutzung eines Kanals für Fernsehzwecke durch private Veranstalter. Im April beschlossen die ARD-Intendanten die Einführung des Radiodatensystems (RDS) mit dem der Empfang von am Radiogerät ablesbaren Zusatzinformationen ermöglicht wurde. Auch die Grundsätze zur Trennung von Werbung und Programm verabschiedeten die ARD-Intendanten in diesem Jahr. In programmlicher Hinsicht dominierten Berichte über die Reaktorkatastrophe in Tschernobyl im April und über die Fußball-Weltmeisterschaft in Mexiko.[126]

Im April 1987 einigten sich die Länder auf einen Rundfunkstaatsvertrag[127]. Genauer geregelt wurde vor allem, unter welchen Bedingungen längere Fernsehsendungen durch Werbung unterbrochen werden dürfen.[128] Im Mai 1988 weitete der WDR seine Werbung auf das erste Programm aus und sendete nun durchschnittlich 90 Minuten Werbung an Werktagen. Damit wurde das maximale Werbevolumen, das im Rundfunkstaatsvertrag festgelegt war, voll ausgeschöpft.[129] Im Dezember stimmte als letztes Parlament der Hessische Landtag dem Rundfunkfinanzierungsstaatsvertrag zu, der am 01. Januar 1989 in Kraft trat.

Das Programmangebot der ARD wuchs weiter: Das Erste war 1989 täglich mehr als zehn Stunden auf Sendung - ohne die rund drei Stunden Vormittags- und zwei Stunden Vorabendprogramm. Das Programmvolumen der Dritten bewegte sich zwischen acht (HR) und mehr als dreizehn Stunden (NDR/RB/SFB). Im Hörfunk überstieg die Sendezeit der ersten, zweiten und dritten Programme fast überall achtzehn Stunden pro Tag. Die vierten Programme, die es inzwischen bei allen Landesrundfunkanstalten außer dem SWF gab, erreichten im Durchschnitt dreizehn Stunden pro Tag. Der SR richtete unter dem Namen SaaR-Text (später Saartext), einen eigenen Videotext ein. Damit boten die Landesrundfunkanstalten nun in allen Bundesländern regional Fernsehtext an.

---

124 ARD-Jahrbuch 87, S. 83.

125 Hamburg erklärte erst im Juni den Beitritt zu dem Nordschienenvertrag.

126 ARD-Jahrbuch 87, S. 89, 90.

127 Der erste Rundfunkstaatsvertrag aller Bundesländer, der Staatsvertrag zur Neuordnung des Rundfunkwesens trat in Kraft am 1.12.1987.

128 ARD-Jahrbuch 88, S. 108.

129 ARD-Jahrbuch 89, S. 140.

Inhaltlich waren Hörfunk und Fernsehen der ARD live dabei, als die Berliner Mauer fiel und die innerdeutsche Grenze geöffnet wurde. Das Erste zeigte ein »Brennpunkt-Extra«, das über elf Millionen Zuschauer verfolgten, und eine auf fünfundvierzig Minuten verlängerte »Tagesthemen«-Ausgabe. Die volksfestartigen Szenen an den Berliner Grenzübergängen wurden nachts in Live-Reportagen eingefangen.

Zwei Tage lang standen Hörfunk und Fernsehen der ARD im Zeichen der deutschen Einheit im Jahre 1990. Die erste gesamtdeutsche Bundestagswahl war ein weiterer Programmpunkt in der Berichterstattung der ARD. Am 02. Oktober 1990 unterzeichneten die Ministerpräsidenten der Bundesländer und der französische Kulturminister den Vertrag, der die Voraussetzungen für die Gründung des Europäischen Kulturkanals ARTE schuf.[130]

Zwischen Januar und März 1991 boten ARD und ZDF erstmals aus Anlass des Golfkriegs ein selbst gestaltetes Frühinformationsprogramm an, das sie im wöchentlichen Wechsel produzieren.[131] Der neue Rundfunkstaatsvertrag,[132] auf den sich die sechzehn Bundesländer Ende August 1991 verständigt hatten, trat in Kraft. Er sah unter anderem eine Erhöhung der Rundfunkgebühren in den alten Ländern auf 23,80 DM vor, die sich aus 8,25 DM Grundgebühr und 15,55 DM Fernsehgebühr zusammensetzte. In den neuen Ländern sollte die Gebühr von jetzt 19,00 DM in jährlichen Schritten bis zum 01. Januar 1995 ebenfalls auf 23,80 DM steigen. Bis dahin waren aus dem westlichen Gebührenaufkommen monatlich 1,00 DM zur Finanzierung des Rundfunkaufbaus in den östlichen Ländern zu verwenden. In Ost-Berlin, wo die Gebühren ab dieser Zeit an den SFB flossen, galt der geringere Gebührensatz.

Der Europäische Kulturkanal ARTE wurde gegründet im Zeitraum vom 13. März bis zum 30. April 1991. Mitte März fand die konstituierende Gesellschafterversammlung der deutschen nationalen Stelle, der ARTE Deutschland TV GmbH, statt. Ende April erfolgte die Gründung der in Straßburg angesiedelten Zentrale, der ARTE G.E.I.E. Die ARTE Deutschland, ein Gemeinschaftsunternehmen von ARD und ZDF, und die französische Fernsehgesellschaft La Sept waren je zur Hälfte an dem Straßburger Programmveranstalter beteiligt.

Am 01. Januar 1992 nahmen die neuen ARD-Mitglieder MDR und ORB sowie der NDR in Mecklenburg-Vorpommern ihren Sendebetrieb auf. Der NDR band sein neues Staatsvertragsland in seine überregionalen Programmangebote ein und startete mit NDR 1 Radio MV ein viertes Landesprogramm im Hörfunk. Ebenfalls im Januar nutzte das Erste erstmals eine neue, durch den Rundfunkstaatsvertrag erlaubte Form der Werbung, das Sponsoring.

---

130 Wilke, Mediengeschichte, S. 811.

131 ARD-Jahrbuch 92, S. 127

132 Staatsvertrag über den Rundfunk im vereinten Deutschland.

Am 01. Dezember 1993 beteiligte sich die ARD als vierter Partner neben dem ZDF, dem Österreichischen und dem Schweizer Fernsehen an dem Satelliten-Kulturkanal 3SAT. Tags zuvor hatte sie ihr eigenes Satellitenprogramm EINS PLUS eingestellt.[133] Einen Monat später, am 01. Januar 1994 begann die ARD, Fernsehfilme auch in dem neuen Bildformat 16:9 auszustrahlen.[134]

Zur Internationalen Funkausstellung (IFA) im August 1995 begann die Einführung des verbesserten Farbfernsehverfahrens PALplus, einer Weiterentwicklung der alten Norm PAL. Auf der IFA wurden seinerzeit auch die ersten Empfangsgeräte für das ASTRA Digital Radio (ADR) vorgestellt. Im Hinblick darauf hatten die ARD-Anstalten und das DeutschlandRadio schon im Vorfeld begonnen, etliche ihrer Hörfunkprogramme auch über ADR anzubieten. Ab September schloss die ARD die so genannte „Nachtlücke" und bot täglich rund um die Uhr Programm.[135]

Im Juni 1996 übertrug die ARD die Fußball-Europameisterschaft in England, bei der die deutsche Mannschaft den Titel gewann. Das Spiel Deutschland gegen England im Ersten sahen fast fünfundzwanzig Millionen Bundesbürger. Einen Großteil der Begegnungen übertrugen ARD und ZDF mit eigener Technik aus den Stadien. Unter der Adresse www.ARD.de eröffnete die ARD am 28. August 1996 ihre eigene Homepage im Internet. ARD-online ermöglichte unter anderem einen direkten Übergang zu den Online-Angeboten der einzelnen Rundfunkanstalten und den Gemeinschaftseinrichtungen der ARD.

Der Kinderkanal von ARD und ZDF ging ab Januar 1997 an den Start. Der Kanal, der seinen Sitz beim federführenden MDR in Erfurt hat, wird über Satellit und Kabel verbreitet und ist jeden Tag von morgens bis 19.00 Uhr auf Sendung. Der Kinderkanal erhielt einen eigenen Videotextdienst, den Kika-Text. Weitere Neuerung in diesem Jahr war die Einführung von Phoenix.[136] Mit dem Ereignis- und Dokumentationskanal ging das zweite neue Satellitenprogramm von ARD und ZDF auf Sendung. Schwerpunkte des Angebots sind Live-Übertragungen, Dokumentationen und Gespräche. Gesendet wurde zunächst 16 Stunden pro Tag, ab November 1997 rund um die Uhr. Der Kanal verfügt ebenfalls über einen eigenen Videotext. Im Mai gründeten Baden-Württemberg und Rheinland-Pfalz eine gemeinsame Rundfunkanstalt für ihre beiden Länder, den Südwestrundfunk (SWR). Der neue Sender sollte 1998 an die Stelle von SDR und SWF treten. Erstmals fusionierten damit zwei ARD-Anstalten. Zur Internationalen Funkausstellung im August präsentierten die Landesrundfunkanstalten ihr Programmbouquet ARD Digital. Das Bouquet wurde von dem ARD-Play-Out-Center beim ORB in Potsdam zusammengestellt, einer damals neu etablierten

---

133 ARD-Jahrbuch 94, S. 131.

134 ARD-Jahrbuch 95, S. 187.

135 ARD-Jahrbuch 96, S. 122.

136 Phoenix startete im April 1997.

Gemeinschaftseinrichtung. Es enthält auch heute noch zum einen die neuen Fernsehangebote EinsMuXx, EinsExtra und EinsFestival sowie einen elektronischen Programmführer (EPG) und einen Online-Kanal, zum anderen alle bestehenden TV-Programme, an denen die ARD beteiligt ist, und etliche Hörfunkprogramme. Das gesamte Angebot wird digital über Satellit verbreitet.

Im Januar 1998 ging der BR mit dem ersten deutschen Fernsehbildungskanal auf Sendung: BR-alpha. Das 24-Stundenprogramm wurde über Satellit verbreitet und sukzessive auch in die Kabelnetze eingespeist.

Im November 1999 startete die ARD ihr neues Internet-Portal, das von einer gemeinsamen Internet-Redaktion beim SWR in Baden-Baden betreut wurde.[137] Das Angebot stellte die Online-Angebote der ARD-Mitglieder, thematisch nach den Rubriken gegliedert, vor.

Im Jahr 2000 dominierte der Sport das Programm. Insgesamt vierundneunzig Stunden berichteten die öffentlich-rechtlichen Anstalten von den Spielen der Fußballeuropameisterschaft in Holland und Belgien.[138] Die Olympischen Spiele in Sydney stellten den zweiten sportlichen Höhepunkt dar.

Die Terroranschläge auf das World-Trade-Center in den USA am 11. September waren der Grund für zahlreiche Sondersendungen im Jahr 2001. Im November startete das deutlich erweiterte Online-Angebot tagesschau.de als neues Nachrichtenportal. Erneut sah der Ende 2001 erscheinende KEF-Bericht Kürzungen des Finanzbedarfes bei den Online-Angeboten vor. Ausgeführt wurde auch, dass weiterhin ein Trend zur Leistungsausweitung erkennbar sei.[139] Obwohl die medienpolitische Diskussion über die Formulierung eines Funktionsauftrages der öffentlich-rechtlichen Rundfunkanstalten schon mehrere Jahre zurückreicht, dürfte dieser Bericht verantwortlich für das Wiederaufleben der Debatte sein.

2002 ist das Jahr der „Kanzlerduelle“ im Vorfeld der Bundestagswahl. Im Dezember vollzog sich der Fusionsprozess zischen dem ORB und dem SFB und der Rundfunk Berlin-Brandenburg (RBB) entstand. In den beiden darauf folgenden Jahre gab es weitere erhebliche Diskussionen um öffentlich-rechtliche Formate, denen vorgeworfen wurde, zur sehr kommerzialisiert und dem privaten Programm angenähert zu sein.

b) Das ZDF

Das ZDF nahm an dem ersten Kabelprojekt ebenfalls teil und startete in die neue rundfunkgeschichtliche Ära mit dem „ZDF-Musikkanal“ und „ZDF 2“.

Am 16. Dezember 1987 unterzeichneten die Intendanten von ZDF, ORF und SRG den neuen 3sat-Vertrag, der das deutschsprachige Gemeinschaftsprogramm

---

137 ARD-Jahrbuch 2000, S. 168.

138 ARD-Jahrbuch 2001, S. 149.

139 13. Bericht der KEF, S. 9.

in einen endgültigen Sendebetrieb überleitete. Am 01. Januar 1990 weiteten ZDF und ARD ihren gemeinschaftlichen Videotext-Service zu einem Dauerdienst aus, der von Sendebeginn bis Sendeschluss zur Verfügung stand. Die neue Gesellschaft ZDF Enterprises mit Sitz in Mainz nahm ihre Arbeit am 01. Januar 1993 auf.

Das ZDF startete am 16. Juni 1994 ins PALplus-Zeitalter. Aufgrund der vorhandenen technischen Infrastruktur des ZDF konnten sowohl Breitbandfilme als auch elektronische Eigenproduktionen im neuen Breitbildformat 16:9 realisiert und in PALplus ausgestrahlt werden. Als erste Unterhaltungsshow wurde "Wetten dass..?" am 17. September in Dolby Surround ausgestrahlt.

Die Intendanten der ARD und der ZDF-Intendant unterzeichneten am 20. September 1995 in Köln die Gründungsurkunde für die SMA Sportrechte- und Marketing Agentur GmbH mit Sitz in München.

Das ZDF schloss 1996 mit Microsoft einen Kooperationsvertrag zur Gestaltung von ZDF.online in Zusammenarbeit mit MSN. 1997 folgte der Anschlussvertrag mit MSNBC, einer Tochtergesellschaft von Microsoft und NBC, mit dem Ziel, einen programmbegleitenden und laufend aktualisierten Online-Nachrichtendienst einzurichten.

Am 08. Dezember 1999 unterzeichneten der ZDF-Intendant und der Präsident von ITN und EuroNews in Mainz ein Digitalbouquet-Abkommen. Demnach wurde EuroNews seit dem Jahr 2000 in das digitale Programmbouquet ZDFvision aufgenommen. Auch mit EUROSPORT unterzeichnete das ZDF am selben Tag ein Abkommen, nach dem zudem das europäische Sportprogramm im Jahr 2000 in ZDFvision enthalten ist. Am 09. Dezember startete der digitale ZDF Theaterkanal in ZDFvision sein Programm.

Das ZDF weihte am 30. Januar 2001 sein Sendezentrum 2 ein, in dem die ZDF-Direktion Europäische Satellitenprogramme mit 3sat, ARTE, ZDF Theaterkanal und ZDFvision ihren Sitz hat. Am 20. März unterzeichnete das ZDF mit T-Online eine auf mehrere Jahre angelegte Partnerschaft im Nachrichten-Sektor, der zwischenzeitlich nicht zuletzt aufgrund massiver Kritik an dieser Kooperation gekündigt wurde. Die Nachrichten aus der erfolgreichen "heute-Familie“ wurde unter dem Titel "heute.t-online.de“ als neue Marke im Internet angeboten. Diese Kooperation wurde zum Zündstoff der medienpolitischen Diskussion.

Am 01. November 2002 führte das ZDF zusammen mit anderen Fernsehanbietern das digitale terrestrische Fernsehen ein. In Berlin/Brandenburg stellte der Sender seine Programmverbreitung über Antenne um und sendete auch digital.

Im Großraum Berlin/Brandenburg startete das neue terrestrische Digitalangebot des ZDF für den portablen und mobilen Fernsehempfang, ZDFmobil, am 28. Februar 2003. Das Programmbouquet ZDFmobil beinhaltete neben dem ZDF-Hauptprogramm jeweils im zeitlichen Wechsel den ZDFinfokanal und 3sat, den Kinderkanal und den ZDFdokukanal sowie den multimedialen Informationsdienst ZDFdigitext.

c) Kooperationen zwischen den öffentlich-rechtlichen Sendern

Die beiden öffentlich-rechtlichen Rundfunkanstalten ARD und ZDF haben in den vergangenen zwanzig Jahren auch zahlreiche gemeinsame Projekte ins Leben gerufen. Neben den Kooperationen bei großen sportlichen oder gesellschaftlichen Ereignissen, wie etwa den Olympischen Spielen, haben die Sender sich auch auf anderen Gebieten zusammengeschlossen. Eins der ersten gemeinsamen Projekte dürfte die Errichtung des Kultursenders 3SAT gewesen sein. In den endgültigen Sendebetrieb übergeleitet wurde der Sender 1987, allerdings war zu diesem Zeitpunkt die ARD noch nicht Mitveranstalter. Erst im Sommer 1993 wird durch einen neuen Vertrag die Beteiligung der ARD geregelt.

Der 01. Januar 1994 war die Geburtsstunde des Deutschland-Radios mit den beiden werbefreien Programmen Deutschlandfunk und DeutschlandRadio in Berlin. Getragen wird die Körperschaft von den Ländern sowie von ARD und ZDF.

Am 01. Januar 1997 ging der Kinderkanal von ZDF und ARD auf Sendung. Täglich elf Stunden gewalt- und werbefreies Fernsehen wurden aus Erfurt gesendet. PHOENIX, der Ereignis- und Dokumentationskanal von ARD und ZDF, nahm am 07. April den Sendebetrieb in Köln auf.

Zwischenzeitlich gab es Bestrebungen von Seiten des ZDF, 3Sat in alleiniger Zuständigkeit zu übernehmen.[140] Von Seiten der ARD wird dagegen für eine nachhaltige Verstärkung der Kooperationen von ARD und ZDF plädiert, um langfristige „Synergieeffekte“ zu erzielen.[141]

3. Das Nebeneinander der beiden Säulen im dualen System

Die duale Rundfunklandschaft in der Bundesrepublik ist nicht frei von Spannungen. Immer wieder wird dem öffentlich-rechtlichen Rundfunk von Seiten der privaten Veranstalter vorgeworfen, sein Betätigungsfeld unzulässig auszuweiten. Die Expansionsbestrebungen gingen zu Lasten der privaten Werbeeinnahmen und belasteten den Gebührenzahler über das vertretbare Maß hinaus, so die Argumentation. Teilweise wird sogar die Daseinsberechtigung des öffentlich-rechtlichen Rundfunks in Frage gestellt.

Offensichtlich wird in dieser Diskussion die Position des öffentlich-rechtlichen Rundfunks verkannt, der noch immer die verfassungsrechtlichen Anforderungen an den Rundfunk zu erfüllen hat. Das Bundesverfassungsgericht hat dem öffentlich-rechtlichen Rundfunk nämlich eine Sonderrolle im dualen System zuer-

---

[140] Siehe hierzu die Meldung in epd medien, Nr. 82 vom 20. Oktober 2004, S. 9.

[141] epd medien, Nr. 82 vom 20. Oktober 2004, S. 10. Zu diesem Ergebnis kamen auch die ARD- Gremienvorsitzenden auf der Jahreshauptversammlung der ARD am 01. Dezember 2004 in Hannover, epd medien Nr. 95 vom 04.12.2004, S. 12.

kannt:[142] Danach kann sogar davon ausgegangen werden, dass privater Rundfunk nur zulässig ist, weil der öffentlich-rechtlichen Säule des Systems die Grundversorgung der Bevölkerung übertragen wurde. Der privatwirtschaftliche Rundfunk hat nur Mindestanforderungen zu erfüllen und kann daher ein massenattraktiveres Programm anbieten. Es handelt sich damit um eine Art „hinkender Symbiose“. Hinkend deshalb, weil der privaten Säule dadurch die Verpflichtung genommen wird, ein ausgewogenes und vielfältiges Einzelprogramm bieten zu müssen. Aber dennoch kann auch von einer Symbiose gesprochen werden, denn die beiden Säulen profitieren durch gesunden programmlichen Wettbewerb um die Zuschauergunst voneinander. Dabei darf jedoch nie vergessen werden, dass der öffentlich-rechtliche Rundfunk nicht in Massenattraktivität verfallen darf.

142 Vgl. nur BVerfGE 73, 118, 157 ff; BVerfGE 74, 297, 350 f.; BVerfGE 83, 238, 296, 297.

C. Die Rundfunkfreiheit des Art. 5 Abs. 1 GG

Die Auftragsdefinition des öffentlich-rechtlichen Rundfunks kann nur verfassungsrechtlichen Bestand haben, wenn sie nicht gegen die Rundfunkfreiheit des Art. 5 Abs. 1 GG verstößt und die öffentlich-rechtlichen Rundfunkanstalten als Grundrechtsträger der Rundfunkfreiheit verletzt.[143] Daher bedarf es zunächst der eingehenden Darstellung aller Besonderheiten der Rundfunkfreiheit, um an späterer Stelle die Auftragsdefinition bewerten zu können.

I. Ausgangspunkt der Rundfunkfreiheit

1. Meinungsfreiheit als Basis der Rundfunkfreiheit

Ausgangspunkt für die herausragende Stellung des Rundfunks ist die Meinungsfreiheit aus Art. 5 Abs. 1 GG. Diese ist zunächst Ausdruck der in der Menschenwürde wurzelnden Denkfreiheit eines jeden Individuums. Sie ist aber auch wichtigster Faktor in einer demokratischen Grundordnung, in der die Meinungsbildung „von unten nach oben erfolgen" soll und jeder Bürger seinen Beitrag zum gesellschaftlichen Willensbildungsprozess leisten kann. Es geht darum, den in einer Demokratie lebenden Bürgern die Möglichkeit zu eröffnen, ihre Teilhabe am Staat in umfassender Weise durch Informationen vorzubereiten und auch eigenständig durch Meinungsbeiträge auszugestalten und somit den Willensbildungsprozess anderer zu beeinflussen.[144] Dieser Aspekt ist der objektive Gehalt der Meinungsfreiheit[145], die Säule, auf der eine Demokratie aufbaut. Sie ist eine Notwendigkeit, um eine demokratische Gesellschaft als freie zu erhalten.[146] Indem das Grundrecht den ständigen Kampf der unterschiedlichen Meinungen ermöglicht, gewinnt es essentielle Bedeutung für den Prozess der demokratischen Willensbildung, der Ausdruck des Demokratieprinzips ist.[147] Geschützt werden soll also der publizistische Widerstreit aller verschiedenen Auffassungen, um die Möglichkeit zu eröffnen, neue Meinungen und Standpunkte zu verbreiten, aufzunehmen und auch zu widerlegen. Dazu muss der Einzelne in der Lage sein, sich aus allgemein zugänglichen Quellen umfassend unterrichten zu können. Dies ist geschützt wiederum durch die Informationsfreiheit aus Art. 5 Abs.1 Satz

---

143 Schon die Grundrechtsfähigkeit öffentlich-rechtlicher Rundfunkanstalten verneint Hain, Rundfunkfreiheit und Rundfunkordnung, S. 118 ff.; a.A. BVerfGE 31, 314, 322; Dörr, Programmvielfalt im öffentlich-rechtlichen Rundfunk durch funktionsgerechte Finanzausstattung, S. 42 ff; Reese, Der Funktionsauftrag des öffentlich-rechtlichen Rundfunks vor dem Hintergrund der Digitalisierung, S. 278.

144 Dörr, Programmvielfalt, S. 12.

145 Schulze-Fielitz in Dreier, GG, Art. 5 I, II, Rdnr. 28.

146 Mahrenholz, ZUM Sonderheft 1995, S. 509.

147 BVerfGE 7, 198, 208.

1 GG. Sie ist das Gegenstück zur Meinungsfreiheit auf der Seite des Rezipienten. Auch die Rundfunkprogramme dienen als solche Informationsquellen[148] und damit ist der Rundfunk Medium und Faktor der öffentlichen Meinungsbildung. Medium weil er die Informationen verbreitet und Faktor weil er sie vervielfältigt und für eine große Rezipientenzahl zugänglich macht. Daraus erschließt sich auch die Rechtsprechung des Bundesverfassungsgerichts, das die Rundfunkfreiheit als eine dienende Freiheit bezeichnet.[149] Die Rundfunkfreiheit dient folglich der Gewährleistung freier individueller und öffentlicher Meinungsbildung[150] und ist von schlechthin konstituierender Bedeutung für die freiheitlich-demokratische Grundordnung.[151] Der Rundfunk erfüllt eine öffentliche Aufgabe, indem er informiert und den Prozess der Meinungsbildung am Leben erhält und fördert.[152] Denn wie bei der Individualkommunikation findet auch bei der Massenkommunikation die Anregung zur eigenen Meinungsbildung nur dadurch statt, dass man Meinungen erfährt und sich mit den Argumenten auseinandersetzen kann.[153] Daher wird dem Rundfunk auch eine Brückenfunktion beigemessen.[154]

2. Besondere Regelungsbedürftigkeit des Rundfunks

Angesichts dieser immensen Bedeutung der Rundfunkfreiheit wird auch die besondere Regelungsbedürftigkeit des Rundfunks verständlich. So hat das Bundesverfassungsgericht, das maßgeblich die Interpretation der Rundfunkfreiheit und die Grundlinien der Rundfunkordnung durch seine Rundfunkentscheidungen beeinflusst hat,[155] schon früh festgestellt, dass der Rundfunk nicht dem freien Spiel der Kräfte überlassen werden kann.[156] Gemeint ist damit, dass der Rundfunk aufgrund seiner überragenden Bedeutung einer positiven Ordnung unterworfen werden muss, die verhindert, dass Machtmissbrauch durch dieses Medium stattfinden kann. Der Gesetzgeber ist also nicht nur berechtigt, sondern von Verfassungs wegen verpflichtet, die zur Abstützung der dienenden Funktion des Rundfunks erforderliche positive Ordnung zu erlassen. Sofern also etwa neuartige Dienste dem verfassungsrechtlichen Rundfunkbegriff unterfallen, bedarf es zunächst einer Grundsatzentscheidung des Gesetzgebers, ob und in welcher Art von den Möglichkeiten der Rundfunkbetätigung Gebrauch gemacht

---

148 Schmidt-Bleibtreu/Klein, GG, Art. 5, Rdnr. 11 a.

149 BVerfGE 87, 181, 197.

150 BVerfGE 57, 295, 319.

151 BVerfGE 35, 202, 219.

152 BVerfGE 12, 205, 260.

153 Fromm, Öffentlich-rechtlicher Programmauftrag, S. 21.

154 Vgl. Dörr, VerwArch 2001, 149, 153; Janik, K&R 2001, 572, 573.

155 So auch Dörr, VerwArch. 2001, 149, 151.

156 BVerfGE 31, 314, 325.

werden darf.[157] Hintergrund ist auch hier die Erfahrung aus dem Dritten Reich, das sich durch die Gleichschaltung des Massenmediums Rundfunk ein Propagandainstrument geschaffen hatte. Daher ist auch die Veranstalterorientierung des deutschen Rundfunkrechts zu erklären. Sie ist von der Annahme getragen, dass der Veranstalter die wesentliche Steuerungsinstanz für das sei, was ein Programm ausmacht. Er filtere damit die rezipierbaren Inhalte und dies vermittle ihm publizistische Macht, so dass Rundfunkrecht Machtmissbrauch durch Regelung der Veranstalterebene ausschließen könne und müsse.[158]

3. Begründung der rechtlichen Sondersituation durch das Bundesverfassungsgericht

Die rechtliche Sonderbehandlung des Rundfunks hat das Bundesverfassungsgericht zunächst mit der Frequenzknappheit der Übertragungswege und dem enormen finanziellen Aufwand, der mit der Veranstaltung einhergeht, begründet und festgestellt, dass er einer besonderen rechtlichen Regelung bedarf.[159] Beide Aspekte können heute wohl nicht mehr oder allenfalls eingeschränkt zur Begründung herangezogen werden.[160] Stattdessen rückt auch in der Rechtsprechung des obersten Gerichts ein anderer Gesichtspunkt in den Vordergrund, der die nach wie vor bestehende Sondersituation des Rundfunks beschreibt und sie rechtfertigt. Die Medien und insbesondere das Fernsehen haben durch die Verbreitung ihrer Programme, die beim Fernsehen wesensimmanent durch das Senden von Bewegtbildern erfolgt, eine enorme Suggestivkraft.[161] Der Zuschauer ist eher geneigt zu glauben, was er mit „eigenen Augen" gesehen hat und misst dadurch den Bildern hohe Authentizität bei. Genau darin besteht der wesentliche Unterschied zu den Printmedien. Diese können zwar durch bebilderte Artikel eine Momentaufnahme des Zeitgeschehens zeigen, jedoch kann dieser Ausschnitt einen so hohen Stellenwert beim Leser nicht erreichen. Der Einfluss auf die Meinungsbildung beim Betrachter ist so ungleich höher als beim Leser. Dazu kommt die Aktualität des Mediums. Fernsehen kann aufgrund der schnellen Übertragungswege sehr spontan auf Ereignisse des Weltgeschehens reagieren und diese verbreiten. Die Printmedien hingegen sind aufgrund der Druckzeiten schwerfällig im Vergleich mit dem Fernsehen. Diese herausgehobene Wirkungskraft des Rundfunks und speziell des Fernsehens ist der Grund für dessen rechtliche Sonderstellung: Wahrheits- und Ausgewogenheitspflicht, Pflicht zur Meinungsvielfalt und rundfunkspezifischer Persönlichkeitsschutz sind angesichts der besonderen Suggestivkraft, mit der sich die Bilder im Bewusstsein

---

157 Gersdorf, Der verfassungsrechtliche Rundfunkbegriff, S. 61.

158 Hoffmann-Riem, Rundfunkordnung, S. 18.

159 BVerfGE 12, 205 ff.

160 So auch Eberle, Mainzer Rechtshandbuch, S. 3, Rdnr. 11; Charissé, Rundfunkveranstalterfreiheit, S. 91 f.

161 Vgl. BVerfGE 90, 60, 87.

verfestigen, zwingend erforderlich. Nur so kann eine objektive und glaubwürdige Berichterstattung gewährleistet werden. Aufgrund des stetig steigenden Fernsehkonsums, insbesondere auch bei Kindern und Jugendlichen, wird klar, dass diese Anforderungen noch immer nicht an Aktualität eingebüßt haben. Auch die Möglichkeit der „leichten" Informationsbeschaffung -gemeint ist das bloße Anschalten und berieseln lassen- fördern in manchen Bildungsschichten sicher nicht einen reflektierten Umgang mit dem Material. Es wird immer wichtiger, auch breiten Bevölkerungsschichten eine umfassende und ausgewogene Information zugänglich zu machen. Gerade in Zeiten einer „Spaß- und Konsumgesellschaft" gewinnt der öffentlich-rechtliche Rundfunk mehr und mehr an Bedeutung.

4. Offenheit des Rundfunkbegriffs

Das Bundesverfassungsgericht leitet aus dem verfassungsrechtlichen Schutz ab, dass es eine erschöpfende Definition dessen, was Rundfunk im verfassungsrechtlichen Sinne bedeute, nicht gibt.[162] Der Gehalt des Rundfunkbegriffs kann sich vielmehr bei tatsächlichen Veränderungen in dem von Art. 5 Abs. 1 S. 2 GG geschützten Sozialbereich wandeln.[163] Das Gericht geht somit von einem weiten und dynamischen Rundfunkbegriff aus, der dann auch neue technische Mittel und Verbreitungsformen mit einschließt, wenn sie der Funktion dieses Mediums zu dienen bestimmt sind.[164] In der Niedersachsen-Entscheidung hat das Bundesverfassungsgericht Grundlegendes zum Rundfunkbegriff dargelegt. Es heißt dort:

„Der in Art. 5 I 2 GG verwendete Begriff Rundfunk läßt sich nicht in einer ein für allemal gültigen Definition erfassen. Soll die Rundfunkfreiheit in einer sich wandelnden Zukunft ihre normierende Wirkung bewahren, dann kann es nicht angehen, nur an eine ältere Technik anzuknüpfen, den Schutz des Grundrechts auf diejenigen Sachverhalte zu beschränken, auf welche diese Technik bezogen ist, und auf diese Weise die Gewährleistung in Bereichen obsolet zu machen, in denen sie ihre Funktion auch angesichts der neuen technischen Möglichkeiten durchaus erfüllen könnte."[165]

Lent zieht daraus zu Recht drei Schlussfolgerungen: Erstens sei jeder Definitionsansatz zeitlich gebunden. Zweitens dürfe sich kein Definitionsansatz an dem jeweiligen technischen Stand orientieren und drittens sei das Verständnis des Rundfunks vom normativen Funktionszweck geprägt, den die Rundfunkfreiheit verbürge. Jeder Definitionsansatz müsse berücksichtigen, dass – nach dem gegenwärtigen Stand der Verfassungsrechtsprechung – die „Funktion" des Rund-

---

[162] BVerfGE 74, 297, 350.

[163] BVerfGE 73, 118, 154, 155; BVerfGE 74, 297, 350.

[164] Hoffmann-Riem, AfP 1996, 9, 10; Janik, AfP 2000, 7; Hochstein, NJW 1997, 2977, 2978.

[165] BVerfGE, 73, 118, 121.

funks für individuelle und öffentliche Meinungsbildung das Gewährleistungsziel das Art. 5 Abs. 1 S. 2 GG darstelle.[166]

Daraus ergibt sich, dass eine Bestimmung des Rundfunkbegriffs immer anhand der oben dargestellten verfassungsrechtlichen Vorgaben des Bundesverfassungsgerichts zu erfolgen hat.

Das bedeutet auf der andern Seite aber nicht, dass der Rundfunkbegriff einer Auslegung im Hinblick auf seine wesensbestimmenden Merkmale gänzlich nicht zugänglich wäre.[167] In der Literatur allerdings sehr unterschiedlich beurteilt wird die Frage, wie eine solche Bestimmung zu erfolgen hat. So ziehen Ricker/Schiwy bei ihrem Definitionsansatz den einfachgesetzlichen Rundfunkbegriff des § 2 RStV unter Hinweis auf die Üblichkeit dieser Vorgehensweise heran und überprüfen dann die einzelnen Merkmale auf ihre Übereinstimmung mit den verfassungsrechtlichen Vorgaben.[168] An anderer Stelle wird vertreten, dass ein Herausarbeiten einzelner Begriffsmerkmale angesichts des Zusammenwachsens verschiedener multimedialer Angebote nicht mehr zeitgemäß und daher auch in einer multimedialen Gesellschaft nicht mehr notwendig sei.[169] Jarass weist zu Recht darauf hin, dass der verfassungsrechtliche Rundfunkbegriff entscheidend durch die Funktion des Rundfunks bestimmt wird und nicht auf irgendeinen herkömmlichen Rundfunkbegriff beschränkt werden darf.[170]

Trotz aller Entwicklungsoffenheit ist es dennoch sinnvoll, einige Tatbestandsmerkmale zur Bestimmung des verfassungsrechtlichen Rundfunkbegriffs heranzuziehen. Anhaltspunkte dafür bietet der in § 2 RStV verwendete Rundfunkbegriff, der allerdings nur in Hinblick auf seine einfachgesetzliche Herkunft herangezogen werden kann.[171] Der einfachgesetzliche Rundfunkbegriff kann nicht ohne weiteres auf die verfassungsrechtliche Ebene übernommen werden.[172] Das Grundgesetz nach Maßgabe des einfachen Rechts auszulegen würde seinen Vorrang vor dem einfachen Recht in Frage stellen.[173] Daher ist letztendlich die Verfassung entscheidend, wie das Bundesverfassungsgericht schon in der Baden-Württemberg-Entscheidung deutlich gemacht hat.[174] Und dennoch haben sich bei der Bestimmung drei Elemente als wichtig erwiesen, deren Relevanz in funktionaler Betrachtung und unter Rückgriff auf historische, teleologische und

166 Lent, Rundfunk-, Medien-, Teledienste, S. 76.

167 So auch Michel, ZUM 1998, S. 350, 351.

168 Ricker/Schiwy, Rundfunkverfassungsrecht, S. 61, Rdnr. 34.

169 Janik, AfP 2000, 7, 10; Schoch, AfP 1998, 253, 255; Hochstein, NJW 1997, 2977, 2978.

170 Jarass, Funktionsbereich, S. 9.

171 Im Ergebnis auch Dörr, Rundfunkbegriff im Wandel, S. 123.

172 Schulz, ZUM 1996, 488.

173 Jarass, Funktionsbereich, S. 10.

174 BVerfGE 73, 118, 154.

systematische Argumente auch heute noch begründet werden kann.[175] Dieser Definitionsversuch geht auf Bredow zurück, der ihn im Jahre 1947 noch vor Beginn der Entwurfsverhandlungen zum Grundgesetz für ein zonales Rundfunkgesetz entworfen hat.[176] Rundfunk setzt danach einen Kommunikationsdienst voraus, den folgende Elemente kennzeichnen: Die Bestimmung an die Allgemeinheit, Darbietungen aller Art und die fernmeldetechnische Verbreitung.[177]

II. Die Rundfunkfreiheit als Funktionsgrundrecht

Um die Rundfunkfreiheit und sie betreffende Regelungen in grundrechtsdogmatischer Weise einordnen zu können, bedarf es zunächst der Klarstellung, von welchem Grundrechtsverständnis hier ausgegangen werden soll.

1. Das tradierte liberale Grundrechtsverständnis

Heute werden die Grundrechte überwiegend als januskopfig betrachtet:[178] Zum einen sind sie staatsgerichtete subjektive Abwehrrechte des einzelnen Bürgers und zum anderen betrachtet man sie auch als objektive Grundsatznormen und Werteentscheidungen, die für alle Bereiche des Rechts Geltung beanspruchen können. Das war nicht immer so. Das tradierte Grundrechtsverständnis, wie es während und am Ende der Weimarer Republik bestand, ging nicht von der Doppelqualifikation der Grundrechte aus, sondern verstand sie lediglich als Abwehrrechte des Bürgers.[179] Dieser Status war anerkannt, ein objektiv-rechtlicher Gehalt der Grundrechte hingegen eher nicht anerkannt. Basierend auf dem Grundrechtsverständnis der Weimarer Verfassung, die die Grundrechte vor allem als gegen die Exekutive gerichtet ansah, verbürgten die Grundrechte Freiheitsgarantien für den Einzelnen. Schwerpunkt war die Freiheit vom Staat, die dem Bürger eine freie Lebensweise ermöglichen sollte. Eine Bindung des Gesetzgebers an die Grundrechte wurde überwiegend abgelehnt. Für ihn galten sie wegen der vom staatsrechtlichen Positivismus überkommenden Vorstellung von der Souveränität des staatlichen Gesetzgebers nur als Programmsätze.[180] Naturrechtliche Ansätze in der Verfassungstheorie führten zwar zu einer Wiederbele-

---

175 Hoffmann-Riem, AfP 1996, 10.

176 Brand, Rundfunk im Sinne des Art. 5 GG, S. 37.

177 Vgl. auch Gounalakis, ZUM 2003, S. 180, 184; Schulze-Fielitz, AfP 1998, 447, 452.

178 So im Ergebnis auch Kull, Festschrift für Lerche, S. 663, 668; Hesse, Grundzüge des Verfassungsrechts, § 9, Rdnr. 279; Stern, Das Staatsrecht der Bundesrepublik Deutschland, Bd. III/1, 1988, S. 754, 894, 900, 906.

179 Siehe hierzu Bockenförde, Zur Lage der Grundrechtsdogmatik, S. 11, m.w.N.

180 Jellinek, Allgemeine Staatslehre, S. 435, 476 ff; Pieroth/Schlink, Grundrechte, § 4, Rdnr. 78.

bung der Diskussion, brachten aber letztlich in der Weimarer Zeit keine grundlegende Änderung der Rechtspraxis und Literaturmeinung.[181]

Mit dem Grundgesetz der Bundesrepublik Deutschland kam es zu bedeutsamen Neuerungen. Es legt die Bindung insbesondere des Gesetzgebers an die Grundrechte in Art. 1 Abs. 3 GG fest und erteilt den bloßen Programmsätzen aus der Weimarer Zeit eine deutliche Absage. Die unmittelbare Geltung, die nunmehr festgeschrieben ist, gibt jedermann das Recht, eine Verletzung seiner Rechte vor Gericht geltend zu machen und sich auf die unmittelbare Wirkung der Grundrechte gegen den Staat auch zu berufen. Gegen die Verletzung von Grundrechten kann der Bürger sich seit 1951 mit der Verfassungsbeschwerde zur Wehr setzen. Sie dient damit vorrangig dem Zweck, ein verfahrensrechtliches Institut zur Verwirklichung und Durchsetzung der materiellen Grundrechtsgarantien zu schaffen.[182] Durch die Rechtsprechung wurde der freiheitsrechtliche Aspekt der Grundrechte erheblich ausgeweitet.[183]

Heute besteht im Wesentlichen Einigkeit darüber, dass die in der Verfassung niedergelegten Freiheitsrechte in erster Linie Abwehrrechte des Individuums gegen staatliche Eingriffe oder Übergriffe sind.[184]

2. Neueres Verständnis der Grundrechte

Der objektiv-rechtliche Gehalt wurde zu Zeiten der Weimarer Verfassung zwar diskutiert, aber nicht anerkannt. Erst mit dem Grundgesetz entdeckte man den objektiven Gehalt der Grundrechte ab Mitte der 50er Jahre. Es handelt sich bei der Qualifizierung der Grundrechte als objektive Grundsatznormen um eine Entwicklung unter dem Grundgesetz, nicht um eine Vorgabe des Grundgesetzes, denn der objektive Gehalt war nicht durch den Verfassungsgeber vorgegeben worden.[185] Erst das Bundesverfassungsgericht brachte mit seiner Lüth-Entscheidung[186] die Wende und verlieh dem objektiven Wertcharakter allgemeine Bedeutung.[187] Das Gericht führte aus:

„....Diesen Sinn haben auch die Grundrechte des Grundgesetzes, das mit der Voranstellung des Grundrechtsabschnitts den Vorrang des Menschen und seiner

---

181 Schmitt sah die Grundrechte als vorstaatliche Rechte, die vom Staat nur anerkannt werden und daher nicht seiner vollen gesetzgeberischen Disposition unterliegen. Schmitt, Verfassungslehre, S. 163-166.

182 Dörr, Die Verfassungsbeschwerde in der Prozesspraxis, Rdnr. 3.

183 Siehe hierzu Bockenförde, der darlegt, wie sich die Ausweitung in drei Schritten vollzog, Bockenförde, Zur Lage der Grundrechtsdogmatik, S. 15 ff.

184 Alexy, Theorie der Grundrechte, S. 174 ff.; Heintschel von Heinegg/Pallas, Grundrechte, Rdnr. 21; Ipsen, Staatsrecht II, § 2, Rdnr. 79.

185 Bockenförde, Zur Lage der Grundrechtsdogmatik, S. 23.

186 BVerfGE 7, 198 ff.

187 Hain, JZ 2002, 1036, 1039 bezeichnet dieses Urteil des Bundesverfassungsgerichts treffend als „starting point der Paradigmenerweiterung".

Würde gegenüber der Macht des Staates betonen wollte. Dem entspricht es, daß der Gesetzgeber den besonderen Rechtsbehelf zur Wahrung dieser Rechte, die Verfassungsbeschwerde, nur gegen Akte der öffentlichen Gewalt gewährt hat. Ebenso richtig ist aber, daß das Grundgesetz, das keine wertneutrale Ordnung sein will, in seinem Grundrechtsabschnitt auch eine objektive Wertordnung aufgerichtet hat und daß gerade hierin eine prinzipielle Verstärkung der Geltungskraft der Grundrechte zum Ausdruck kommt. Dieses Wertsystem, das seinen Mittelpunkt in der innerhalb der sozialen Gemeinschaft sich frei entfaltenden menschlichen Persönlichkeit und ihrer Würde findet, muß als verfassungsrechtliche Grundentscheidung für alle Bereiche des Rechts gelten; Gesetzgebung, Verwaltung und Rechtsprechung empfangen von ihm Richtlinien und Impulse. ..."[188]

Zwar ging es in diesem Urteil um ein einzelnes Grundrecht, das als Tei der objektiven Werteordnung qualifiziert wurde, allerdings war damit der Weg für eine Generalisierung geebnet. Mittlerweile hat das Bundesverfassungsgericht die Werteordnung für die meisten Grundrechte ausdrücklich angenommen und für kein Grundrecht bislang verneint.[189]

Die Grundrechte sind also Ausfluss einer Werteordnung, die das Grundgesetz als objektiver Maßstab verkörpert. Sie haben abwehrrechtliche Komponenten, beinhalten aber auch objektive Verbürgungen.

3. Einordnung der Rundfunkfreiheit in die Grundrechtsdogmatik

Eine der vielen Besonderheiten der Rundfunkfreiheit ist, dass sie sich nicht vorbehaltlos in die oben dargestellt Grundrechtsdogmatik einordnen lässt.[190] Die Rundfunkfreiheit ist gerade nicht in erster Linie als klassisches subjektives Abwehrrecht zu betrachten.

a) Die Rechtsprechung des Bundesverfassungsgerichts zur Rundfunkfreiheit

Das Bundesverfassungsgericht ist dynamischer Interpret der Verfassung. Als solcher hat es eine entscheidende Rolle bei der Entwicklung des Medienrechts in der Bundesrepublik Deutschland gespielt, man kann sogar ohne Übertreibung sagen, dass kaum ein Rechtsgebiet durch die verfassungsgerichtliche Rechtsprechung so nachhaltig geprägt worden ist wie das Medienrecht und insbesondere das Rundfunkrecht.[191]

---

[188] BVerfGE 7, 198, 205.

[189] Jarras, Grundrechte als Wertentscheidung, AöR 110 (1985), S. 363, 371 f.

[190] Allgemein zu neueren Entwicklungen der Grundrechtsdogmatik, Volkmann, JZ 6/2005, S. 261 ff.

[191] Dörr, VerwArch 2001, 149; Herrmann/Lausen, Rundfunkrecht, S. 177, Rdnr. 3.

aa) Die Rundfunkurteile

Durch eine durchaus als weitsichtig zu bezeichnete Rechtsprechung hat das Bundesverfassungsgericht die Rundfunklandschaft bestimmt und Vorgaben gemacht, die eine ausgewogene Berichterstattung gewährleisten sollen. Dass der Rundfunk nicht dem freien Spiel der Kräfte überlassen werden darf, ist nur eine der wichtigsten Aussagen, die das Gericht getroffen hat. Insbesondere die so genannten acht Rundfunkentscheidungen haben das Rundfunksystem gestaltet und dem geltenden Rundfunkverfassungsrecht Kontur gegeben.[192]

Schon im ersten Fernsehurteil erörtert das Gericht, dass der Rundfunk sowie die Presse zu den unentbehrlichen modernen Massenkommunikationsmitteln gehören, durch die die öffentliche Meinungsbildung beeinflusst und mitgebildet wird.[193] Der Rundfunk ist demnach nicht nur Medium, sondern auch Faktor der öffentlichen Meinungsbildung,[194] die ihrerseits für ein freiheitliches Gemeinwesen als schlechthin konstituierend angesehen wird.[195] Die dienende Funktion der Rundfunkfreiheit hat das Bundesverfassungsgericht in einem weiteren Meilenstein der Rechtsprechung, dem „FRAG-Urteil", formuliert.[196] Ausgehend von dem Gedanken des Rundfunks als Medium und Faktor der öffentlichen Meinungsbildung, hat es die Rundfunkfreiheit als „eine der Freiheit der Meinungsbildung in ihrem subjektiv- und objektiv-rechtlichen Elementen dienende Freiheit" postuliert.[197] Sie bildet unter den Bedingungen der modernen Massenkommunikation eine notwendige Ergänzung und Verstärkung dieser Freiheit; sie dient der Aufgabe, freie und umfassende Meinungsbildung durch den Rundfunk zu gewährleisten.[198] Als solche betrifft sie die massenkommunikativen Prozesse zwischen der Meinungsfreiheit und der Informationsfreiheit und nimmt insoweit eine Brückenfunktion ein.[199] Mit dieser Einschätzung, die sowohl subjektiv- als auch objektiv-rechtliche Elemente einschließt, wurden die unterschiedlichen Stimmen in der Literatur zum Ausgleich gebracht, die die Rundfunkfreiheit entweder nur subjektiv-individualrechtlich ansahen[200] oder rein objektivrechtlich verstanden haben wollten.[201] Die dienende Funktion der Rundfunkfreiheit und die damit verbundene Pflicht, Konzentrationsentwicklun-

---

[192] BVerfGE 12, 205 ff.; BVerfGE 31, 314 ff.; BVerfGE 57, 295 ff. ; BVerfGE 73, 118 ff.; BVerfGE 74, 297 ff.; BVerfGE 83, 238 ff.; BVerfGE 87, 181 ff.; BVerfGE 90, 60 ff.

[193] BVerfGE 12, 205, 260 f.

[194] BVerfGE 12, 260.

[195] BVerfGE 7, 198, 208; seit diesem Urteil vom 15. Januar 1958 ständige Rechtsprechung des Bundesverfassungsgerichts

[196] Vgl. Dörr, VerwArch 2001, 149, 153.

[197] Weiterführend dazu Stock, Medienfreiheit, S. 325 ff.

[198] BVerfGE 57, 295, 320

[199] Jarass, AfP 1998, 133; Janik, AfP 2000, 7.

[200] Kull, AfP 1987, 365, 366.

[201] Fuhr, ZUM 1987, 145, 146.

gen entgegenzuwirken, sichern die Informationsfreiheit und damit die Funktionsfähigkeit der Demokratie.[202] Das Bundesverfassungsgericht hat zudem erfolgreich den Versuch unternommen, der grundlegenden Änderung der tatsächlichen Verhältnisse, wie etwa die sich damals abzeichnende Beseitigung der Frequenzknappheit durch neue Verbreitungswege und Technologien, verfassungsrechtlich gerecht zu werden.[203]

bb) Die dogmatische Einordnung der Rundfunkfreiheit des Bundesverfassungsgericht

Das Bundesverfassungsgericht hat keinen Zweifel daran gelassen, dass auch individuelle Rechte durch die Rundfunkfreiheit begründet werden und sich der Gehalt der Rundfunkfreiheit nicht allein im funktionalen Element erschöpft. Etwa im FRAG-Urteil hat es betont, dass die Rundfunkfreiheit, was die Freiheit vor staatlichen Eingriffen angeht, „wie die klassischen Freiheitsrechte abwehrende Bedeutung hat". Die subjektiven und objektiven Elemente erwähnt das Gericht explizit.[204] Auch an anderer Stelle macht das Gericht klar, dass zugelassene private Veranstalter einen Grundrechtsschutz wie öffentlich-rechtliche Anstalten in Anspruch nehmen können.[205] Es ist die Rede davon, dass die Programmfreiheit der privaten Veranstalter in wirksamer Weise durch das in Frage stehende Rundfunkgesetz geschützt werde. Auch in weiteren Beschlüssen stellt das Gericht den Grundrechtsschutz privater Programme nicht mehr in Frage.[206] Damit dürfte zumindest der Grundrechtsschutz eines privaten Anbieters von Seiten des Bundesverfassungsgerichts anerkannt sein. Wohlgemerkt bedeutet das nicht ohne weiteres, dass aus der Rundfunkfreiheit ein uneingeschränkter Anspruch auf Zulassung[207] oder ein Anspruch auf bestimmte Rundfunksendungen erwächst.

cc) Zusammenfassung

Es ist bei allen rundfunkrechtlichen Fragestellungen zu beachten, dass das Gericht die Rundfunkfreiheit nicht allein im klassischen liberalen Grundrechtsverständnis interpretiert, sondern in erster Linie auf ein objektiv-rechtliches Ver-

---

202 Dörr, VerwArch 2001, 154, 155; Dörr, Das für die Medienkonzentration maßgebliche Verfahrensrecht, S. 339 f.

203 Herzog, in: Maunz/Dürig, Art. 5, Rdnr. 228.

204 BVerfGE 57, 295, 320.

205 BVerfGE 57, 295, 318 ff.

206 BVerfGE 95, 220, 234; BVerfG, ZUM 1998, 306, 309. So auch Bethge in: Festschrift für Walter Rudolf, S. 412. Kritisch: Schulze-Fielitz in: Dreier, Grundgesetz Kommentar, Art. 5 Rdnr. 107.

207 Siehe hierzu Chariseé, Die Rundfunkveranstaltungsfreiheit, S. 97; offen gelassen in BVerfG, ZUM 1998, 306 (extra-radio). Bumke/Schulz sehen in dem Anspruch auf Zulassung zu Recht keine Ermessensentscheidung. Allerdings reduziere sich der Anspruch bei Kapazitätsmangel auf das Recht auf chancengleichen Zugang. Bumke/Schulz in Hahn/Vesting, Kommentar zum Rundfunkrecht, § 20, Rdnr. 13 und 49.

ständnis zurückgreift. Dennoch ist die Rundfunkfreiheit vorrangig eine „dienende“ Freiheit, die nicht primär ihrem Träger die Entfaltung seines persönlichen Lebensbereiches sichern soll. Vielmehr wurzelt die besondere Funktion[208] in der Meinungsfreiheit und bedingt daher eine objektive Ausgestaltung. Der Träger der Rundfunkfreiheit ist nicht Träger um seiner selbst willen, sondern hat eine Wächterfunktion inne im Interesse der Grundrechtssicherung.[209] Eine verfassungsrechtliche Untersuchung hat dieses Verständnis der Rundfunkfreiheit zugrunde zu legen.

b) Rundfunkfreiheit in der Literatur

Die Frage, wie die Rundfunkfreiheit grundrechtsdogmatisch zu verstehen ist, ist in der Literatur heftig umstritten. Hat man die Rechtssprechung des Bundesverfassungsgerichts vor Augen, erscheint das nicht verwunderlich. Das Gericht betont in Bezug auf die Rundfunkfreiheit stets den objektiven Gehalt der dienenden Freiheit des Rundfunks. Es könnte also durchaus problematisch sein, ob das tradierte Grundrechtsverständnis im Sinne eines Freiheitsrechts auf die Rundfunkfreiheit überhaupt übertragen werden kann. Bei klassischen Freiheitsrechten nämlich stehen die Entfaltungsmöglichkeiten des Individuums im Mittelpunkt. Der Grundrechtsträger soll frei von staatlicher Bevormundung seinen Lebensbereich gestalten können und nicht über das erträgliche Maß reglementiert werden. Daneben können unzweifelhaft auch objektive Komponenten treten, die letztlich ebenfalls die Freiheitsbetätigung des Einzelnen unterstützen und sichern.

In der Literatur wird, ganz entgegen dem Meinungsstand in Karlsruhe, teilweise in Frage gestellt, ob die „erdrückend institutionelle“ Betrachtung des Bundesverfassungsgerichts überhaupt Bestand habe.[210] Es wird gefordert, die in der Rundfunkfreiheit als einer grundrechtlichen Freiheit beschlossene individualrechtlichen Komponente stärker anzuerkennen und zu verwirklichen.[211] Eine Freiheit, die ausschließlich zum Dienen verpflichte, sei keine Freiheit, sondern werde zu einer Freiheit nach Maßgabe der Gesetze.[212] Kritisiert wird darüber hinaus, die institutionelle Leseart schaffe Unklarheit, eröffne illegitime legislative und judizielle Reglungsspielräume und bedrohe damit die Substanz einer im Kern homogenen Meinungs-, Presse- und Rundfunkfreiheit.[213] Demzufolge soll die

---

[208] Der Begriff der Funktion soll an dieser Stelle untechnisch verstanden werden. Die genaue Betrachtungsweise der einzelnen Begriffmerkmale wird noch zu untersuchen sein.

[209] Gersdorf, Grundzüge, Rdnr.68.

[210] Kull, AfP 1987, 365, 366.

[211] Kull, AfP 1987, 365, 366.

[212] Kull, Festschrift für Lerche, S. 663 ff.; in diesem Sinne auch Hain, Wirtschaftsrechtliche oder medienrechtliche Steuerung der Medien im Zeitalter der Konvergenz?, S. 15.

[213] Siehe nur v. Mangold/Klein/Strack, Grundgesetz, Art. 5 Rdnr. 6; zum institutionellen Verständnis der Pressefreiheit siehe Bullinger in Isensee/Kirchhoff, Handbuch des Staatsrechts, § 141, Rn 34 ff.

Rundfunkfreiheit als vorrangig subjektives Individualgrundrecht interpretiert werden.[214]

Andere Stimmen in der Literatur erkennen jedoch die Position des Bundesverfassungsgerichts an und stellen die überwiegend objektive Betrachtungsweise der Rundfunkfreiheit nicht mehr in Frage,[215] wenn auch die exzessive Überbetonung der objektiv-rechtlichen Komponente durch das Bundesverfassungsgericht kritisiert wird.[216] Die Diskussion rankt sich auch um die Frage, ob überhaupt ein subjektives Recht auf Rundfunkfreiheit besteht bzw. wie sich ein solches Recht herleiten lässt. Es wird problematisiert, ob die Rechtstellung der privaten Veranstalter unmittelbar als Individualgrundrecht aus Art. 5 Abs. 1 Satz 2 GG fließt oder ob es sich letztlich nur um ein derivatives subjektives Recht handelt.

Teilweise wird darauf abgestellt, die Rundfunkfreiheit sei primär eine objektivrechtliche Gewährleistung und demnach leite sich das Recht eines Privaten lediglich aus den Landesrundfunkgesetzen ab. Es handle sich somit um ein derivatives Recht.[217] Begründet wird die Ablehnung des originären Grundrechtsschutzes mit dem Wortlaut des Art. 5 Abs.1 Satz 2 GG, der ausdrücklich die Freiheit der Berichterstattung durch den Rundfunk schütze und nicht die Freiheit des Rundfunks.

Weiter ist umstritten, ob der Grundrechtsschutz nur dem bereits zugelassenen privaten Veranstalter zusteht.[218] Es wird hier von einer Vorwirkung des Grundrechtsschutzes gesprochen.[219] Für die nicht zugelassenen Bewerber um eine Frequenz etwa wird ein Grundrechtsschutz teilweise verneint.[220]

Auch wenn diese Problematik vereinzelt als überholt qualifiziert wird,[221] darf dennoch nicht übersehen werden, dass der grundrechstheoretische Meinungsstreit nicht nur rein akademische Relevanz besitzt, sondern nach wie vor von erheblicher praktischer Bedeutung ist. Das ist etwa immer dann der Fall, wenn Zulassungsfragen zu beantworten sind[222] oder sonstige Rechtspositionen insbe-

---

214 Pestalozza, NJW 1981, 2158, 2160 f; Kull, AfP 1987, 365 ff; Scholz, JZ 1981, 561 ff; Mangold/Klein/Strack, Grundgesetz, Art. 5 Rdnr. 6; Bullinger in Isensee/Kirchhoff, Handbuch des Staatsrechts, § 141, Rn 34 ff; Hain, Rundfunkfreiheit und Rundfunkordnung, S. 82.

215 Ruck, AöR 1992, 544 ff; Hesse, Rundfunkrecht, S. 67, Rn 46.

216 Etwa Fink, DöV 1992, 805,811; Kübler, Festschrift für Lerche, S. 649 f; Engel, AfP 1994, 185 ff.

217 Vgl. hierzu Ricker/Schiwy, Rundfunkverfassungsrecht, Rdnr. 131 m.w.N; im Ergebnis wohl auch: Bornemann/Hepach, K&R //2004, 317, 320.

218 So Jarass/Pieroth, Art. 5 Rn 34; Liegmann, Der Zugang zum privaten Rundfunk, S. 66; a.A. Chariseé, Rundfunkveranstaltungsfreiheit, S. 97.

219 Bethge, in Sachs, GG, Art. 5, Rdnr. 112.

220 Siehe hierzu auch oben Fn 207

221 Chariseé, Die Rundfunkveranstaltungsfreiheit, S. 79, Fn. 262.

222 So auch Gersdorf, Grundzüge, Rdnr. 61.

sondere privater Veranstalter in Rede stehen. Auch bei der späteren dogmatischen Einordnung des Ausgestaltungsvorbehaltes der Rundfunkfreiheit wird sich auf die hier dargestellte Problematik zu beziehen sein.[223]

c) Stellungnahme

Tatsächlich kann heute von einer sowohl objektiv-rechtlichen als auch subjektiv-rechtlichen Komponente der Rundfunkfreiheit ausgegangen werden.[224] Das Grundrecht vermittelt seinem Träger einklagbare Rechtspositionen und ist klassisches Abwehrrecht. Auch der Bewerber um eine Funkfrequenz kann sich auf die Rundfunkfreiheit berufen und hat hieraus zumindest einen Anspruch auf ermessensfehlerfreie Entscheidung. Allerdings muss immer das Augenmerk auf die eigentliche Intention der Rundfunkfreiheit gelegt werden. Die Rundfunkfreiheit gewährt dem Einzelnen nämlich seine subjektiven Rechte nicht um seiner selbst willen. Vielmehr ist durch die Rundfunkfreiheit nicht die Verteidigung individueller Freiheitsrechte gewollt, sondern es muss der dienende Aspekt der Rundfunkfreiheit in den Vordergrund gestellt werden. Alle durch die Rundfunkfreiheit gewährten auch subjektiven Rechte sind im Lichte der durch das Bundesverfassungsgericht vorgegebenen funktionalen Komponente zu betrachten. Nur deswegen genießt auch der Einzelne den Schutz des Grundrechts. Ihm wird im Interesse der Grundrechtssicherung eine Wächterfunktion zugebilligt[225] und gleichermaßen aufgebürdet. Die nach wie vor bestehende Sondersituation des Rundfunks rechtfertigt diese Ansicht noch immer. Zwar kann spätestens aufgrund der Einführung des digitalen Fernsehens, mancherorts sogar schon terrestrisch,[226] nicht mehr von Frequenzknappheit gesprochen werden.[227] Aber der Rundfunk hat trotzdem eine herausgehobene Rolle im Kommunikationsprozess. Die besondere Wirkungsweise des Fernsehens als Leitmedium ist die Rechtfertigung für die Umdeutung des klassischen Grundrechtsverständnisses.

III. Anforderungen an die Rundfunkfreiheit

Die Rundfunkfreiheit ist, wie gezeigt, geprägt durch die Rechtsprechung des Bundesverfassungsgerichts. Dabei ist zu beachten, dass das Gericht die Rundfunkfreiheit nicht allein im klassischen liberalen Grundrechtsverständnis interpretiert, sondern in erster Linie auf ein objektiv-rechtliches Verständnis zurück-

---

223 Vgl. dazu unten C. IV.

224 Vgl. Herrmann/Lausen, Rundfunkrecht, S. 486, Rdnr. 33; Bethge, in Sachs, GG, Art. 5, Rdnr. 111; Jarass/Pieroth, Art. 5, Rdnr. 34; Liegmann, Der Zugang zum privaten Rundfunk, S. 66; Wendt in von Münch/Kunig, GG, Art. 5, Rdnr. 50.

225 So auch Gersdorf, Grundzüge, Rdnr. 69.

226 Im Rhein-Main Gebiet beispielsweise startete das digitale terrestrische Fernsehen am 01. Oktober 2004.

227 Mit diesem Argument hat das Bundesverfassungsgericht lange die Sondersituation des Rundfunks begründet.

greift.[228] Demnach ist die Rundfunkfreiheit in erster Linie eine „dienende" Freiheit, die nicht primär ihrem Träger die Entfaltung seines persönlichen Lebensbereiches sichern soll. Vielmehr wurzelt die besondere Funktion in der Meinungsfreiheit und bedingt daher eine objektive Ausgestaltung. Daher hat das Bundesverfassungsgericht bestimmte Anforderungen an den Rundfunk beziehungsweise die Rundfunkfreiheit und ihre Ausgestaltung gestellt, die im Einzelnen darzulegen sind.

1. Dienende Freiheit

Die Rundfunkfreiheit ist in erster Linie eine dienende Freiheit, die nicht primär zum Schutz des Individuums bestimmt ist.[229] Dem liegt die Überlegung zugrunde, dass die Grundrechte normalerweise Freiheiten enthalten, die der Selbstverwirklichung des Individuums dienen, also subjektiv-rechtliche, individuellen Eigeninteressen dienende Handlungsrechte sind. Daneben gibt es aber auch Verbürgungen von Befugnissen, die im Interesse Dritter gegen den Zwang und die Intervention des Staates abgeschirmt sind.[230] Bei diesen Grundrechten spricht man von dienenden oder drittnützigen Freiheitsrechten. Der Sinn der Freiheit kann demnach auch darin liegen, einem Rechtssubjekt, also der Rundfunkanstalt, Handlungs-, Gestaltungs- und Entscheidungsautonomie zuzuerkennen, weil entweder ein öffentliches Interesse an einem aus autonomer Gestaltung, Handlung und Entscheidung hervorgegangenen geistigen oder gegenständlichen Produkt besteht oder weil die Abschirmung von Handlungsbefugnissen der Gewährleistung des Rechts- und Freiheitsstatus Dritter dient. Diese letztgenannte Kategorie von drittnützigen Freiheitsrechten, zu der die Rundfunkfreiheit zu zählen ist, kann als dienende Freiheitsgewährleistung gekennzeichnet werden.[231]

Dieser Aspekt wurzelt in dem Verständnis, dass der Rundfunk für eine demokratische Willensbildung schlechthin unabdingbar ist. Nur ein umfassend in seinem Bestand gewährleistetes Informationssystem, das die unabhängige und umfassende Informationsversorgung seiner Bürger sichert, kann Garant einer fundierten Willensbildung sein. Das Ergebnis einer reflektierten Informationsverarbeitung ist dann die Grundlage für sich in Wahlen niederschlagende Meinungen. Daraus folgt, dass die Rundfunkfreiheit und der auf ihr basierende Rundfunk verfassungsrechtlich dazu auserkoren sind, dem Bürger und seiner Meinungsbildung zu dienen, die dieser dann in den demokratischen Prozess einfließen lassen kann. Damit ist Rundfunk von zentraler Bedeutung für das geistige Klima und den offenen Diskurs im demokratischen Staat.[232]

---

[228] Vgl. hierzu oben C. II. 3.

[229] BVerfGE 57, 295, 319.

[230] Dörr/Schiedermair, Die Deutsche Welle, S. 33.

[231] Vgl. Niepalla, Die Grundversorgung durch die öffentlich-rechtlichen Rundfunkanstalten, 1990, 6 ff.; Stock, Medienfreiheit als Funktionsgrundrecht, 1985, 325 ff.

[232] Dieterich in Erfurter Kommentar zum Arbeitsrecht, Art. 5, Rdnr. 88.

2. Positiver Ordnungsrahmen

Schon im zweiten Rundfunkurteil, dem so genannten Mehrwertsteuer-Beschluss aus dem Jahre 1971, hat das Bundesverfassungsgericht festgestellt, dass es einer besonderen Ordnung für den Rundfunk bedarf.[233] Es sollte der latenten Gefahr begegnet werden, dass der Rundfunk für politische oder ideelle Zwecke missbraucht werden kann. Aufgrund der Erfahrungen aus der Weimarer Zeit und dem anschließenden Nationalsozialismus hielt das Gericht Vorkehrungen für nötig, die diese Gefahr ausschließen sollten. Der Rundfunk dürfe daher nicht dem freien Spiel der Kräfte überlassen werden.[234] Auch solle der Rundfunk nicht einer gesellschaftlichen Gruppe überlassen werden, damit eine vorherrschende Meinungsmacht in dem immer mächtiger werdenden Kommunikationsmittel Fernsehen nicht entstehen könne. Es bestünde eine Sondersituation des Rundfunks aufgrund der Frequenzknappheit und der monetären Anforderungen an die Veranstaltung von Fernsehprogrammen. Aufgrund dieser Besonderheit sei ein außenpluraler Wettbewerb der widerstreitenden Meinungen in einem Willensbildungsprozess nicht gewährleistet. Es bedürfe somit einer binnenpluralen Sicherung. Der Kommunikationsprozess muss auf einer unabhängigen Plattform stattfinden können. Um all diese Besonderheiten und Anforderungen erfüllen zu können, muss der Gesetzgeber eine Ordnung schaffen, die absichert, dass die Vielfalt der bestehenden Meinungen im Rundfunk in möglichster Breite und Vollständigkeit Ausdruck findet und auf diese Weise umfassende Information bietet.[235] Erforderlich sind besondere Vorkehrungen zur Verwirklichung und Aufrechterhaltung der in Art. 5 Abs. 1 S. 2 GG gewährleisteten Freiheit, die allgemein verbindlich zu sein haben und daher durch Gesetz zu treffen sind.[236] Alle in Betracht kommenden Kräfte müssen auf die Tätigkeit des Rundfunks Einfluss haben und in dem Gesamtprogramm zu Wort kommen können.[237] Den Ländern ist von Verfassungs wegen aufgegeben, durch allgemein verbindliche Normen zu sichern, dass die für die Allgemeinheit bestimmte Verbreitung von Nachrichten und Darbietungen durch den Rundfunk staatsfrei und unter Beteiligung aller relevanten gesellschaftlichen Kräfte erfolgt.[238]

3. Staatsferne

Auch die Anforderung an den Rundfunk, staatsfern organisiert zu sein, beruht auf den nationalsozialistischen Erfahrungen. Der Staat darf nicht die Möglich-

---

[233] BVerfGE 31, 314 ff.

[234] BVerfGE 31, 314, 325.

[235] BVerfGE 57, 295, 320; Bezugnahme in BVerfGE 73, 118, 159, 198; BVerfGE 74, 297, 323 f.; BVerfGE 83, 283, 322; BVerfGE 87, 181, 197, 198; BVerfGE 31, 314, 325 BVerfGE 90, , 325; BVerfGE 90, 60, 87, 88; BVerfGE 95, 220, 236.

[236] BVerfGE 31, 314, 326.

[237] BVerfGE 31, 314, 326.

[238] BVerfGE 31, 314, 329.

keit haben, den Rundfunk zu instrumentalisieren und für Propagandazwecke zu missbrauchen.

Dieses Erfordernis wird jedoch oft missverstanden. Das Bundesverfassungsgericht versagt dem Gesetzgeber damit nicht jede Einflussnahme auf den Rundfunk. Ausgeschlossen ist nur die Einflussnahme, die mit der Sicherung der Rundfunkfreiheit unvereinbar und durch die Grundrechtsschranken nicht gerechtfertigt ist. Eine Einflussnahme durch staatliche Maßnahmen, die der Herstellung oder Erhaltung der Rundfunkfreiheit dienen, kann sogar verfassungsrechtlich geboten sein.[239] Das Bundesverfassungsgericht hat ausdrücklich klargestellt, dass Staatsfreiheit die Freiheit vom Staat bei der Berichterstattung bedeutet.[240]

Problematisch ist die Frage nach der Staatsferne bei der Gremienbesetzung der öffentlich-rechtlichen Rundfunkanstalten. Hier wird der staatliche und politische Einfluss von Parteien im Rundfunk vielfach und zu Recht beklagt. Einerseits ist der Gesetzgeber, wie eben ausgeführt, gehalten, Regelungen über die entsendungsberechtigten Gruppen selbst zu treffen, andererseits soll über pluralistisch besetzte Gremien die Staatsfreiheit des Rundfunks gewährleistet werden. Das Bundesverfassungsgericht hat zu diesem Komplex zwar die im Folgenden dargestellten Leitlinien vorgegeben, sich insgesamt jedoch nur sehr zurückhaltend geäußert.

Grundlegende Aussagen zur Frage der Gremienbesetzung traf das Gericht im sechsten Rundfunk-Urteil vom 05. Februar 1991 anlässlich eines Normenkontrollantrags von zweihundertsechsunddreißig Mitgliedern des Deutschen Bundestages, der sich auf Bestimmungen des nordrhein-westfälischen Rundfunkgesetzes (NRWRG) und des Gesetzes über den "Westdeutschen Rundfunk Köln" (WDR-Gesetz) bezog.[241] So hat es ausgeführt, es sei seit Beginn seiner Rundfunkrechtsprechung davon ausgegangen, dass die aus Vertretern der gesellschaftlich relevanten Gruppen zusammengesetzten anstaltsinternen Kontrollgremien des öffentlich-rechtlichen Rundfunks eine verfassungsmäßige Möglichkeit bilden, die Grundrechtsverwirklichung organisatorisch zu sichern. Dasselbe gelte für die ähnlich beschaffenen externen Kontrollgremien der privaten Rundfunkanbieter.

Sinn der Bildung von Aufsichtsgremien sei nicht, den gesellschaftlich relevanten Gruppen die Programmgestaltung zu übertragen oder diese zum Träger des Grundrechts der Rundfunkfreiheit zu machen. Vielmehr seien sie Sachwalter des Interesses der Allgemeinheit. In dieser Funktion kontrollierten sie die für die Programmgestaltung maßgeblichen Personen darauf, dass alle bedeutsamen politischen, weltanschaulichen, gesellschaftlichen Kräfte im Gesamtprogramm an-

239 BVerfGE 73, 118, 182.

240 BVerfGE 12, 205, 262; BVerfGE 83, 238, 322.

241 BVerfGE 83, 238.

gemessen zu Wort kommen, das Programm nicht einseitig einer Partei, Interessengemeinschaft, Weltanschauung oder einem Bekenntnis diene und in der Berichterstattung die Auffassungen der betroffenen Gruppen angemessen und fair berücksichtigt werden. Die Aufgabe der Kontrollgremien bestehe folglich - ungeachtet der Tatsache, dass die meisten Mitglieder letztendlich doch Interessenvertreter sind - nicht in der Vertretung ihrer spezifischen Interessen, sondern diene der Gewährleistung der Staatsfreiheit im Rundfunk. Dadurch konkretisierte das Bundesverfassungsgericht zwar die Rolle der pluralistischen Gremien, reduzierte sie jedoch praktisch auf eine Kontrollfunktion.

Auch hier wies das Bundesverfassungsgericht ein weiteres Mal auf die gesetzgeberische Gestaltungsfreiheit bei der Gewichtung und Bestimmung der maßgeblichen gesellschaftlichen Kräfte hin. Diese umfasse die Befugnis, das Kriterium der gesellschaftlichen Relevanz zu konkretisieren, die danach in Betracht kommenden Kräfte zu ermitteln, die ihnen zuzurechnenden Gruppen festzustellen und unter diesen die Entsendungsberechtigten auszuwählen und zu gewichten. Zu berücksichtigen sei allerdings, dass der Gestaltungsspielraum nicht erst an der Willkürgrenze des Art. 3 Abs. 1 GG ende, da sich etwa grob einseitig zusammengesetzte Kontrollgremien nicht zur Sicherung der Meinungsvielfalt eigneten. Akzeptabel seien lediglich Über- oder Unterrepräsentationen vergleichbarer Gruppen, die noch unterhalb der Schwelle grober Verzerrungen lägen.

Diese Feststellungen des Gerichts vermochten die Gefahr der parteipolitischen Einflussnahme in den Rundfunkräten nicht zu beseitigen. Belegt wird dieser Missstand im heutigen Rundfunksystem anschaulich durch den Eklat bei der vorletzten Intendantenwahl des ZDF.[242] Statt die Kompetenzfrage prioritär zu diskutieren wurde vorrangig auf das Parteibuch Wert gelegt. Grund hierfür ist vornehmlich, dass die pluralistisch gebildeten Kontrollgremien Einbruchstellen für die Einflussnahme der politischen Parteien haben und diese Einbruchstellen auch ungehemmt ausgenutzt werden. Das Karlsruher Gericht hat die Gelegenheit, maßgebliche Direktiven zur Sicherung der Rundfunkfreiheit in den Gremien auszugeben, nicht wahrgenommen. Zudem hat das Verfassungsgericht die Kontrolle über die Zusammensetzung der Gremien im öffentlich-rechtlichen

---

[242] Der derzeitige Intendant des Zweiten Deutschen Fernsehens wurde bei seiner ersten Wahl im Jahr 2002 erst nach 5 Wahlgängen gewählt. An zwei vorherigen Terminen hatten die Kandidaten in damals insgesamt 3 Wahlgängen die erforderliche Dreifünftel Mehrheit nicht erreicht. Grund hierfür war, dass die jeweiligen so genannten Freundeskreise des Fernsehrates sich aufgrund politsicher Lagerbildung nicht auf einen Kandidaten einigen konnten, siehe hierzu epd medien 19/2002, S. 9 ff und die Meldung in: Die Welt vom 18. Januar 2002 abrufbar unter http://www.welt.de/data/2002/01/18/396276.html (Abrufdatum 10. November 2005). Dennoch hat sich der Intendant für eine zweite Amtszeit für Verfügung gestellt, epd medien 88/2005, S. 14, und ist mit nur einer Gegenstimme, also dem besten Ergebnis, das ein Intendant in der Geschichte des ZDF je erreicht hat vom ZDF-Fernsehrat für eine weitere fünfjährige Amtsperiode (2007 bis 2012) wiedergewählt worden, vgl. http://www.zdf.de/ZDFde/inhalt/14/0,1872,3116430,00.html (Abrufdatum 16. Dezember 2005).

Rundfunk letztlich nur verbal verschärft. Mit der höchstrichterlich geprägten Terminologie von „groben Verzerrungen" bzw. „grob einseitig zusammengesetzten Kontrollgremien" erfolgten nur in begrenztem Umfang verfassungsrechtliche Vorgaben, die darüber hinaus aufgrund ihrer Auslegungsbedürftigkeit nur beschränkt verwertbar waren. So bleibt offen, wann bei der Auswahl der Gremienmitglieder die Grenze zur groben Verzerrung tatsächlich überschritten wird. Es bleibt zu hoffen, dass diese Fehlentwicklung gestoppt wird. Jedoch zeigt die historische Erfahrung, dass einmal eingetretene Missstände nur schwer rückgängig gemacht werden können.[243]

Aus dieser Misere darf allerdings nicht der pauschale Schluss gezogen werden, damit seien die Parteien vollends bei der Gremienbesetzung auszuschließen. Das Bundesverfassungsgericht hat es ausdrücklich für zulässig erachtet, dass in den Kontrollgremien der Rundfunkanstalten in begrenzter Zahl auch Staats- und Parteivertreter mitwirken.[244] Auch Parteien und Staatsvertreter sind Teile von gesellschaftlich relevanten Gruppen und daher im Sinne der Vielfaltssicherung zuzulassen. Es darf jedoch nicht soweit führen, dass im Rundfunk alle Entscheidungen nur nach der parteipolitischen Ausrichtung getroffen werden.

4. Schranken der Rundfunkfreiheit

Die Schranken der Rundfunkfreiheit sind ausdrücklich in Art. 5 Abs. 2 GG genannt. Danach finden die in Abs.1 genannten Rechte ihre Schranken in den allgemeinen Gesetzen, den gesetzlichen Bestimmungen zum Schutze der Jugend und in dem Recht auf persönliche Ehre. Eingegangen werden soll an dieser Stelle nur auf die Besonderheit der allgemeinen Gesetze.[245] Auch hier hat das Bundesverfassungsgericht maßgeblich und für die anderen Staatsgewalten verbindlich festgelegt, was unter allgemeinen Gesetzen zu verstehen ist. Es hat mit seiner so genannten Kombinationslehre die beiden wichtigsten wissenschaftlichen Argumentationsrichtungen, die Sonderrechtslehre und die Abwägungslehre, zusammengeführt.[246] Nach der Sonderrechtslehre sind allgemeine Gesetze

---

243 Diese Problematik gilt nicht nur für das Rundfunkrecht. Aber hier sind Fehlentwicklungen besonders schwerwiegend. Insbesondere im Bereich der vorherrschenden Meinungsmacht hat sich im deutschen Rundfunkmarkt gezeigt, dass einmal eingetretene Medienkonzentration und -verflechtung kaum entschärft werden kann. Bei überschrittenen Tabus gilt ähnliches. Wurde einmal eine Grenze der Geschmacklosigkeit überschritten, folgt die nächste mit Sicherheit und wird noch eine Steigerung darstellen. Die erste Verfehlung erscheint dann lächerlich und nur dem altmodischen Moralapostel noch ein Dorn im Auge zu sein.

244 BVerfGE 12, 205, 263.

245 Auch Jarass bezeichnet diese Schranke als die wichtigste und damit bedeutsamste Grundlage zur Rechtfertigung von Eingriffen, Jarass, Grundgesetz für die Bundesrepublik Deutschland, Art. 5, Rdnr. 55.

246 Das Bundesverfassungsgericht sah sich erstmals im Lüth-Urteil dazu veranlasst, sich mit den konkurrierenden Lehren auseinanderzusetzen und kombinierte diese einfach, BVerfGE 7, 198.

solche, die sich nicht gegen besondere Meinungsinhalte richten.[247] Nichtallgemeine Gesetze, also besondere Gesetze sollen dann vorliegen, wenn eine an sich erlaubte Handlung nur aufgrund ihres geistigen Gehaltes und der daraus erzielten geistigen Wirkung verboten oder eingeschränkt wird. Die Abwägungslehre qualifiziert Gesetze dann als allgemein, wenn das mit der in Frage stehenden Norm zu schützende gesellschaftliche Gut materiell höherwertig ist. Vermittelnd stellt das Bundesverfassungsgericht darauf ab, dass allgemeine Gesetze solche sind, die nicht gegen eine Meinung als solche gerichtet sind sondern einem Rechtsgut dienen, das im konkreten Einzelfall der Rundfunkfreiheit überwiegt.[248] Kritik an dieser Rechtssprechung hat sich insbesondere deshalb entzündet, weil das Bundesverfassungsgericht den Schwerpunkt auf den zweiten Teil der Formel legt. Die Folge dieser Beurteilung sei, dass damit praktisch jedes vorkommende Gesetz allgemein sein könne.[249] Kull spricht sogar von einer Aushöhlung der allgemeinen Gesetze, die dereinst als Bollwerk zum Schutze der Kommunikationsgrundrechte gedacht waren.[250]

Einer Vertiefung dieses Streitstandes bedarf es nicht, da mit dem Bundesverfassungsgericht von der Kombinationslehre ausgegangen wird.[251] Der Gefahr einer Aushöhlung wird nach hier vertretener Ansicht damit begegnet, dass ohnehin jedes Gesetz im Einzelfall zu überprüfen sein wird. Es verbietet sich auch hier jede schematische Betrachtungsweise.

IV. Die Besonderheit der Ausgestaltungsgesetze

Eine weitere Besonderheit des Rundfunkrechts ist der vom Bundesverfassungsgericht entwickelte Ausgestaltungsvorbehalt der Rundfunkfreiheit. Wie bereits angedeutet, bedarf es nach der Rechtsprechung des Bundesverfassungsgerichts einer positiven Ordnung, die die Rundfunkfreiheit absichert und ihr überhaupt erst Geltung verschaffen kann.[252] Der wesentliche Unterschied zur einfachen Schutzpflicht des Staates besteht darin, dass diese Ausgestaltung der Rundfunkfreiheit keinen beschränkenden Charakter hat. Gesetze, die die dienende Funktion abstützen und zu sichern suchen, sind keine Schrankengesetzte im Sinne des

---

[247] Die Sonderechtslehre wurde schon so zum gleichlautenden Art. 118 Abs.1 Satz 2 WRV vertreten.

[248] BVerfGE 7, 198, 209; BVerfGE 97, 125, 146; BVerfGE 62, 230, 244; BVerfGE 71, 162, 175; BVerwGE 93, 323, 325.

[249] Jarass, Grundgesetz für die Bundesrepublik Deutschland, Art. 5, Rdnr. 56; Schulze-Fielitz in: Dreier, Grundgesetz Kommentar, Art. 5, Rdnr. 142; von der Decken wirft dem Bundesverfassungsgericht sogar vor, sich überhaupt nicht mit der Entstehungsgeschichte der Theorien auseinandergesetzt zu haben, von der Decken, NJW 1983, 1400, 1401. Kritisch zur Rechtsprechung des Bundesverfassungsgericht auch Huster, NJW 1996, 487 ff.

[250] Kull, AfP 1987, 365, 366.

[251] Eine ausführliche Darstellung der vertretenen Argumentationsrichtungen findet sich bei Schulze-Fielitz in: Dreier, Grundgesetz Kommentar, Art. 5, Rdnr. 138 ff.

[252] Siehe hierzu C. III. 2.

Art. 5 Abs. 2 GG. Sie verhelfen dem Grundrecht der Rundfunkfreiheit zu seiner Realisierung.

Um später im Rahmen dieser Arbeit die zum Programmauftrag in Frage stehenden Regelungen des Rundfunkstaatsvertrages auf ihre Verfassungskonformität überprüfen zu können, muss also geklärt werden, um welche Art von Regelung es sich handelt. Sind es Schrankengesetzte, unterliegen sie dem Vorbehalt des Art. 5 Abs. 2 GG. Sind es hingegen Ausgestaltungsnormen, könnten andere Rechtmäßigkeitsvoraussetzungen gelten.

Die Dogmatik der Ausgestaltungsgesetze ist allerdings sehr umstritten. Teile der Literatur lehnen die Sonderkategorie der Ausgestaltungsgesetze ab.[253] Andere halten die Ausgestaltungsregelungen nur im Rahmen der Rechtmäßigkeitsvoraussetzungen beschränkender Gesetze für zulässig.[254]

Um die um diesen besonderen Punkt rankende Diskussion nachvollziehen und Stellung nehmen zu können, muss man sich erst mit der dogmatischen Herleitung des Bundesverfassungsgerichtes zu dem besonderen Erfordernis befassen. Anschließend ist die Gegenauffassung darzustellen und zu begutachten.

1. Dogmatische Herleitung der Ausgestaltungsgesetze durch das Bundesverfassungsgericht

Das Bundesverfassungsgericht unterstellt der Rundfunklandschaft insoweit ein Marktversagen und will daher den Rundfunk nicht ungeregelt lassen, als dass es davon ausgeht, der publizistische unabhängige Wettbewerb sei in einem rein nach Wirtschaftlichkeitserwägungen ausgerichteten System nur sehr eingeschränkt möglich.[255] Die Besonderheit liegt darin, dass das Gericht den objektiven Gehalt der Rundfunkfreiheit des Art. 5 Abs. 1 GG in den Vordergrund seiner Betrachtungsweise stellt.[256] Dadurch, dass die Rundfunkfreiheit der freien Meinungsbildung und damit letztendlich der Demokratie dient, muss sie einen besonderen Schutz erfahren.[257] Nur eine ausgewogene Berichterstattung kann den Anforderungen an eine die Meinungsbildung sichernde Informationsver-

---

[253] Hain, Rundfunkfreiheit und Rundfunkordnung, S. 58, 70; ders., JZ 2005, 939 f.; Fink, DöV 1992, 805 ff.; Pestalozza, NJW 1981, 2158 ff.; Kull, AfP 1987, 365 ff.; ders. in: Festschrift für Peter Lerche, S. 663 ff.; Scholz, JZ 1981, 561 ff.; Kübler in: Festschrift für Peter Lerche, 649 ff.; Ossenbühl, NJW 1976, 2100, 2103, 2106; Ipsen, Staatsrecht II, S. 129, Rdnr. 429.

[254] von Mangold/Klein/Starck, Das Bonner Grundgesetz, Kommentar, Art. 5, Rdnr. 68 a.E.; tendenziell wohl auch Dörr, Programmvielfalt im öffentlich-rechtlichen Rundfunk durch funktionsgerechte Finanzausstattung, S. 43.

[255] BVerfGE 57, 295, 319, 329 f.; BVerfGE 74, 297, 324; BVerfGE 89, 144, 152; BVerfGE 90, 60, 90. Zur institutionalrechtlichen Begründung der Medienfreiheit in der Rechtssprechung des Bundesverfassungsgerichts siehe Wolf, Medienfreiheit und Medienunternehmen, S. 69 ff.

[256] Siehe etwa BVerfGE 57, 295, 320 f.; BVerfGE 83, 238, 296.

[257] Vgl. herzu auch C. II. 3.

schaffung gerecht werden. Ein breites Spektrum an Meinungen, die publizistisch professionell ausgewählt und aufgearbeitet sind, muss daher gewährleistet werden. Eine Indienstnahme durch gesellschaftliche starke Mächte soll verhindert werden. Das Bundesverfassungsgericht versucht, den durch einen marktmäßigen Selbstlauf bedingten Vielfaltsbeschneidungen entgegenzuwirken und den Rundfunk nicht dem freien Spiel der Kräfte auszusetzen.[258]

Aus diesen Gründen sind Ausgestaltungen durch den Gesetzgeber nötig, die die Absicherung gewährleisten. Erst die Ausgestaltung der konturenlosen Rundfunkfreiheit ermöglicht dann die gezielte Ausübung der Rundfunkfreiheit.[259] Erst jetzt ist die Grundbedingung für die individuelle Entfaltung des Einzelnen im Kommunikationsbereich um seiner selbst und um der Funktionsfähigkeit der Demokratie willen erfüllt.[260] Die Ausgestaltung dieses Freiheitsbereiches mit Hilfe materieller und organisatorischer Regeln sowie Verfahrensregeln soll sicherstellen, dass die Vielfalt der bestehenden Meinungen im Rundfunk in möglichster Breite und Vollständigkeit Ausdruck findet und auf diese Weise umfassende Information geboten wird.[261] Im Gegensatz zu den anderen vorrangig subjektiven Gewährleistungen des Art. 5 GG vollzieht sich die Kommunikation im Rundfunk nicht selbständig. Sie braucht Hilfsmittel um wirksam werden zu können. Publizistisches Know-how, redaktionelle Verarbeitung, Verbreitungswege und Sendekapazitäten sind dabei nur ein kleiner Teil von dem, was für den geplanten und planbaren Ablauf eines Rundfunkprogramms unerlässlich ist. Nur weil ein professioneller Apparat zur Verfügung steht, kann eine Darbietung aller Inhalte erfolgen und einer enorm großen Rezipientenzahl übermittelt werden. Reine Individualkommunikation indes bedarf keiner Unterstützung. Ein Gespräch zwischen Menschen benötigt nur Sprache und den gleichen Sprachcode, um im Normalfall erfolgreich zu einem Austausch von Information führen zu können. Der hohe Aufwand für die Veranstaltung massenmedialer Kommunikation schafft Zugangsbarrieren, die ohnehin nur von einer sehr begrenzten Anzahl von Kommunikatoren überwunden werden können.[262] Gemeint ist damit, dass nur wenige Personen oder Gruppen über die finanziellen und technischen Mittel verfügen, um Rundfunk überhaupt veranstalten zu können. Dadurch ist von vorneherein festgelegt, dass es keine wirklich außenplurale private Senderstruktur geben kann. Meist sind es Verlage, die schon über publizistischen Einfluss auf dem Zeitungsmarkt verfügen, die an privaten Rundfunkgesellschaften maßgeblich beteiligt sind.[263] Daher gibt das Grundrecht der Rundfunkfreiheit selbst dem

258 So auch Gersdorf, Grundzüge, Rdnr. 73.

259 A.A. Schwab, Probleme der Grundrechtsdogmatik, S. 146.

260 Vgl. BVerfGE 57, 295, 323; BVerfGE 12, 205, 260; BVerfGE 20, 162, 174, f.; BVerfGE 7, 198, 208 f.

261 BVerfGE 57, 295 , 320.

262 So auch Ruck, AöR 117 (1992), 542, 546.

263 Vgl. hierzu die Darstellung der Beteiligungsverhältnisse unter B. III.

Gesetzgeber den Auftrag, eine vielfaltsgewährende und -erhaltende positive Ordnung zu schaffen.[264]

2. Exemplarische und kritische Darstellung der Ausgestaltungsgesetze anhand der n-tv Entscheidung des Bundesverfassungsgerichts

Das Bundesverfassungsgericht hatte bereits in zahlreichen Entscheidungen zu prüfen, ob gesetzliche Regelungen als Ausgestaltungsnormen anzusehen sind.[265] Exemplarisch soll an dieser Stelle auf das n-tv Urteil eingegangen und seine Besonderheiten herausgearbeitet werden,[266] denn in diesem Urteil wird deutlich, wie schwierig die Einordnung der Ausgestaltungsgesetze ist. Auch das Bundesverfassungsgericht grenzt die Rechtmäßigkeitsanforderungen nicht klar ab. Zudem scheint es, dass das Gericht den Ausgestaltungsvorbehalt auf die Informationsfreiheit übertragen will und im Ergebnis unklar lässt, warum die Rundfunkfreiheit nicht vorrangig zu prüfen war.[267] Darüber hinaus wird zu zeigen sein, dass das Gericht dogmatisch fehlerhaft nach der Qualifizierung einer Norm als Ausgestaltungsgesetz noch deren Rechtfertigung prüft und Rechtspositionen gegeneinander abwägt.[268] Umso wichtiger wird damit die Herausarbeitung einschlägiger Anforderungen an die Rechtmäßigkeit der Ausgestaltungsgesetze.[269]

a) Das Urteil

aa) Der Sachverhalt des Urteils

Beschwerdeführerin war in diesem Verfahren die Veranstalterin eines bundesweit verbreiteten Fernsehnachrichtenprogramms. Sie richtete sich mit der Verfassungsbeschwerde dagegen, dass ihr in dem Verfahren gegen Egon Krenz und andere vor der Strafkammer des LG Berlin vom Vorsitzenden durch sitzungspolizeiliche Verfügung untersagt wurde, während der mündlichen Verhandlung zu filmen.[270] Mit Schreiben an den Vorsitzenden vom 16. November 1995 beantragte die Beschwerdeführerin, einem von ihr entsandten Kamerateam während der Verhandlungszeiten Zugang zum Gerichtssaal zu gewähren und ihm zu ermöglichen, Fernsehaufnahmen von der Verhandlung anzufertigen. Das Kamerateam werde im Gerichtssaal so positioniert, dass die Kammer ein freies Blickfeld nach allen Seiten behält. Außerdem werde gewährleistet, dass die Fernsehaufnahmen geräuschlos und ohne Einsatz zusätzlicher Lichtquellen erfolgen. Weiter werde

---

[264] BVerfGE 57, 295, 319 f.; BVerfGE 73, 118, 152 ff.; BVerfGE 74, 297, 323 f.; BVerfGE 83, 238, 295 f.; BVerfGE 87, 181, 197 f.; BVerfGE 89, 144, 152; BVerfGE 90, 60, 88.

[265] BVerfGE 57, 295; BVerfGE 73, 118; BVerfGE 83, 238; BVerfGE 95, 220.

[266] BVerfGE 103, 44 ff. = BVerfG 1 BvR 2623/95 vom 24.01.2001.

[267] Kritisch zu diesem Urteil auch Hain, DÖV 2001, 589 ff.

[268] Vgl. hierzu ausführlich unten S. 75.

[269] Vgl. hierzu ausführlich unten C. IV. 4. d)

[270] Dabei handelte es sich um den so genannten Politbüro-Prozess.

zugesichert, dass das Signal und die Aufzeichnung aus dem Gerichtssaal im Rahmen einer so genannten Pool-Lösung und unter entsprechender Anwendung der Bestimmungen des Rundfunkstaatsvertrages zum Kurzberichterstattungsrecht jedem anderen zugelassenen Fernsehveranstalter auf Wunsch unmittelbar und gegen Ersatz der angemessenen Aufwendungen zur Verfügung stünden. Hilfsweise beantragte die Beschwerdeführerin, das Kamerateam unter den bezeichneten Bedingungen jedenfalls für einzelne Abschnitte der Verhandlung zuzulassen, nämlich die Verlesung der Anklageschrift, die Plädoyers der Staatsanwaltschaft und Verteidiger sowie die Urteilsverkündung oder zumindest einzelne dieser Verfahrensabschnitte.

In einem weiteren Verfahren vor dem BVerwG, dem so genannten Kruzifix-Verfahren, wurde ein Antrag der Beschwerdeführerin, Filmaufnahmen während der Gerichtsverhandlung, hilfsweise in Teilen dieser, zuzulassen, ebenfalls vom Vorsitzenden abgelehnt. Hiergegen hatte die Beschwerdeführerin in beiden Verfahren Verfassungsbeschwerde erhoben und den Erlass einer einstweiligen Anordnung beantragt. Beide Anträge wurden aber mit Beschluss vom 11. Januar 1996[271] und vom 16. April 1999[272] zurückgewiesen. Die ursprünglichen Verfahren wurden in der Zwischenzeit abgeschlossen. Die Beschwerdeführerin machte geltend, die Gerichtsöffentlichkeit sei in erster Linie als Medienöffentlichkeit zu verstehen; denn nur diese gewährleiste, dass die mit § 169 S. 1 GVG verfolgten Ziele in der heutigen Zeit erreicht werden können. Die Berichterstattung über Gerichtsverhandlungen ermögliche eine öffentliche Kontrolle der Rechtsprechung. Außerdem würden der Gesellschaft Rechtskenntnisse und Rechtsverständnis vermittelt. Zugleich werde die Akzeptanz der Rechtsprechung bei der Bevölkerung erhöht. Im Gegenzug könnten die Gerichte durch die mediale Begleitung ihrer Rechtsprechung erkennen, ob diese den aktuellen Einstellungen und Bedürfnissen der Gesellschaft entspricht. Hinzu komme ein seit In-Kraft-Treten von § 169 S. 2 GVG deutlich verändertes Verhältnis der Gesellschaft zum Fernsehen. Inzwischen seien eine weit gehende Vertrautheit mit diesem Medium und eine Gewöhnung an Fernsehberichterstattungen zu verzeichnen. Das Fernsehen erweise sich heute als die von der Bevölkerung vorwiegend genutzte Informationsquelle. Es sei daher nicht gerechtfertigt, die Funktion der Fernsehberichterstattung über Gerichtsverhandlungen allein darin zu sehen, die Sensationslust der Bevölkerung zu befriedigen. Das vorliegende Strafverfahren sei für die Öffentlichkeit von hohem Interesse und ohne weiteres als zeitgeschichtliches Ereignis einzustufen. Dem Persönlichkeitsrecht der Angeklagten sei demgegenüber im Ausgangsverfahren kein besonderes Gewicht beizumessen. Die Angeklagten seien teils als absolute, teils als relative

---

271 BVerfG (3. Kammer des Ersten Senats) Beschluss vom 11.01.1996 – 1 BvR 2623/95 = NJW 1996, 581 = NStZ 1996, 143.

272 BVerfG, 1 BvR 622/99 vom 16.4.1999, Absatz-Nr. (1 - 29), http://www.bverfg.de/ Abruf vom 03. Dezember 2004.

Personen der Zeitgeschichte anzusehen und hätten infolgedessen Aufnahmen ihrer Person hinzunehmen. Entsprechendes gelte für die am Verfahren beteiligten Richter, Staats- und Rechtsanwälte; sie seien bereits auf Grund ihrer Verfahrensbeteiligung relative Personen der Zeitgeschichte. Bei Richtern und Staatsanwälten komme hinzu, dass diese allgemein kein schutzwürdiges Interesse daran hätten, bei der Erfüllung öffentlicher Aufgaben unbeobachtet zu bleiben und nicht fotografiert oder gefilmt zu werden. Das Persönlichkeitsrecht von Zeugen, Angehörigen oder sonstigen Dritten sei nicht betroffen, da sich der Berichterstattungswunsch der Beschwerdeführerin auf solche Verfahrensabschnitte beschränke, in denen ausschließlich Personen der Zeitgeschichte auftreten. Ebenso wenig könne dem Interesse an einem störungsfreien Ablauf der Verhandlung entscheidendes Gewicht beigemessen werden.

bb) Die Entscheidung des Bundesverfassungsgerichts

Die Verfassungsbeschwerden blieben ohne Erfolg.

Die Verfassungsbeschwerden waren nach Ansicht des Senates unbegründet. Das BVerfG hatte dabei an seiner Grundsatzrechtsprechung zur Gerichtsberichterstattung festgehalten. Aus den umfangreichen Entscheidungsgründen wird überdies ersichtlich, wie gewissenhaft der Erste Senat die in der Literatur angestellten Erwägungen aufgegriffen und durchleuchtet hatte.

Einführend wird in dem Urteil festgestellt, dass § 169 S. 2 GVG und § 55 VwGO mit dem Verweis auf § 169 S. 2 GVG mit der Informations- und Rundfunkfreiheit aus Art. 5 Abs. 1 S. 1 und 2 GG in Verbindung mit dem Rechtsstaats- und Demokratieprinzip vereinbar sind. Es folgen allgemeine Ausführungen zur Rundfunkfreiheit aus Art 5 Abs. 1 GG.

Unter Art. 5 Abs.1 GG fällt auch die Informationsbeschaffung, jedoch nur im Rahmen einer bereits eröffneten Informationsquelle. Allerdings, so das BVerfG, folge weder aus Art. 5 Abs. 1 S. 1 GG noch aus Art. 5 Abs. 1 S. 2 GG ein Recht auf Eröffnung einer Informationsquelle. Grundrechtseingriffe seien deshalb nur möglich, wenn die Informationsquelle allgemein zugänglich gemacht wurde und auch dann nur im Umfang dieser Zugänglichmachung. Allgemein zugänglich sei eine Informationsquelle dann, wenn sie geeignet und bestimmt ist, der Allgemeinheit, also einem individuell nicht bestimmbaren Personenkreis, Informationen zu verschaffen. Über die Zugänglichmachung und die Art der Zugangsöffnung entscheide, wer nach der Rechtsordnung über ein entsprechendes Bestimmungsrecht verfüge. Dieses richte sich nach den allgemeinen Vorschriften und könne etwa Privatpersonen oder dem Staat zustehen. Im Falle eines Bestimmungsrecht des Staates könne dem Einzelnen ein gegen diesen gerichtetes Recht auf Zugang zustehen, wenn eine im staatlichen Verantwortungsbereich liegende Informationsquelle aufgrund rechtlicher Vorgaben zur öffentlichen Zugänglichkeit bestimmt sei, der Staat den Zugang aber verweigere. Allerdings, so betont das BVerfG, könnten Informationsquellen auch nur eingeschränkt eröffnet sein. In einem solchen Falle sei die einschränkende Norm dann verfassungsgemäß, wenn eine solche Beschränkung vom Recht zur Bestimmung des Zugangs gedeckt sei. Damit zeigt das Gericht, dass es hier von einer Ausgestaltung der Rundfunkfreiheit ausgeht. Eine zusätzliche Überprüfung anhand der Schrankenbestimmung des Art. 5 Abs. 2 GG entfalle dann. Eröffne das Verfassungsrecht aber einen weiteren, gar unbeschränkten Zugang, so könnten Grundrechtsträger ihr Recht auf Informations- beziehungsweise Rundfunkfreiheit geltend machen.

Nach Ansicht des Senates sind Gerichtsverhandlungen einschließlich der Verkündung der Entscheidung als Informationsquellen anzusehen, über deren öffentliche Zugänglichkeit der Gesetzgeber jedoch im Rahmen seiner Befugnis zur Ausgestaltung des Gerichtsverfahrens entschieden habe. Diese öffentliche Zugänglichkeit sei in § 169 GVG für die ordentliche Gerichtsbarkeit normiert, § 55 VwGO verweise für das verwaltungsgerichtliche Verfahren ebenfalls auf diesen Paragrafen. Durch S. 2 des § 169 GVG werde die Öffnung der Informationsquelle Gerichtsverhandlung auf die Saalöffentlichkeit beschränkt. Deswegen sei § 169 GVG nicht als Schrankengesetz im Sinne des Art. 5 Abs. 2 GG anzusehen. Allerdings reiche der Geltungsbereich nicht über die reine Verhandlungszeit hinaus und gelte damit nicht für die Zeit vor oder nach der Gerichtsverhandlung oder in den Pausen. Aus diesem Grund erfolge ein Einsatz von rundfunkspezifischen Aufnahme– und Verbreitungstechniken während dieser Zeiten im Schutzbereich der Rundfunkfreiheit. Dieser Informationszugang könne folglich nur durch Maßnahmen der Sitzungspolizei durch das Schrankengesetz des § 176 GVG ausgeschlossen werden. Dabei sei aber § 176 GVG als allgemeines Gesetz im Lichte der Rundfunkfreiheit auszulegen.

Der Senat sieht den Ausschluss von Ton– und Rundfunkaufnahmen nach einer anschaulichen und ausführlichen Begründung in beiden Verfahren als verfassungsgemäß und § 169 S. 2 GVG als insgesamt mit dem Grundgesetz vereinbar an. Der Gesetzgeber habe von seiner Befugnis, den Informationszugang auszugestalten, in nicht zu beanstandender Weise Gebrauch gemacht. Einhellig ist das Gericht der Auffassung, dass der Gesetzgeber nicht verpflichtet war, die Fernsehberichterstattung generell zu ermöglichen.

Zunächst stellt es auf die wichtige Stellung des Grundsatzes der Öffentlichkeit im Rechtssystem ab. Dieser Grundsatz sei geschichtlich begründet, habe einer Ausbreitung der Geheimjustiz vorbeugen sollen und vermittle dem Volk eine Rechtsposition. Zwar entspreche er dem allgemeinen Öffentlichkeitsprinzip der Demokratie, die eine Zugänglichkeit von Informationen zur öffentlichen Meinungsbildung gebiete und werde unter dem Grundgesetz vom Rechtsstaatsprinzip und durch Art. 6 Abs. 1 EMRK erfasst. Er treffe aber keine Aussage zu den Modalitäten, unter denen die Öffentlichkeit zugelassen werde. Daher seien gerade bei der Ausgestaltung der Gerichtsöffentlichkeit deren Funktion sowie unterschiedliche Interessen zu berücksichtigen. Vor allem, so wird herausgehoben, fänden Prozesse in der, aber nicht für die Öffentlichkeit statt.[273]

Festgestellt wird weiterhin, dass den Medien der Zugang zum Gerichtssaal nicht versperrt sei, da die Rundfunkjournalisten jederzeit an den Gerichtsverhandlungen teilnehmen und über sie berichten könnten. Damit werde der rechtsstaatlichen Komponente der Gerichtsöffentlichkeit Rechnung getragen, welche darauf abziele, die Einhaltung formellen und materiellen Rechts zu gewährleisten und zu diesem Zweck Einblicke in die Funktionsweise der Rechtsordnung zu gewährleisten, außerdem zu beurteilen, ob das Verhalten der Verfahrensbeteiligten angemessen sei. Um dies zu erfüllen bedürfe es aber keiner Medienöffentlichkeit, eine Saalöffentlichkeit sei hierfür völlig ausreichend. Aufgrund des förmlichen Ablaufs einer Gerichtsverhandlung bestehe wohl auch kein hohes Publikumsinteresse, weshalb den Interessen der Medien wohl eher mit Kurzberichterstattungen gedient wäre. Eine solche werde im Regelfall zusammengestellt, um die öffentliche Aufmerksamkeit auszulösen, was letztendlich Ziel der Medien sei.

Anschließend hat sich das BVerfG mit den Folgen des Aufnahmeverbots für den Zuschauer beschäftigt. Einerseits werde diesem durch ein Aufnahmeverbot die Möglichkeit genommen, die Verhandlung authentisch mitzuerleben. Damit werde insbesondere dem Fernsehen ein Darstellungsmittel verweigert, welches eine wesentliche Grundlage der ihm von der Mehrheit der Bevölkerung zugeschriebenen relativ hohen Glaubwürdigkeit sei. Denn vor allem durch das Fernsehen könnten realitätsferne Vorstellungen der Zuschauer über Gerichtsverhandlungen korrigiert werden, die sich durch „Gerichtsunterhaltungssendungen" eingeschlichen hätten. Andererseits sei trotz dieses hohen Glaubwürdigkeitsgrades nicht gesichert, dass eine Fernsehberichterstattung zu einer wirklichkeitsgetreuen Abbildung der Gerichtsverhandlungen führe, da in den Medien eine Bevorzugung des Sensationellen und das Bemühen zu finden seien, dem Berichtsgegenstand nur das Besondere oder gar Skandalöse zu entnehmen. Da die Normalität häufig nicht berichtenswert sei, bestehe die Gefahr der Selektivität bis hin zur Verfälschung.

Schließlich hat sich der Senat mit der Rechtfertigung des Verbots von Ton- und Fernseh-Rundfunkaufnahmen in Gerichtsverhandlungen auseinander gesetzt. Dieser Punkt der Entscheidung allerdings stellt einen dogmatischen Fehltritt des Gerichtes dar. Mit der Qualifizierung als Ausgestaltungsgesetz hätte es keiner Rechtfertigung im Sinne einer Abwägung bedurft.

Das Gericht führt aus, zunächst trage das Verbot den Belangen des Persönlichkeitsschutzes Rechnung. Dieser habe in Gerichtsverfahren eine herausragende, über den allgemeinen Schutzbedarf hinausgehende Bedeutung. Durch Schneiden

---

[273] BVerfG, 1 BvR 2623/95 vom 24.1.2001, Absatz-Nr. 71, http://www.bverfg.de/ Abruf vom 03.Dezember 2004.

oder sonstiges Bearbeiten der Aufnahmen könnten mögliche Veränderungen des Aussagegehalts und dadurch eine eventuelle Prangerwirkung bei der öffentlichen Darstellung für den Einzelnen eintreten. Beispielsweise könnte eine spätere Resozialisierung wegen einer nachhaltigen Erinnerung der Öffentlichkeit erschwert werden. Daher sei ein genereller Ausschluss von Aufnahmen und deren Verbreitung geboten, um solche Gefahren für das Recht auf informationelle Selbstbestimmung abzuwehren.

Weiterhin rechtfertigen nach Ansicht des Gerichts auch das Recht auf ein faires Verfahren und die Sicherung der Wahrheits- und Rechtsfindung einen Ausschluss von Aufnahmen im Gerichtssaal. Medienöffentlichkeit sei ein Aliud zur Saalöffentlichkeit.[274] Es bestünde die Gefahr, dass Angeklagte, Zeugen aber auch Richter und Staatsanwälte ihr Verhalten in Anwesenheit der Medien ändern könnten. Gerade bei intimen, peinlichen oder unehrenhaften Tatsachen sei zu befürchten, dass sich die Kameras unvorteilhaft auf das Aussageverhalten der Beteiligten auswirken könnten, was die Wahrheitsfindung erschweren würde. Außerdem könne auch der äußere Verfahrensablauf insbesondere durch Auf- und Abbauen von Kameras und Aufnahmegeräten negativ beeinflusst werden. Zwar seien auch so genannte „Pool-Lösungen" oder das Verbot von Nahaufnahmen möglich, es sei jedoch nicht sicher, ob die Beeinträchtigungen dadurch ausgeschlossen werden könnten.

Mehrheitlich ist der Senat der Auffassung, dass der Gesetzgeber nicht verpflichtet war, eine Ausnahmeregelung zu schaffen oder eine Zulassung von Ton– und Fernsehaufnahmen im Einzelfall vorzusehen. Eine Zulassung für einzelne Verfahrensarten oder –abschnitte sei zwar möglich, weil die Gefahren für den Persönlichkeitsschutz und die Verfahrensdurchführung nicht in allen Verfahren und allen Stadien des Verfahrens gleich seien. Ein gewisses Maß an Gefährdungen besteht nach Ansicht des BVerfG aber in allen Verfahren und Verfahrensabschnitten. Beispielhaft führt es hier die mögliche Erschwerung der Verhandlungsleitung durch Berücksichtigung der verfahrensfremden Medieninteressen, eine Rückwirkung der mündlichen Begründung auf die vorangegangene Verhandlung oder das veränderte Verhalten der Beteiligten bei Medienpräsenz an. Insbesondere wird betont, dass die konkreten Wirkungen nicht genau vorhergesehen werden und daher auch keine darauf abgestimmten Vorkehrungen getroffen werden könnten. Wegen dieser Schwierigkeiten sei der Gesetzgeber daher nicht verpflichtet gewesen, den für das Verfahren vor dem BVerfG nach § 17 a GVG eingeschlagenen Sonderweg auch auf andere Gerichtsbarkeiten und Gerichtszweige zu erstrecken. Die typischerweise bestehende Andersartigkeit verfassungsgerichtlicher Verfahren rechtfertige die hier bestehende Sonderregelung.

---

[274] BVerfG, 1 BvR 2623/95 vom 24. Januar 2001, Absatz-Nr. 82, http://www.bverfg.de/; Abruf vom 03. Dezember 2004.

Auch ist nach der mehrheitlichen Ansicht des Gerichts eine Schaffung von Ausnahmetatbeständen für Einzelfälle nicht geboten. Dies folge einmal aus dem Gestaltungsspielraum, der dem Gesetzgeber zukomme. Zum anderen gebe es keine klar abgrenzbaren Ausnahmefallgruppen. Schließlich bedeute die wiederholt geforderte Einführung von gesetzlichen Ausnahmen eine weitere Belastung in der Verfahrensdurchführung, die ohnehin bereits erhebliche Anforderungen an den Vorsitzenden stelle. So müssten über die Frage der Bewilligung einer Ausnahme Verfahrensbeteiligte angehört werden, wodurch nachfolgende gerichtliche Auseinandersetzungen nicht ausgeschlossen seien. Weiterhin sei bei publikumswirksamen Verfahren ein Druck der Medien auf das Gericht und die am Verfahren Beteiligten nicht ausgeschlossen. Der Verzicht auf eine konkrete Prüfung von Ausnahmen selbst bei Einwilligung der Beteiligten fördere dagegen die zügige Durchführung des Verfahrens und vermeide Diskussionen und Einzelfallentscheidungen, die häufig weniger zur Befriedigung beitragen könnten als klare gesetzliche Regelungen. Darüber hinaus sei fraglich, ob eine etwaige Einwilligung der Beteiligten stets freiwillig gegeben werde. Allerdings bestanden hinsichtlich dieses Punktes Meinungsverschiedenheiten innerhalb des Ersten Senates. Dies belegt das ausführliche Sondervotum von dreien der acht zur Entscheidung berufenen Verfassungsrichter. Diese vertreten die abweichende Meinung, dass der Gesetzgeber kraft objektiven Verfassungsrechts verpflichtet sei, eine über die Saalöffentlichkeit hinausgehende Medienöffentlichkeit in Einzelfällen – etwa bei Revisionsverfahren vor dem BVerwG – zu ermöglichen und nach angemessenen Differenzierungen zu suchen.[275] In einer sich zur Informationsgesellschaft hin entwickelnden Medienrealität sei auch eine Öffnung der Gerichtssäle für audiovisuelle Aufnahmen geboten. Der Gesetzgeber habe es bei der Schaffung des § 17 a BVerfGG im Jahre 1998 versäumt, auch die Besonderheiten des verwaltungsgerichtlichen Verfahrens, Erfahrungen aus dem Ausland und die Veränderungen im Medienbereich zu berücksichtigen. Zudem seien zwischenzeitliche mit § 17 a BVerfGG gewonnene Erfahrungen vom Gesetzgeber bisher nicht ausgewertet worden. Eine Öffnung dürfe nicht nur in atypischen und deshalb zu vernachlässigenden Sonderfällen erfolgen. Vielmehr sei eine solche vor allem in verwaltungsgerichtlichen Verfahren oder in Verfahrensabschnitten geboten, die auf den Prozess der Rechts- und Wahrheitsfindung keinen inhaltlichen Einfluss hätten. Um etwaigen Gefahren entgegenzuwirken, könnten etwa „live"-Aufnahmen generell ausgeschlossen werden. Allerdings sprechen sich auch diese Richter nicht für eine generelle Aufnahmeerlaubnis aus.

b) Würdigung des Urteils

Das Urteil des Bundesverfassungsgerichts gibt vor, dass zwischen Ausgestaltung und Beschränkung zu differenzieren ist. In dogmatischer Hinsicht aller-

---

[275] BVerfG, 1 BvR 2623/95 vom 24. Januar 2001, Absatz-Nr. 91, http://www.bverfg.de/ Abruf 03. Dezember 2004.

dings kann das Urteil nicht überzeugen. Unklar bleibt nicht nur, welche Kriterien heranzuziehen sind, wenn es darum geht, zwischen einer ausgestaltenden Norm und einer grundrechtseinschränkenden Norm zu unterscheiden. Auch die vorangegangen Urteile tragen nicht zur Erhellung der Frage bei. Dem geforderten staatlichen Organisationsvorbehalt kann nach den Vorgaben des Gerichts durch materielle, organisatorische und Verfahrensregelungen genüge getan werden.[276] Dem Gesetzgeber werde dabei ein weiter Gestaltungsspielraum zugebilligt.[277] Dieser sei erst überschritten, wenn der private Rundfunk Bedingungen unterworfen würde, die eine Veranstaltung von Rundfunk in hohem Maße erschweren, wenn nicht sogar ausschließen würden.[278] Weitere Abgrenzungskriterien postuliert das Gericht nicht.

Problematisch ist zudem, dass das Gericht anmerkt, die Informationsquelle könne zwar durch den Gesetzgeber eröffnet werden,[279] die Verfassungsmäßigkeit dieser einschränkenden Norm müsse aber danach beurteilt werden, ob eine solche Beschränkung vom Recht zur Bestimmung des Zugangs gedeckt sei.[280] Wenn aber die Eröffnung der Informationsquelle als Ausgestaltung der Gerichtsöffentlichkeit zu verstehen sein soll, da sie nicht, so das Gericht, zusätzlich an Art. 5 Abs. 2 GG zu messen sei, kann es sich gerade nicht gleichzeitig um eine Beschränkung handeln. Es dürfte konsequenter Weise nicht von einer Beschränkung gesprochen werden, sondern lediglich von der partiellen Eröffnung der Informationsquelle. Dogmatisch einwandfrei wäre es, die Zulässigkeit der nur partiellen Eröffnung der Informationsquelle, hier der Gerichtsverhandlung, anhand des Rechts zur Bestimmung des Zugangs zu bestimmen. Anzumerken ist weiter, dass das Gericht nicht klarmacht, ob es den ursprünglich für die Rundfunkfreiheit entwickelten Ausgestaltungsvorbehalt nun auch auf die Informationsfreiheit übertragen will. Es hätte hier vorrangig geprüft werden müssen, ob die partielle Zugänglichmachung der Gerichtsverhandlung eine Ausgestaltung der Rundfunkfreiheit ist oder diese beschränkt. Die Rundfunkfreiheit wäre in diesem Fall die speziellere Freiheit, mithin vorrangig vor der Informationsfreiheit zu prüfen gewesen.[281] Im Kern der Entscheidung geht es darum, die Zulässigkeit von Rundfunkaufnahmen in Verhandlungen bestimmen. Nicht überzeugen kann daher die Argumentation des Gerichts, dass nur die Nutzung rundfunksspezifischer Aufnahme- und Übertragungstechnik den Anwendungsbereich der Rundfunkfreiheit eröffne. Das es aber im vorliegenden Fall primär

---

[276] BVerfGE73, 118, 153.

[277] BVerfGE 57, 295, 321 f.; BVerfGE 73, 118, 153; BVerfGE 74, 297, 324; BVerfGE 83, 238, 296; BVerfGE 87, 181, 197 f.; BVerfGE 90, 60, 88; BVerfGE 95, 220, 236.

[278] BVerfGE 73, 118, 157; BVerfGE 83, 238, 297.

[279] BVerfGE 103, 44, 61.

[280] BVerfG, 1 BvR 622/99 vom 16. April1999, Absatz-Nr. 62, http://www.bverfg.de/ Abruf vom 03. Dezember 2004.

[281] So auch Hain, DÖV 2001, 589, 590 f.

um diese fernsehtypische Nutzung der Technik geht, verkennt das Gericht. Die Informationsfreiheit ist nicht vorrangig einschlägig, weil die Quelle grundsätzlich bereits eröffnet wurde und es somit auf den Erstzugang zu einer Informationsquelle gar nicht mehr ankommt. Die Gerichtsverhandlungen sind grundsätzlich zugänglich, nur in diesem speziellen Fall sollen Bildaufnahmen verweigert werden. Verfehlt ist es daher, darauf abzustellen, dass für den reinen Zugang der Medien zur Informationsquelle grundsätzlich nichts anderes als für den Bürger allgemein gelte.[282] Es überzeugt nicht, denn es soll rundfunkspezifische Technik zum Einsatz gebracht werden, um die laufende Verhandlung zu übertragen. Es kam n-tv gerade darauf an, den Prozess mediengerecht in Szene zu setzen. Weiter führt das Gericht aus, dass dem Fernsehen zwar die Möglichkeit genommen werde, den Eindruck der Authentizität und des Miterlebens zu erwecken und ihm dadurch das von der Bevölkerung geschätzte Darstellungsmittel verweigert werde. Damit sei eine realitätsgetreue Übertragung verwehrt. Andererseits sei bei Fernsehübertragung zu befürchten, dass der tatsächliche Ablauf einer Gerichtsverhandlung verfälscht dargestellt werden könnte, da auch hier eine Auswahl der zu zeigenden Informationen stattfinden müsse. Das Gericht scheint zu dem Ergebnis zu kommen, gar keine Übertragung sei das kleinere Übel verglichen mit einer potentiell verfälschten Übertragung.

Offen bleibt in der Entscheidung auch die Frage, warum § 169 Satz 2 GVG als Ausgestaltungsnorm zu verstehen sein soll. Festgestellt wird lediglich, dass es sich nicht um ein Schrankengesetz im Sinne des Art. 5 Abs. 2 GG handle.[283] Da aber, wie eben gezeigt, die Rundfunkfreiheit sehr wohl tangiert und nicht vorrangig die Informationsfreiheit einschlägig ist, kann es sich folgerichtig nur um eine Ausgestaltung der Rundunkfreiheit handeln. Eine Begründung, warum die Nichtzulassung von Filmaufnahmen eine Ausgestaltung und keine Beschränkung der Rundfunkfreiheit ist, bleibt das Gericht schuldig. Das Gericht führt lediglich aus, die Gerichtsöffentlichkeit sei ein Verfassungsgrundsatz und als solcher bedürfe er näherer Ausformung durch das Gesetz.[284] Der Gesetzgeber müsse bei der Ausgestaltung der Gerichtsöffentlichkeit deren Funktion sowie unterschiedliche Interessen berücksichtigen. Damit wird wieder ein dogmatischer Bruch innerhalb der Argumentationskette klar. Durch die vom Gericht vorgenommene Abwägung zwischen dem Interesse der Öffentlichkeit und dem Persönlichkeitsrecht der Angeklagten findet eine eigentliche Verhältnismäßigkeitsprüfung statt. Eine solche Güterabwägung kann aber nur dann eine Rolle spielen, wenn es um die verfassungsmäßige Rechtfertigung eines Eingriffs in ein geschütztes Rechtsgut geht. Das ist anzunehmen, wenn dem betroffenen Rechtsgut ein in diesem Fall höher zu bewertendes Gut gegenübersteht. Bei einer bloßen Ausgestaltung hingegen kommt es auf eine Güterabwägung nicht an. Die

---

[282] BVerfGE 103, 44, 59.

[283] BVerfGE 103, 44, 62.

[284] BVerfGE 103, 44, 64.

Ausgestaltung verhilft nämlich dem Grundrecht erst zur Wirksamkeit. Sie betrifft die Gewährleistungsebene des Grundrechts, also den Inhalt dessen, was durch die Rundfunkfreiheit garantiert ist. Dies hat zur Folge, dass bei fehlender Ausgestaltung eine Freiheitsentfaltung gar nicht möglich ist. Erst die gesetzliche Normierung erlaubt die Freiheitsbetätigung im konstitutionell verankerten Bereich. Die Rechtfertigung für die Notwendigkeit gesetzlicher Normierung ergibt sich nicht aus kollidierenden Verfassungsgütern, sondern liegt in der besonderen Funktion der Rundfunkfreiheit als dienende Freiheit.[285]

Zusammenfassend lässt sich festhalten, dass auch die Entscheidung des Bundesverfassungsgerichts kein Licht ins Dunkel der Abgrenzung zwischen Ausgestaltungsnorm und Schrankengesetz bringt. Hier bedarf es klarer Kriterien, da der spezifische Ausgestaltungsvorbehalt der Rundfunkfreiheit von erheblicher Bedeutung nicht nur aus Sicht des Grundrechtsträgers ist.[286]

3. Meinungsstand in der Literatur

Die Auffassung des Bundesverfassungsgerichts zur Existenz der Ausgestaltungsgesetze ist nicht kritiklos hingenommen worden. Die Vertreter der ablehnenden Auffassung halten eine Unterscheidung zwischen Ausgestaltungsgesetzen und Eingriffen in den grundrechtlich verbürgten Schutzbereich für nicht mit den Grundprinzipien der Verfassung vereinbar. Die Argumente für und gegen die Dogmatik des Bundesverfassungsgerichts der in der Literatur vertretenen Hauptströmungen werden nachfolgend dargestellt.

a) Ablehnung der Dogmatik des BVerfG

Wie bereits erwähnt, ist die Rechtsprechung des Bundesverfassungsgerichts auf massive Kritik gestoßen. Dem Gericht wird vorgeworfen, gegen die bestehende Grundrechtsdogmatik zu verstoßen und den liberalen Gedanken der Grundrechte als klassische Abwehrrechte zu missachten.[287] Auch von einer Ebenenverwechslung bei der Idee der Grundrechtsausgestaltung wird ausgegangen.[288] Auf einige

---

[285] So auch Gersdorf, Grundzüge des Rundfunkrechts, Rdnr. 74.

[286] Dazu unten C. IV. 4.

[287] Kritiker des Bundesverfassungsgerichts in Hinblick auf die Ausgestaltungsgesetze sind insbesondere: Hain, Rundfunkfreiheit und Rundfunkordnung, S. 118 ff; ders. Wirtschaftsrechtliche oder medienrechtliche Steuerung der Medien im Zeitalter der Konvergenz?, S. 15; Fink, DöV 1992, 805 ff.; Pestalozza, NJW 1981, 2158 ff.; Kull, AfP 1987, 365 ff.; ders. in: Festschrift für Peter Lerche, S. 663 ff.; Scholz, JZ 1981, 561 ff.; Kübler in: Festschrift für Peter Lerche, 649 ff.; Ossenbühl, NJW 1976, 2100, 2103, 2106; Ipsen, Staatsrecht II, S. 129, Rdnr. 429. Aber auch Braml, Teleshopping, S. 95 und 97, sieht die zulässigen Grenzen in dem vom Bundesverfassungsgericht entwickelten umfassenden Ausgestaltungsrecht überschritten und bezweifelt die überragende Bedeutung, die das Gericht dem objektivrechtlichen Gehalt der Rundfunkfreiheit beimisst.

[288] Siehe hierzu Hain, JZ 2005, 939.

Vertreter dieser Auffassung und deren Argumentationsmodelle soll hier eingegangen werden.

aa) Pestalozza

Pestalozza stellt in erster Linie auf das Wortlautargument ab.[289] Die Verfassung sehe es ausdrücklich vor, wenn sie dem Gesetzgeber einen Ausgestaltungsspielraum zuerkennen wolle. Das sei aber gerade bei Art. 5 GG, im Gegensatz zu anderen Grundrechten, nicht geschehen. Die Reichweite der Ausgestaltungsbefugnisse ergebe sich aber aus dem entsprechenden Grundrecht selbst. Also entscheide der spezielle Gesetzesvorbehalt über die gesetzgeberische Befugnis, Grundrechte auszugestalten und zu begrenzen. Diese Befugnis setze bereits eine Reglungsbefugnis im Sinne einer Kompetenz voraus und dürfe sie nicht erweitern. Im Rahmen des Art. 5 Abs. 2 GG seien zwar staatliche Reglungskompetenzen vorgesehen, aber auch nur dort. Was Art. 5 GG dem Staat nicht erlaube, könne somit auch nicht über Ausgestaltungsregeln erlaubt werden. Durch die Zubilligung einer Ausgestaltungskompetenz durch das Bundesverfassungsgericht werde ohne Anhalt im Verfassungstext die Schrankensystematik des Art. 5 Abs. 2 GG verkehrt. Wolle man die Rundfunklandschaft nicht unreglementiert lassen, gehe das nur über eine Reduktion des Schutzbereichs auf den Wortlaut „ Berichterstattung durch Rundfunk". Werde aber der Grundrechtscharakter ernst genommen, dürfe man sich nicht vor dem freien Spiel der Kräfte scheuen und den Versuch einer offensichtlich unreglementierten Rundfunkfreiheit zu unterbinden versuchen. Der kompetenzbegründende „Super-Gesetzesvorbehalt" schließe den Grundrechtsträger nach Belieben des Gesetzgebers aus dem Anwendungsbereich des Grundrechts aus. Das widerspreche der Systematik, die dem Gesetzgeber die Schrankengestaltung erlaubt, nicht jedoch das Grundrecht selbst eröffne. Ehe man den Bürger mit Organisationsmonopolen vor Meinungsmonopolen schütze, müsse die Gefahr zumindest erst erwiesen sein. Hier werde der Gesetzgeber zu beliebiger Prävention bei dem für die Demokratie schlechthin konstituierenden Grundrecht ermächtigt.

Pestalozza stellt damit den Wortlaut der Verfassung in den Mittelpunkt und betrachtet die Rundfunkfreiheit in rein klassisch-liberaler Weise, wonach das Ziel eines Grundrechts und der Normgehalt des Art. 5 GG zu Lasten der Grundrechtsträger verkehrt würden. Zugegeben sei hier, dass eine ausdrückliche Ausgestaltungskompetenz dem reinen Wortlaut des Art. 5 GG nicht entnommen werden kann.[290] Das schließt aber eine solche nicht aus, wie noch zu zeigen sein wird.

---

[289] Pestalozza, NJW 1981, 2158 ff.

[290] So auch Hain, Rundfunkfreiheit und Rundfunkordnung, S. 31, der darauf abstellt, dass auch andere Bestimmungen des Grundrechtsteils eine ähnliche Textfassung aufweisen, wie etwa Art. 4 Abs. 2 GG und Art. 7 Abs. 4 S. 1 GG. A.A. Hoffmann-Riem, der im Wortlaut „wird gewährleistet" die besondere Verankerung der Ausgestaltungsbefugnis

bb) Scholz

Nach Auffassung von Scholz ist die Argumentation hinsichtlich der Ausgestaltungsgesetze zu Art. 5 GG durchaus vergleichbar mit der Situation der Studienplatzvergabe und des Numerus clausus.[291] Hier wie dort würden knappe Ressourcen vergeben. Allerdings ende die Fundierung dieses Gesetzesvorbehalts dann, wenn die Mangelsituation wegfalle.[292] Die geforderten Organisationsgesetze seien nur dann statthaft, wenn sie prinzipiell begünstigenden Charakter hätten. Auch der Argumentationsstrang des Bundesverfassungsgerichts im Sinne einer Kollisionslösung könne nur insoweit herangezogen werden, als sich die Kollisionslösung auf der Ebene der entsprechenden Grundrechtsausübung befinde. Damit könne indes nicht gerechtfertigt werden, auf einer Ebene grundrechtseinschränkende Regelungen zu treffen, die der Ebene der Grundrechtsausübung vorgelagert ist - nämlich der Grundrechtsgewährleistung selbst.[293] Zwar seien Kollisionslösungen stets einschränkend im Sinne eines verhältnismäßigen Ausgleichs, aber niemals könne eine solche Kollisionsregelung dazu führen, dass einer Seite von vorne herein die Möglichkeit der Grundrechtsgewährung genommen würde. Dadurch bestünde die Rundfunkfreiheit nur noch nach Maßgabe des Gesetzes. Damit spielt er darauf an, dass die privaten Rundfunkveranstalter nur mir einer gesetzlichen Zulassung tätig werden dürfen. Diese Tatsache indes stellt keinen Ausschluss der Grundrechtsgewährung dar, sondern im Gegenteil die Konkretisierung der Rundfunkfreiheit. Warum Organisationsgesetze zwangsläufig begünstigend sein müssen, bleibt unklar. Eine zulässige Ausgestaltung ermöglicht gerade erst die Betätigung im Freiheitsbereich und kann somit durchaus auch belastende Momente haben. Dabei ist unter Belastung die tatsächliche Beschwer eines Rundfunkveranstalters zu verstehen, nicht eine Belastung im Sinne eines Grundrechtseingriffs.

cc) Kull

Kull sieht das Problem darin, dass ausgestaltende Regelungen durchaus die Substanz der Menschen- und Bürgerrechte verletzen können und wirft dem Bundesverfassungsgericht vor, durch das vierte Fernsehurteil den „Grundrechtsschwur im Mitbestimmungsurteil" gebrochen zu haben.[294] Die fehlende Anerkennung der individualrechtlichen Komponente der Rundfunkfreiheit stelle einen Anachronismus dar, der imstande sei, die Entwicklung der Rundfunkordnung nach-

---

sieht. Hoffmann-Riem, Kommunikationsfreiheiten, S. 205, 6.5.1, Ziffer 175. Siehe hierzu unten C. IV. 3. b)

291 Scholz, JZ 1981, 561, 566.

292 A.A. Hoffmann-Riem, Regulierung der dualen Rundfunkordnung, S. 92. Er vertritt, dass die spezifische Rundfunkregulierung nie mit der Knappheit technischer Übertragungsmöglichkeiten als solcher oder mit dem Ziel der Vermeidung des Chaos im Äther begründet worden sei, sondern mit andersartigen, rundfunkspezifischen Vielfaltszielen.

293 Scholz, JZ 1981, 561, 566.

294 Kull, AfP 1987, 365, 366.

haltig zu vereiteln. In Form der Ausgestaltungsgesetze habe man dem Landesgesetzgeber normativ schrankenlose Macht zugebilligt. Die Schrankenregelung des Art. 5 Abs. 2 GG, die einst als Bollwerk zum Schutz der Kommunikationsfreiheiten gedacht gewesen wäre, sei zudem durch die Rechtsprechung des Bundesverfassungsgerichts ausgehöhlt worden. Nicht allgemeine Gesetze würden nur dann als solche anerkannt, wenn sie gegen eine Meinung als solche verstoßen würden, was aber in einem freiheitlichen Staat kaum vorkommen dürfte. Die institutionelle Betrachtungsweise des Bundesverfassungsgerichts sei erdrückend.

dd) Engel

Engel wirft dem Bundesverfassungsgericht vor, sich zum Präzeptor des Gesetzgebers aufgeschwungen zu haben und setzt damit seine Kritik thematisch an der Gewaltenteilung an.[295] Erst durch die These des doppelten Ausgestaltungsvorbehaltes sei es gelungen, dem Gesetzgeber dezidiert vorzugeben, wie er die Rundfunkveranstalter zu belasten habe. Das sei mit dem einfachen Abwehrrecht nicht möglich, denn damit könnten nur einzelne Regelungen angegangen werden, die der Gesetzgeber bereits getroffen habe. Zudem müssten diese Regelungen den Rundfunkveranstalter übermäßig belasten und der Rechtstreit erst einmal an das Gericht herangetragen werden. Zwar seien die Grenzen zwischen Rechtsanwendung und Rechtsschöpfung im Verfassungsrecht nicht immer leicht zu ziehen, aber nirgends habe das Bundesverfassungsgericht den Gesetzgeber so offensichtlich „entmannt“ wie im Rundfunkrecht.[296] Auch in dogmatischer Hinsicht kritisiert Engel die Auslegung des Bundesverfassungsgerichts und wirft ihr vor, die Grundrechtsdogmatik zu sprengen. Das Grundrecht werde nicht zum „Funktionsgrundrecht“ erweitert, sondern beseitigt. Durch die fehlende Anerkennung eines Eingriffs in den Schutzbereich der Rundfunkfreiheit gehe die klärende Wirkung des Übermaßverbotes verloren. Zugleich zerschneide das Gericht mit dieser Auslegung die Bande zur Europäischen Menschenrechtskonvention, die die Rundfunkfreiheit als Teil der Meinungsfreiheit schütze und damit als klassisches Abwehrrecht sehe. Damit werde die Tendenz des Bundesverfassungsgerichts, Divergenzen zwischen dem deutschen Recht und dem gleichermaßen geltenden Recht der EMRK zu vermeiden, aufgegeben. Zudem kritisiert Engel die mangelnde Vorhersehbarkeit eines rundfunkpolitisch notwendigen Ausgestaltungsvorbehaltes. Es handle sich bei diesem Modell um eine statische Form der Meinungsplanwirtschaft, die dem freien ökonomischen Markt unterlegen wäre, weil publizistische Macht nicht wirksam kontrolliert und die Trennung von Staat und Gesellschaft aufgehoben werde.

---

[295] Engel, AfP 1994, 185, 186.

[296] Engel, AfP 1994, 185, 186.

ee) Fink

Auch Fink kritisiert die Auswirkungen der Bundesverfassungsgerichtsrechtsprechung auf die Dogmatik der Rundfunkfreiheit.[297] Er stellt maßgeblich auf das den Grundrechten und der Verfassung zugrunde liegende liberale Verständnis ab und betont, dass der liberalstaatliche Freiheitsbegriff in den Vorstellungen der Karlsruher Richter zur Rundfunkfreiheit keinen Platz mehr habe. Das Bundesverfassungsgericht habe seit dem Lüth-Urteil immer wieder betont, dass die Grundrechte ihrer Geschichte nach in erster Linie individuelle Menschenrechte seien und die Funktion der Grundrechte als objektive Prinzipien in der prinzipiellen Verstärkung ihrer Geltungskraft bestünde, ihre Wurzeln jedoch in dieser primären Bedeutung hat. Dieses Freiheitsprinzip müsse dann aber im Sinne inhaltlicher Beliebigkeit und werthafter Unbegrenztheit verstanden werden.[298] Nur so könne wirksam gewährleistet werden, dass der von legitimen Einwirkungen Dritter nicht zu erfassende Bereich individueller Entfaltung, der Schutzbereich jedes Grundrechts, frei von hoheitlicher Reglementierung bliebe. Jede inhaltliche Anforderung an den Freiheitsbereich eines Individuums gebe dem Gesetzgeber die Möglichkeit, zu definieren, bei welcher Grundrechtsausübung es sich um eine wertvolle Betätigung handle. Damit laufe der abwehrrechtliche Charakter des Grundrechts leer. Besonders deutliche zeige sich das bei Ausgestaltungsregelungen zur Rundfunkfreiheit, die gemäß „den persönlichen Vorstellungen der Richter" über einen gesellschaftspolitisch wichtigen Rundfunk wachen sollen. Dabei bliebe für eine eigenständige Entfaltung des Grundrechtsträgers kein Raum mehr.

Die dienende Funktion der Rundfunkfreiheit realisiere sich aber nur dadurch, dass man ihren Träger in einem unreglementierten Wettbewerb zur Entfaltung kommen ließe. Zu Recht betont Fink, dass man dabei nicht den aufgrund der Zugangshürden zum Rundfunk privilegierten Veranstalterkreis aus den Augen verlieren dürfe. Daher sei sehr wohl eine staatliche Verwaltung und Kontrolle unerlässlich. Es dürfe jedoch immer nur an von außen an das Grundrecht greifende Schrankenregelungen im Sinne des Art. 5 Abs. 2 GG gedacht werden, die aber einen unantastbaren Kernbereich inhaltlicher Gestaltungsfreiheit respektieren müssten.

b) Anerkennung der Ausgestaltungsgesetze

Demgegenüber erkennt eine Vielzahl von Vertretern aus der Literatur die Ausgestaltungsbedürftigkeit und damit die Vorgaben des Bundesverfassungsgerichts für die Rundfunkfreiheit an.[299]

---

[297] Fink, DöV 1992, 805 ff.

[298] Fink, DöV 1992, 805, 812.

[299] Hesse, Grundzüge des Verfassungsrechts, Rdnr. 303; Rossen, Freie Meinungsbildung durch den Rundfunk, S. 285 ff.; Schulze-Fielitz in: Dreier, Grundgesetz Kommentar, Art. 5 Rdnr. 107; Bethge in: Festschrift für Rudolf, S. 407 f.; Ruck, AöR 1992, 542 ff.; Ossen-

Hesse etwa sieht die Notwendigkeit besonderer Vorkehrungen zum Schutz der Rundfunkfreiheit darin, dass der Rundfunk vor staatlicher Beeinflussung und Beherrschung geschützt werden müsse. Es gehe darum, vorherrschende Meinungsmacht zu verhindern und die Breite der vorhandenen Meinungen darzustellen.[300] Nur so könne eine umfassende Information gesichert werden. Die Ausgestaltung, die dem Grundrecht erst zur Wirksamkeit verhelfe, sei Aufgabe des Gesetzgebers.[301] Auch Jarass/Pieroth sind der Auffassung, der objektiv rechtliche Gehalt der Rundfunkfreiheit verpflichte den Staat zur Ausgestaltung. Diese Normen könnten den einzelnen Veranstalter auch belasten, aber dennoch seien sie nicht am Maßstab des Art. 5 Abs. 2 GG zu messen.[302] Es seien materielle, verfahrensrechtliche und organisatorische Regelungen notwendig, die an der Aufgabe der Rundfunkfreiheit orientiert und deshalb geeignet wären, zu bewirken, was Art. 5 Abs. 1 GG gewährleisten wolle.

Nach Gersdorf weist die Rundfunkfreiheit zwei Anomalien auf, die strikt voneinander zu trennen sind: zum einen die dienende Funktion und zum anderen den vom Bundesverfassungsgericht vorgegebenen Ausgestaltungsvorbehalt.[303] Jedoch sei der Ausgestaltungsvorbehalt, obwohl er in engem Zusammenhang zur dienenden Funktion stehe, keine sachlogische Notwendigkeit. Auch die Pressefreiheit erfülle eine dienende Funktion, biete jedoch aufgrund der historischen Entwicklung ein durch Außenpluralität gesichertes Bouquet an unterschiedlichen Meinungen. Einen Ausgestaltungsvorbehalt gebe es hier indes nicht. Zwar sei nicht zu erwarten, dass das Bundesverfassungsgericht davon abweichen werde, dem Rundfunk eine dienende Funktion zuzusprechen, allerdings sei zu beachten, dass der Ausgestaltungsvorbehalt nur unter Zugrundelegung der tatsächlichen Sach- und Lebensverhältnisse maßvoll regelbar sei.[304] Aber dennoch seien die Regelungen, welche die dienende Funktion des Rundfunks absichern und zu gewährleisten suchten, keine Grundrechtsbeschränkungen, die am Maßstab des Art. 5 Abs. 2 GG zu messen wären.[305]

---

bühl, Die Rundfunkfreiheit und die Finanzautonomie des Deutschlandfunks, S. 8 f.; vermittelnd: Dörr in: Eberle/Rudolf/Wasserburg (Hrsg.), Mainzer Rechtshandbuch der Neuen Medien, S. 117, Rdnr. 89; Hesse, Rundfunkrecht, Rdnr. 46; Gersdorf, Grundzüge des Rundfunkrechts, Rdnr. 70, Gersdorf, Rundfunkfreiheit ohne Ausgestaltungsvorbehalt, S. 32.

300 Hesse, Grundzüge des Verfassungsrechts, Rdnr. 396.

301 Hesse, Grundzüge des Verfassungsrechts, Rdnr. 303.

302 Jarass/Pieroth, GG, Rdnr. 44 zu Art. 5.

303 Gersdorf, Grundzüge des Rundfunkrechts, Rdnr. 70.

304 Gersdorf, Grundzüge des Rundfunkrechts, Rdnr. 71; ders. in: Eberle/Rudolf/Wasserburg (Hrsg.), Mainzer Rechtshandbuch der Neuen Medien, S. 89, Rdnr. 17.

305 Gersdorf, Rundfunkfreiheit ohne Ausgestaltungsvorbehalt, S. 32 f.

Hoffmann-Riem vertritt, dass die Verankerung des Ausgestaltungsvorbehalts im Wortlaut des Art. 5 Abs. 1 Satz 2 GG zu finden sei.[306] Danach werde die Berichterstattung durch den Rundfunk gewährleistet. Dieser Gewährleistungsauftrag richte sich an den Staat und erlege ihm auf, geeignete Rahmenbedingungen für die Kommunikation mittels Rundfunk zu schaffen.[307] Davon erfasst sei auch die Einrichtung einer Kommunikationsverfassung, die durch materielle, organisatorische und Verfahrensregeln sicherstelle, dass die Vielfalt der Meinungen im Rundfunkprogramm berücksichtigt werde. Die Ausgestaltungskompetenz des Gesetzgebers werde darüber hinaus auch durch den Genehmigungsvorbehalt des Art. 10 Abs. 1 Satz 3 EMRK anerkannt.[308]

c) Vermittelnde Ansicht

Eine vermittelnde Ansicht erkennt an, dass die mit dem Rundfunk verbundenen Gefahren durch gesetzliche Regelungen bekämpft werden müssten. Das müsste durch solche Regelungen geschehen, die den Anforderungen des Art. 5 Abs. 2 GG entsprächen. Rundfunkorganisatorische Vorgaben des Gesetzgebers seien nach dem Verhältnismäßigkeitsprinzip zu beurteilen, dürften mithin den Rundfunkveranstalter nicht mehr als nötig belasten.[309] Zusammengefasst lässt sich sagen, dass diese Auffassung Maßnahmen zur Sicherung der Rundfunklandschaft nur für zulässig im Rahmen der Rechtmäßigkeit beschränkender Gesetze hält. Demnach sollen Ausgestaltungsgesetze nur zulässig sein, wenn sie der Schrankenbestimmung des Art. 5 Abs. 2 GG standhalten können, mithin allgemeine Gesetze sind, die geeignet, erforderlich und verhältnismäßig im engeren Sinn sind.

Erwähnenswerte Ausführungen in diesem Zusammenhang macht Cornils in seiner jüngst veröffentlichen Schrift. Er kritisiert zunächst die bestehenden Ausgestaltungstheorien und zeigt angebliche Inkonsistenzen der Lehren auf. Er führt an, dass die Rechtssprechung zuverlässige Abgrenzungskriterien zwischen Ausgestaltungsnomen und Eingriffsgesetzen nicht bereitgestellt habe.[310] Auch die von Bethge bereits 1983 als „ungemein schwierige Aufgabe“ erkannte Problematik der Abgrenzung habe nicht dazu geführt, dass die Literatur ausreichende Antworten gegeben hätte.[311] Er spricht von einem tief greifenden Missverständ-

---

306 A.A. Hain, Rundfunkfreiheit und Rundfunkordnung, S. 31, der darauf abstellt, dass auch andere Bestimmungen des Grundrechtsteils eine ähnliche Textfassung aufweisen, wie etwa Art. 4 Abs. 2 GG und Art. 7 Abs. 4 S. 1 GG.

307 Hoffmann-Riem, Kommunikationsfreiheiten, S. 205, 6.5.1 Ziffer 175.

308 Hoffmann-Riem in AK-GG, Art. 5 GG, Rdnr. 137.

309 von Mangold/Klein/Starck, Das Bonner Grundgesetz, Kommentar, Art. 5, Rdnr. 68 a.E.; tendenziell wohl auch Dörr, Programmvielfalt im öffentlich-rechtlichen Rundfunk durch funktionsgerechte Finanzausstattung, S. 43.

310 Cornils, Die Ausgestaltung der Grundrechte, S. 96.

311 Cornils, Die Ausgestaltung der Grundrechte, S. 96.

nis vom Verhältnis der real existierenden Freiheiten zu denen, die grundrechtlich normiert wurden.[312]

Trotz dieser Kritik kommt Cornils zu dem Ergebnis, dass die These der Exklusivität von Eingriff und Ausgestaltung abzulehnen sei. Ausgestaltungsgesetze, die sich auf einen grundrechtlichen Ausgestaltungsauftrag stützen könnten, seien, sofern sie die grundrechtlich gewährleistete negative Freiheit einschränkten, auch als Eingriffe zu sehen und unterlägen den Anforderungen an die Verhältnismäßigkeit.[313] Er hält somit letztlich an der Rechtsfigur der Ausgestaltungsgesetze fest.

d) Stellungnahme

Eine dogmatisch völlig unangreifbare Herleitung des Ausgestaltungsvorbehaltes in Art. 5 GG scheint auf den ersten Blick nicht möglich zu sein, denn auch das Bundesverfassungsgericht prüft nicht immer stringent nach den eigens vorgegebenen Maßstäben. Trotz der Feststellung, dass es sich bei einer Regelung um eine Ausgestaltung handle, nimmt das Gericht anschließend eine Abwägung zwischen den widerstreitenden Rechtsgütern vor.[314] Eine solche Abwägung wäre indes aber nur im Rahmen der Verhältnismäßigkeitsprüfung eines Schrankengesetzes möglich. Damit ist jedoch nicht ohne weiteres davon auszugehen, dass die Rechtsfigur der Ausgestaltungsgesetze eine unhaltbare Konstellation des Bundesverfassungsgerichtes ist. Es sei an dieser Stelle aber vorweggeschickt, dass die Anerkennung einer Ausgestaltungsnotwendigkeit nicht gleichzusetzen ist mit einem Freibrief an den Gesetzgeber, die Rundfunkfreiheit nach Belieben zu verformen. Lediglich eine Konturierung der Rundfunkfreiheit kann damit gemeint sein.

Die Rechtfertigung der Ausgestaltungsgesetze findet ihre Begründung an anderer Stelle, nämlich in der Funktion der Rundfunkfreiheit. Mit dem Institut der Ausgestaltungsgesetze soll gewährleistet werden, dass der Rundfunk sich in der modernen Gesellschaft ebenso weiterentwickeln kann, wie das seine Rezipienten tun. Er muss formbar sein und Reglungen unterliegen, die sicherstellen, dass er nicht nur dem Markt und dem Konsum angepasst wird. Meinungsvielfalt und Pluralität stellen Werte dar, die in diesen Ausgestaltungsregelungen zum Ausdruck kommen.

Die rein klassisch-liberale Sicht der Grundrechte als Abwehrrechte des Grundrechtsträgers übersieht, dass sich die Ausgestaltung eines grundrechtlich verbürgten Freiheitsbereiches keineswegs zwingend freiheitsbeschränkend auswirken muss. Das Gegenteil ist bei der Rundfunkfreiheit der Fall, denn nur aufgrund der überragend wichtigen Position, die der Meinungsaustausch via

[312] Cornils, Die Ausgestaltung der Grundrechte, S. 194.

[313] Cornils, Die Ausgestaltung der Grundrechte, S. 676.

[314] BVerfGE 103, 44 = NJW 2001, S. 1633.

Rundfunk innehat, genießt der Träger der Rundfunkfreiheit besonderen Schutz.[315] Der Kritik, dass damit die bestehende Grundrechtsdogmatik aufgegeben werde, kann nicht gefolgt werden. Das Grundgesetz kennt durchaus ausgestaltungsbedürftige Grundrechte. Zu denken ist hier nur an das Grundrecht auf Eigentum. Der Verfassungsgeber hat dort sogar einen ausdrücklichen Auftrag zum Tätigwerden formuliert. Anerkannt ist auch, dass geeignete Grundlagen zur Ausgestaltung bei solchen Grundrechten zu finden sind, die ohne gesetzliche Ausgestaltung nicht wirksam werden können, wie etwa Ehe, Vereine, Gesellschaften oder Erbrecht.[316] Dazu gehört auch die Rundfunkfreiheit insoweit, wie sie zur Sicherung eines breit gefächerten und qualitativ anspruchsvollen Meinungsangebotes notwendig ist.

Zudem wird von den Kritikern verkannt, wie die Rundfunkfreiheit im Gesamtgefüge der Grundrechte zu werten ist. Sinn und Zweck der Rundfunkfreiheit ist vorrangig die Aufrechterhaltung eines Meinungsaustausches und nicht – wie bei anderen Freiheitsrechten – der Anspruch des Individuums auf Selbstverwirklichung.[317] Gerade in einer schnelllebigen und konsumorientierten Gesellschaft wie der unseren muss gesichert werden, dass vielfältige und qualitativ hochwertige Informationen an den Rezipienten herangebracht werden können. Um dieser Vielfaltssicherung willen bedarf es einer gesetzgeberischen Ausgestaltung, die sich an dem Erhalt einer funktionstüchtigen Medienlandschaft orientiert. Dabei darf neben dem Aspekt der Pluralität auch die Qualitätssicherung eine Rolle spielen. Gemeint ist damit, dass Ausgestaltungsregelungen grundsätzlich in der Lage sein können, den Freiheitsbereich, den sie konstituieren, auch detailliert zu beschreiben. Freilich dürfen dabei die Grenzen einer zulässigen Ausgestaltung nicht verwischt werden.[318] Geschieht das dennoch, handelt es sich um fehlgeschlagene Ausgestaltungen, die dann als Schrankengesetze zu qualifizieren und anhand anderer Kriterien zu messen sind, nämlich anhand der Vorgaben des Art. 5 Abs. 2 GG. [319]

Darüber hinaus kann mit Hoffmann-Riem davon ausgegangen werden, dass sich die Auslegung einer Verfassungsnorm nicht am exakten Wortlaut erschöpft. In Art. 5 Abs. 1 sieht der Wortlaut nicht ausdrücklich die Ausgestaltungsmöglichkeit durch den Gesetzgeber vor. Dennoch wird durch den Gewährleistungsauftrag der Gesetzgeber verpflichtet, besonders wirksame Rahmenbedingungen zu

---

315 So auch Eberle/Gersdorf, Der grenzüberschreitende Rundfunk im deutschen Recht, S.34; Hoffmann-Riem, Kommunikationsfreiheiten, S. 35; Gersdorf, Rundfunkfreiheit ohne Ausgestaltungsvorbehalt, S. 32.

316 Stern, Staatsrecht, Bd III/1, S. 1301; Braml, Das Teleshopping und die Rundfunkfreiheit, S. 93.

317 So auch Schulze-Fielitz in: Dreier, Grundgesetz Kommentar, Art. 5 Rdnr. 107, der sogar von berechtigten Bedenken gegen die Rundfunkfreiheit als Individualgrundrecht spricht.

318 Siehe hierzu gleich unten C. IV. 4. d)

319 So im Ergebnis wohl auch Cornils, Die Ausgestaltung der Grundrechte, S. 676.

schaffen. Er muss sicherstellen, dass er seinen Gewährleistungsauftrag erfüllt, in dem er eine notwendige Ordnung schafft, die sich an den Grundanforderungen einer funktionierenden Kommunikationslandschaft messen lassen muss. Zugegeben sei den Gegnern eines Ausgestaltungsvorbehalts, dass eine hohe Gefahr besteht, den Kernbereich der freiheitlichen Grundrechtsausübung durch vermeintliche Ausgestaltungen einzuschränken. Diese Gefahr erkennen auch die Befürworter einer am Zweck der Rundfunkfreiheit orientierten Ausgestaltung. Es wird darauf hingewiesen und kritisiert, dass eine zu extensive Ausweitung des Ausgestaltungsvorbehaltes zu vermeiden sei.[320] Dieser Einwand ist bei verständiger Würdigung gut nachvollziehbar. Der Ausgestaltungsvorbehalt kann nur dann verfassungsgemäß sein, wenn die einzelnen ausgestaltenden Regelungen im konkreten Fall nicht in die Substanz des Grundrechts eingreifen. Das kann aber bei einer extensiven Anwendung der Fall sein. Daher ist es dringend geboten, einen strengen und klaren Maßstab anzulegen, wenn es darum geht, zwischen Ausgestaltungsgesetzen und Schranken der Rundfunkfreiheit zu differenzieren. Unter welchen Umständen nicht mehr von Ausgestaltungsregeln gesprochen werden kann, wird noch zu klären sein.[321]

Es bleibt festzuhalten, dass der vom Bundesverfassungsgericht geforderte Ausgestaltungsvorbehalt eine unerlässliche Voraussetzung dafür ist, dass eine geordnete, nicht nach Wettbewerbs- und Profitgesichtspunkten allein ausgerichtete Medienlandschaft in der Bundesrepublik Bestand haben kann.

4. Ansätze zur Abgrenzung von Ausgestaltungsgesetzen und Schrankengesetzen im Sinne des Art. 5 Abs. 2 GG

Die Einordnung einer einfachgesetzlichen Norm als Ausgestaltungsgesetz hat erhebliche Folgen für denjenigen, der sich auf das Grundrecht der Rundfunkfreiheit berufen will. Die Ausgestaltung ist Voraussetzung für die legale Veranstaltung von Rundfunk. Der „in dubio pro libertate“-Grundsatz wird ins Gegenteil verkehrt. Mit Gersdorf lässt sich zutreffend formulieren, dass verboten ist, was nicht erlaubt ist.[322] Ausgestaltungsgesetze unterliegen anderen Rechtmäßigkeitsanforderungen als Schrankengesetze im Sinne des Art. 5 Abs. 2 GG,[323] da bei gleichen Rechtmäßigkeitsanforderungen eine Unterscheidung zwischen beiden Kategorien hinfällig und sinnlos wäre. Unklar ist, was die Abgrenzungskriterien sind und welche Rechtmäßigkeitsanforderungen an Ausgestaltungsgesetze

---

320 Gersdorf, Grundzüge des Rundfunkrechts, S. 25, spricht insoweit von dem Maß notwendiger Regulierung, das anhand der realen Lebensverhältnisse zu ermitteln sei. Den veränderten Rahmenbedingungen, denen die Rundfunkveranstaltung als solche unterliege, unterläge auch der Ausgestaltungsvorbehalt.

321 Dazu ausführlich unten C. IV. 4.

322 Gersdorf, Grundzüge des Rundfunkrechts, Rdnr. 74

323 a.A. Ricker/Schiwy, Rundfunkverfassungsrecht, S. 136, Rdnr. 185

zu stellen sind.[324] Wann es sich um eine Ausgestaltung, wann hingegen um ein Schrankengesetz handelt, wird in der Literatur unterschiedlich beurteilt. Das Bundesverfassungsgericht verzichtet ganz auf eine genaue Differenzierung und stellt den ausgestaltenden Charakter einer Norm zumeist lediglich fest.[325] Nachfolgend werden einige Ansätze zur Unterscheidung aufgezeigt und ein Lösungsvorschlag unterbreitet.

a) Der Ansatz von Gersdorf

Die Vorgaben der Rundfunkfreiheit haben nach Gersdorf zur Folge, dass die auf die Wahrung gegenständlicher und meinungsbezogener Vielfalt in den Programmdarbietungen privater Rundfunkveranstalter abzielenden Programmbindungen keinen Grundrechtseingriff darstellen, solange sie sich im Rahmen des vom Bundesverfassungsgericht postulierten Ausgestaltungsvorbehaltes halten.[326] Sie müssten der dienenden Funktion des Rundfunks für den öffentlichen und individuellen Meinungsbildungsprozess entsprechen. Von den Ausgestaltungsregelungen würden sich die Schrankengesetze dadurch unterscheiden, dass sie nicht die Gewährleistungsebene der verfassungsrechtlich geschützten Rundfunkfreiheit beträfen. Daher seien nur solche Vorschriften an der Schrankenbestimmung des Art. 5 Abs.2 GG zu messen, die entweder keine zulässigen Ausgestaltungsbestimmungen seien oder aber dem Schutz nicht kommunikationsbezogener Rechtsgüter dienen, die mit der Rundfunkfreiheit kollidieren.[327]

Gersdorf zieht also zur Unterscheidung den spezifischen Charakter der Rundfunkfreiheit heran. Demnach sind Regelungen, welche die dienende Funktion abstützen, keine Beschränkungen und müssen den für den rundfunkspezifischen Ausgestaltungsvorbehalt geltenden verfassungsrechtlichen Voraussetzungen genügen.[328] Das Maß notwendiger Regulierung könne nur im Lichte der realen Sach- und Lebensverhältnisse im Bereich des Rundfunks bestimmt werden. [329] Damit will er einer zu extensiven Ausgestaltung vorbei an dem tatsächlich notwendigen Sicherungsbedarf entgegenwirken. Er erkennt, dass die Gefahr der

---

[324] Schon Bethge, DVBl. 1983, S. 369, 376 hat die Schwierigkeit der Abgrenzung zwischen den Ausgestaltungsgesetzen und Eingriffsnormen hervorgehoben.

[325] Siehe hierzu oben C. IV. 2.

[326] Gersdorf, Grundzüge des Rundfunkrechts, Rdnr. 74; ders., Rundfunkfreiheit ohne Ausgestaltungsvorbehalt, S. 32; früher noch anders in Eberle/Gersdorf, Der grenzüberschreitende Rundfunk im deutschen Recht, S. 41, wo er davon ausgeht, dass die im Interesse der Herausbildung gleichgewichtiger Vielfalt im Rundfunk bestehenden Programm- und Vielfaltsanforderungen an die einzelnen öffentlich-rechtlichen und privaten Rundfunkveranstalter als Grundrechtseingriff zu qualifizieren seien, weil sie die personalen Freiheiten der Rundfunkschaffenden einschränkten.

[327] Eberle/ Gersdorf, Der grenzüberschreitende Rundfunk im deutschen Recht, S. 33.

[328] Gersdorf, Grundzüge des Rundfunkrechts, Rdnr 74; ders. Rundfunkfreiheit ohne Ausgestaltungsvorbehalt, S. 32; dazu auch BVerfGE 57, 295, 321: Welche Rechtmäßigkeitsanforderungen an die Ausgestaltungsgesetze zu stellen sind, wird hier noch nicht deutlich.

[329] Gersdorf, Grundzüge des Rundfunkrechts, Rdnr. 71.

Verkürzung des individuellen Freiheitsbereiches besteht. Gersdorf hat spezifische Zulässigkeitsvoraussetzungen für die Ausgestaltungsgesetze entwickelt, die nachfolgend dargestellt werden.

Zunächst sei entscheidend, dass ausgestaltende Gesetze dem Gebot der Rechtsklarheit und der Rechtssicherheit entsprächen. Auch sei das rechtsstaatliche Bestimmtheitsgebot zu beachten.[330] Zudem will Gersdorf ausreichen lassen, dass die Ausgestaltung geeignet ist, den Prozess der öffentlichen und privaten Meinungsbildung zu fördern. Die weiteren Verhältnismäßigkeitsanforderungen der Erforderlichkeit und der Verhältnismäßigkeit im engeren Sinne seien nicht auf die Rechtsfigur der Ausgestaltung übertragbar. Daher habe der Gesetzgeber einen weiten Gestaltungsspielraum. Die Übertragung der weiteren Verhältnismäßigkeitsanforderungen, die an Schrankenregelungen zu stellen sind, verstoße gegen die vom Bundesverfassungsgericht entwickelte besondere Dogmatik der Ausgestaltung. Eine Übertragung der individualrechtlich geprägten Verhältnismäßigkeitslehre, die von kollidierenden Verfassungsgütern ausgeht und zu einem schonenden Ausgleich bringen will, sei verfehlt. Die Rundfunkfreiheit sei eine dienende Freiheit mit vorrangig objektiv-rechtlichem Gehalt. Die Suche nach dem mildesten Mittel zur Zielerreichung setze eine gegenläufige Rechtsposition voraus, die hier gerade nicht gegeben sei.[331] Die Rundfunkfreiheit sei nicht um ihrer selbst willen dem Träger zugewiesen, sondern um der Sicherung der Meinungspluralität willen. Das Geeignetheitskriterium sei ein taugliches Mittel, die Grenzen der zulässigen Ausgestaltung zu bestimmen. Sie müssen demnach geeignet sein, den Prozess freier Meinungsbildung zu fördern und dürfen ihn nicht behindern.[332] Weitere Voraussetzung sei, dass die Ausgestaltung dem privaten Rundfunkveranstalter die Tätigkeit nicht in hohem Maße erschweren oder unmöglich machen dürfe. Schließlich dürften ausgestaltende Regelungen nicht dem Gebot der Staatsfreiheit des Rundfunks widersprechen.

b) Der Ansatz von Hoffmann-Riem

Die Besonderheit von Ausgestaltungsgesetzten sieht Hoffmann-Riem darin, dass mit ihrer Hilfe die Art der Kommunikationsversorgung der Gesellschaft insgesamt und die Möglichkeit für alle am Kommunikationsprozess Interessierten, sich kommunikativ zu entfalten, gesichert wird. Zur Verwirklichung dieses Ziels können subjektive Rechte der Kommunikatoren und Rezipienten beitragen; ihre Einrichtung allein reicht aber nicht zur Freiheitssicherung. Vielmehr muss durch eine positive Ordnung die Vielfalt der Kommunikatoren sichergestellt werden.[333] Zur Unterscheidung sei darauf abzustellen, dass Schrankengesetze ein anderes

330 Gersdorf, Grundzüge des Rundfunkrechts, Rdnr. 80.

331 Gersdorf, Grundzüge des Rundfunkrechts, Rdnr. 81.

332 Gersdorf, Grundzüge des Rundfunkrechts, Rdnr. 83.

333 Hoffmann-Riem, Kommunikationsfreiheiten: S. 35.

Schutzgut haben, das nicht medienfreiheitsbezogen ist und nicht vom Rundfunkgesetzgeber erlassen werden könnten.

Nach Hoffmann-Riem wurzelt die Annahme des Bundesverfassungsgerichts, Ausgestaltungsgesetze könnten kein Eingriff sein, darin, dass durch die ausgestaltenden Regelungen erst die Voraussetzungen der Kommunikationsfreiheit geschaffen werden. Hier würden also Rechtspositionen erst bewirkt. Sie schaffen erst die Voraussetzungen für den Grundrechtsgebrauch.[334] Er sieht allerdings ein Problem darin, ob tatsächlich den Ausgestaltungsregelungen zwingend immer der Eingriffcharakter fehlen muss. Unzweifelhaft sei das nur dann der Fall, wenn die Ausgestaltung nicht schon auf bestehende Rechtspositionen trifft, wie bei der erstmaligen Ausgestaltung der Medienordnung. Was sei aber, wenn bestehende Rechtspositionen verkürzt würden? Dann könne auch der Eingriffscharakter vorliegen. Insoweit, aber nur insoweit, ist dann die Maßnahme auf ihre Rechtsmäßigkeit so zu überprüfen, wie ein „normaler" Grundrechtsverstoß. Denn auch hier gäbe es rechtmäßige Eingriffe. Handle es sich um eine Ausgestaltungsnorm, dann fiele Abs. 2 aus der Prüfung vollständig heraus, denn es läge kein allgemeines Gesetz vor. Der Gesetzgeber sei allerdings an andere Verfassungsprinzipien gebunden, wie das Übermaßverbot und die Verhältnismäßigkeit. Weitere Rechtmäßigkeitsvoraussetzung soll das Vorliegen konkreter Gründe sein, aus denen sich die Zulässigkeit der gesetzlichen Maßnahme ergibt. Zusammengefasst verlangt er, dass die Ausgestaltungsregeln im Vergleich zur bisherigen (Sicherung), zur besseren oder zumindest gleichwertigen Sicherung der Rundfunkfreiheit führen müssen.[335]

c) Andere Ansätze

Teilweise wird auch vertreten, es bedürfe keiner Abgrenzung der beiden Institute Ausgestaltungsregelung und Schrankenregelung. Es wird darauf abgestellt, dass aufgrund der gleichen Rechtmäßigkeitsanforderungen an beide keine Differenzierung vonnöten sei. Diese seien - wie bei der bisherigen Schranken- bzw. Schranken-Schrankenprüfung - die herkömmliche Verhältnismäßigkeitsprüfung, nämlich Geeignetheit, Erforderlichkeit und Verhältnismäßigkeit im engeren Sinne.[336] Allerdings sei der vom BVerfG eingeräumte weite Ermessensspielraum problematisch. Er gefährde den Grundsatz der Staatsfreiheit des Rundfunks, denn so könne mittelbar durch völlige Ausschöpfung des eingeräumten Spielraums, etwa bei Gebührenfragen, Druck auf die Rundfunkanstalten ausgeübt werden. Daher müsse das Ermessen eng begrenzt werden.[337]

Eine andere Auffassung sieht das Verhältnis der beiden Rechtsinstitute als exklusiv an. Hiernach sei eine Regelung entweder Ausgestaltungsnorm oder aber

---

[334] Hoffmann-Riem, Rundfunkrecht neben Wirtschaftsrecht, .S. 71 ff.

[335] Hoffmann-Riem in: AK-GG, Art. 5 Rdnr. 137; BVerfGE 74, 334, 345.

[336] so etwa Ricker/Schiwy, Rundfunkverfassungsrecht, S. 136, Rdnr. 185.

[337] Ricker/Schiwy, Rundfunkverfassungsrecht, S. 136, Rdnr. 185.

Schrankenregelung. Dementsprechend könne sie entweder objektivrechtlichen Vorgaben folgend die Sicherung der Rundfunkfreiheit bezwecken oder sie stelle einen Grundrechtseingriff dar.[338] Dabei sei die Ausgestaltung die schöpferische Sinngebung einer nur dem Prinzip nach festgelegten Norm. Der Gesetzgeber solle insoweit nicht mehr Feind der Grundrechte sein, sondern Helfer und Beschützer. Gemäß Art. 1 Abs. 3 GG bliebe jede einfachgesetzliche Ausgestaltung an die spezifisch grundrechtlichen Gebote der Staatsfreiheit und der Meinungsvielfalt gebunden und folglich auch verfassungsrechtlich überprüfbar. Prüfungsmaßstab für die Ausgestaltung sei der Maßstab der Eignung und Angemessenheit. Andere Regelungen seien an den Schranken des Art. 5 Abs. 2 GG und an verfassungsunmittelbaren Schranken also kollidierendem Verfassungsrecht zu messen. Ein Umschlagen von einem Gesetzestypen in einen anderen sei nicht möglich.[339] Zur Abgrenzung sei nach dem Zweck der Regelung zu fragen; ob das Gesetz die Rundfunkfreiheit von innen oder zu Gunsten anderer Rechtsgüter von außen beschränke. Erst dann sei nach der Verfassungsmäßigkeit von Ausgestaltungsgesetzen oder Eingriffsgesetzen zu fragen. Hier werden folglich die Ausgestaltungsgesetze als aliud zu den Schrankengsetzen angesehen und von einer grundsätzlichen kategorialen Eigenständigkeit ausgegangen. Ein Umschlagen von einer Kategorie in die andere wird verneint. Insbesondere soll eine fehlgehende Ausgestaltung, die eine Einschränkung der Rundfunkfreiheit bedeute, nicht anhand der Kriterien des Art. 5 Abs. 2 GG zu rechtfertigen sein. Belegt werden soll dieser Ansatz mit dem Hinweis darauf, dass ein Gesetz, das intentional auf die Errichtung einer Rundfunkordnung angelegt sei und dabei zwangsläufig die journalistische Freiheit beschränke, kein allgemeines Gesetz sein könne.[340]

Ruck geht davon aus, dass trotz des fehlenden Eingriffscharakters auch Ausgestaltungsgesetze verfassungswidrig sein können.[341] Ausgestaltungsgesetze, die das Ziel der Vielfaltssicherung verfehlten, seien vom Gewährleistungsauftrag nicht gedeckt und damit verfassungswidrig. Voraussetzung für eine zulässige Ausgestaltung sei die positive Prognose des Gesetzgebers, dass die angestrebte Maßnahme ihr Regelungsziel – nicht zwingend mit letzter Gewissheit – erreiche. Zudem dürfe eine Regelung den einzelnen Grundrechtsakteur nicht unangemessen belasten. Die Unangemessenheit sei erst dann zu bejahen, wenn die Begrenzung der Aktionsmöglichkeiten einzelner an der Grundrechtsausübung Beteiligter nicht zu einer gegenüber dem bisherigen Zustand insgesamt gleich-

338 Ladeur/Gostomzyk, JuS 2002, 1145, 1147.

339 Ruck, AöR 1992 (117), 544, 550; Ladeur/Gostomzyk, JuS 2002, 1145, 1146; Rossen, Freie Meinungsbildung durch den Rundfunk, S. 309 f.

340 Zum Allgemeinheitskriterium des Art. 5 Abs. 2 GG als Eingriffsrechtfertigung siehe insbesondere Rossen, Freie Meinungsbildung durch den Rundfunk, S. 311 ff.

341 Ruck, AöR 1992 (117), 544, 549. So auch Hoffmann-Riem, Rundfunkrecht neben Wirtschaftsrecht, .S. 71 ff.

wertigen Sicherung der Rundfunkfreiheit führt.[342] Allerdings sei zu beachten, dass das nicht gelte, wenn durch erstmalige Ausgestaltung bereits Rechte Einzelner geschaffen worden seien. Dann könne durch nachfolgende Ausgestaltungen, so genannte Umgestaltungen, in Grundrechte eingegriffen werden. In diesem Fall hätten dann Ausgestaltungsregelungen auch Eingriffscharakter. Dennoch seien sie nicht zwangsläufig verfassungswidrig. Für sie gelte hinsichtlich des Eingriffs das Übermaßverbot. Die Schrankenregelung des Art. 5 Abs. 2 GG sei auch hier nicht anwendbar, denn sonst würden alle Ausgestaltungsgesetze am Erfordernis der Allgemeinheit scheitern.[343]

d) Spezifische Rechtmäßigkeitsvoraussetzungen für Ausgestaltungsgesetze

In der vorangegangenen Darstellung wurde gezeigt, dass Ausgestaltungsgesetze besonderen Anforderungen hinsichtlich ihrer Verfassungsmäßigkeit unterliegen. Es wurde auch dargestellt, wie kontrovers die genauen Anforderungen diskutiert werden. Daher scheint es geboten, nochmals die konkreten Rechtmäßigkeitserfordernisse herauszuarbeiten.

Zunächst ist bei der Prüfung das Ziel der in Frage stehenden Maßnahme herauszuarbeiten und anhand dessen zu ermitteln, ob überhaupt eine Ausgestaltungsregelung vorliegt. Handelt es sich um kommunikationsbezogene Ziele,[344] die vorrangig den in der Verfassung hervorgehobenen Kommunikationsprozess zu schützen suchen, liegt eine Ausgestaltungsregelung vor. Der Kommunikationsprozess verlangt insofern vorrangig die Vielfaltssicherung im Sinne einer umfassenden Darstellung der vorhandenen Meinungsströmungen als Leitmotiv.[345] Aber auch eine politisch ausgewogene Darstellung kann als Leitmotiv für Rundfunkregelungen eine Rolle spielen. Nach der hier vertretenen Ansicht kann sogar die Qualitätssicherung bei der Aufrechterhaltung der Kommunikationsstruktur relevant sein. Allerdings ist hierbei Vorsicht geboten, denn die Auswahl auch hinsichtlich der qualitativen Bewertung obliegt zunächst dem journalistischen Know-how der Veranstalter. Allerdings erscheint es denkbar und durchaus opportun, Mindeststandards festzulegen, ohne dass hierbei das Zensurverbot außer Acht gelassen werden darf. Mit diesem Gedanken korrespondiert auch der Schutz des Rezipienten vor Manipulation.[346] Fehlentwicklungen hinsichtlich die-

---

342 Ruck, AöR 1992, 543, 550.

343 Ruck, AöR 1992, 543, 551 Fußnote 43.

344 Eine Darstellung der möglichen Sicherungsziele in der weltweiten Rundfunkregulierung findet sich bei Hoffmann-Riem, Regulierung der dualen Rundfunkordnung, S. 94 f.

345 Schellenberg, AöR (119) 1994, S. 427; Hoffmann-Riem, Regulierung der dualen Rundfunkordnung, S. 99. Siehe hierzu auch Dörr, Programmvielfalt im öffentlich-rechtlichen Rundfunk durch funktionsgerechte Finanzausstattung, S. 23, 24.

346 Hoffmann-Riem, Regulierung der dualen Rundfunkordnung, S. 102 verbindet dieses Anliegen mit der Forderung nach der Schaffung von Medienkompetenz. Daneben findet sich hier eine vertiefende Darstellung der möglichen Unterziele der Vielfaltssicherung, die auf der Feststellung beruht, Vielfalt setze sich aus unterschiedlichen Facetten zusammen.

ser Ziele oder Leitmotive sollen also mit Ausgestaltungsgesetzen vermieden werden. Voraussetzung ist, dass einer unmittelbar bevorstehenden, gerade stattfindenden oder noch andauernden Fehlentwicklung im Rundfunk entgegengewirkt werden kann. Abzustellen ist damit für die Rechtmäßigkeit einer Ausgestaltung neben den Anforderungen an die Bestimmtheit einer Regelung auf eine qualifizierte Geeignetheitsformel. Zu prüfen ist damit, ob die im ersten Schritt als Ausgestaltungsregelung bewertete Maßnahme geeignet ist, den anhand konkreter Umstände zu befürchtenden Fehlentwicklungen im Rundfunkbereich entgegenzuwirken.[347] Hierbei hat der Rundfunkgesetzgeber eine weite Einschätzungsprärogative, wie die Gefährdungslage zu beurteilen ist.

Die Angemessenheit einer Ausgestaltungsregelung hingegen kann nicht ausschlaggebendes Kriterium zur Ermittlung ihrer Rechtmäßigkeit sein. Der Angemessenheitsprüfung ist immanent, dass gegenläufige Rechtspositionen zu einem schonenden Ausgleich gebracht werden sollen. Angemessen ist ein Gesetz dann, wenn das mit ihm verfolgte Ziel in seiner Wertigkeit gegenüber der Intensität des Eingriffs nicht unverhältnismäßig ist. Gefragt wird hier nach der Zumutbarkeit der Belastung. Das setzt indes voraus, dass ein Eingriff in eine geschützte Rechtsposition vorliegt. Wie aber bereits gezeigt, bestehen im Falle eines Ausgestaltungsgesetzes noch keine Rechtspositionen, was die Angemessenheit als taugliches Abgrenzungskriterium ausscheiden lässt.[348]

Erfüllt eine Ausgestaltungsregelung diese Anforderungen nicht, kann sie als fehlgeschlagene Ausgestaltung anhand der Schrankenregelung des Art. 5 Abs. 2 GG gemessen werden, ohne zwangsläufig am Allgemeinheitsvorbehalt zu scheitern. Auch hier muss eine Prüfung im Einzelfall erfolgen.

Nachdem in diesem Kapitel die Anforderungen an die Rundfunkfreiheit dargelegt wurden und die Besonderheit der Ausgestaltungsproblematik untersucht wurde, kann nun in einem nächsten Schritt der Auftrag des öffentlich-rechtlichen Rundfunks eingehend thematisiert werden. Dazu wird zunächst der Auftragsbegriff zu beleuchten sein und anschließend die vom Rundfunkgesetzgeber durch die neuen Rundfunkänderungsstaatsverträge eingeführten Regelungen zu überprüfen sein. Dazu wird ein Rückgriff auf die in diesem Abschnitt behandelten Grundsätze unerlässlich sein.

---

[347] Ähnlich Groh, Die Bonusregelungen des § 26 Abs. 2 S. 3 des Rundfunkstaatsvertrages, S. 173

[348] In diesem Sinne auch Groh, Die Bonusregelungen des § 26 Abs. 2 S. 3 des Rundfunkstaatsvertrages, S. 172.

D. Der Auftrag des öffentlich-rechtlichen Rundfunks

I. Begriffsdefinitionen

Beschäftigt man sich mit der Frage, welche Betätigungen dem öffentlich-rechtlichen Rundfunk von Verfassungs wegen übertragen wurden, stößt man auf eine Vielzahl von Begriffen und Umschreibungen. Das Bundesverfassungsgericht nutzt allein in seinem vierten und fünften Rundfunkurteil folgende Begriffe: „Grundversorgung“[349], „die ihm gestellte Aufgabe (n)“,[350] „essentielle Funktion“,[351] „klassischer Auftrag“[352] und „die Aufgabe der Grundversorgung“[353]. Im sechsten Rundfunkurteil ergänzt das Gericht, „der Begriff der Grundversorgung (ist) allein an die *Funktion* gebunden, die der Rundfunk im Rahmen des von Art. 5 Abs. 1 GG geschützten Kommunikationsprozesses zu erfüllen hat.“[354] Zudem ist der Begriff des „Funktionsauftrages“ in der Rundfunkdiskussion aufgetaucht.[355]

Hier wird deutlich, dass kein einheitlicher Umgang mit den unterschiedlichen Begrifflichkeiten gegeben ist. Sicher ist insofern nur, dass nicht alle diese Begriffe synonym verwendet werden können.[356] Das erschwert die Definition und die Ausfüllung dieser Begriffe immens. Kritiker bezeichnen etwa die Grundversorgung als „trotz vieler Bemühungen konturenschwach“[357] oder sogar als keineswegs klar definierten Begriff, der zum „Zankapfel“ in der medienpolitischen

---

349 BVerfGE, 73, 118, 157 und BVerfGE, 74, 297, 324.

350 BVerfGE, 73, 118, 157 und BVerfGE, 74, 297, 324.

351 BVerfGE, 73, 118, 158.

352 BVerfGE, 73, 118, 158 und BVerfGE, 74, 297, 324.

353 BVerfGE, 74, 297, 328. In BVerfGE 83, 238, 299 „ Wahrnehmung der Grundversorgungsaufgabe.

354 BVerfGE, 74, 238, 299.

355 Etwa Dörr, Die Gebührenfrage und die Debatte um die Strukturreform, S. 1157; Gounalakis, Funktionsauftrag und anstaltliches Selbstverwaltungsrecht, AfP 5/2003, 395 ff.; Schwarzkopf, Funktionsauftrag, Funkkorrespondenz 32.2003,3 ff.; Bullinger, Die Aufgaben des öffentlichen Rundfunks, S. 15 und passim; Holznagel, Der spezifische Funktionsauftrag des Zweiten Deutschen Fernsehens, passim; Brenner, Zur Gewährleistung des Funktionsauftrages durch den öffentlich-rechtlichen Rundfunk, S. 18, 102 ff.; Eberle, MMR 2003, 623, 626; Dörr/Zorn, Die Entwicklung des Medienrechts, NJW 2003, 3020, 3024; Degenhardt, Der Funktionsauftrag öffentlich-rechtlichen Rundfunks in der „Digitalen Welt“, S. 67 ff, 73 ff.

356 Eifert, Konkretisierung des Programmauftrages des öffentlich-rechtlichen Rundfunks, S. 69 spricht den Figuren der „Grundversorgung“ und des „klassischen Auftrages“ jeden Anspruch auf materielle Differenzierungskraft ab. So auch Mahrenholz, Grundversorgung und Programmfreiheit, S. 253.

357 Bullinger, Die Aufgaben des öffentlichen Rundfunks, S. 15.

Diskussion geworden sei.[358] Daher ist es unerlässlich, zunächst darzulegen, von welchem Begriffsverständnis hier auszugehen ist.

1. Auftrag

Endgültig durchgesetzt scheint sich nunmehr der Begriff des Auftrages zu haben, nicht zuletzt weil er seit dem 7. Rundfunkänderungsstaatsvertrag Eingang in den Gesetzestext gefunden hat. Er taucht auf im neuen § 11 RStV, der zum einen mit Auftrag überschrieben ist und zum anderen in Absatz 3 normiert, dass der öffentlich-rechtliche Rundfunk bei Erfüllung seines Auftrages die Grundsätze der Objektivität und Unparteilichkeit der Berichterstattung, die Meinungsvielfalt sowie die Ausgewogenheit der Angebote und Programme zu berücksichtigen hat.[359] Das legt den Schluss nahe, dass hiermit nun definitiv festgelegt ist, welche inhaltlichen Aufgaben dem öffentlich-rechtlichen Rundfunk übertragen wurden.

Erkenntnisreich in diesem Zusammenhang ist es, zum Begriff des „Auftrages" die Synonymsuche eines Textverarbeitungsprogramms zu verwenden. Dort tauchen folgende Umschreibungen auf: „Befehl, Anordnung, Order, Anweisung, Aufforderung, Beauftragung und Bestimmung". Abzuleiten ist daraus, dass ein Auftrag eine inhaltliche Vorgabe von übergeordneter Stelle ist. Als höhere, vorgebende Stelle kommt zunächst die Verfassung in Betracht. Sie gibt vor, was der öffentlich-rechtliche Rundfunk zu leisten hat und bestimmt damit Inhalt und Umfang des Auftrages. Hinzu kommt das Bundesverfassungsgericht, das die Verfassung als authentischer Interpret auslegt und somit Anweisungen im Sinne eines Auftrags erteilen kann. Allerdings wurde bislang von keiner dieser Stellen eine genaue Vorgabe gemacht im Sinne einer detaillierten Arbeitsanweisung an den öffentlich-rechtlichen Rundfunk, was er zu leisten hat oder nicht mehr leisten darf. Ganz im Gegenteil betont das Gericht in Karlsruhe, dass es Sache der Sender ist, ihr Programm zu gestalten. Rundfunkfreiheit ist in erster Linie nämlich Programmfreiheit. Aber das Bundesverfassungsgericht stellt auch heraus, dass der Gesetzgeber die Rundfunkfreiheit ausgestalten muss, um eine Indienstnahme des Rundfunks zu vermeiden und eine umfassende Grundversorgung der Bevölkerung zu gewährleisten. Wie bereits gezeigt wurde, ist eine solche Ausgestaltung notwendiges und zulässiges Mittel.[360] Daraus ergibt sich, dass der Gesetzgeber grundsätzlich in der Lage ist, eine Auftragsdefinition vorzunehmen, wenn diese als noch zulässige Ausgestaltung der Rundfunkfreiheit zu qualifizieren ist. Hierauf wird an späterer Stelle einzugehen sein.

Damit ist noch nicht geklärt, was alles vom Auftrag des öffentlich-rechtlichen Rundfunks umfasst ist. Es liegt nahe, den Auftrag des öffentlich-rechtlichen

---

358 Funkkorrespondenz, 32/2003, S. 2 und Schwarzkopf, Funkkorrespondenz 32/2003, S. 3 ff.

359 Hierzu ausführlich unten D. V.

360 Vgl. hierzu oben unter C. IV.

Rundfunks als die Gesamtheit aller ihm übertragenen Aufgaben zu definieren. Diese Aufgaben wiederum orientieren sich an der Verfassung. Zu den Aufgaben gehört zuvörderst die Sicherstellung der Grundversorgung,[361] allerdings ist damit nicht das gesamte Spektrum der Aufgaben beschrieben. Der Auftrag des Rundfunks geht weit über die „bloße" Grundversorgung hinaus, die zwar als wichtigste und vornehmste Aufgabe, nicht jedoch als einzige zu verstehen ist. Daraus folgt, dass dem öffentlich-rechtlichen Rundfunk neben der Grundversorgung, also der gründlichen Versorgung der Bevölkerung mit Informationen, Unterhaltung und Kultur, noch andere Tätigkeitsfelder eröffnet sind. Er hat eine über die reine Grundversorgung hinausgehende Aufgabe, die sich an den essentiellen Funktionen des Rundfunks orientiert. Er soll durch die Verbreitung seiner Programme als Medium und Faktor der demokratischen Willensbildung fungieren und außerdem als Kulturgarant wirken.[362] Es soll die regionale und kulturelle Identität fördern[363] und dadurch auch den gesamtnationalen Zusammenhalt stärken. Ihm obliegt es in Zeiten der Globalisierung, die Heimatverbundenheit aufrechtzuerhalten und dennoch das Interesse für überregionale Belange zu wecken. Auch die europäische Idee muss dabei eine entscheidende Rolle spielen. Daraus erhellt, dass der Rundfunk auch eine an der Völkerverständigung und Solidarität orientierte Funktion zu erfüllen hat. Wie wichtig und effektiv diese Maxime in der Realität sind, zeigt etwa die Berichterstattung über die Flutkatastrophe in Asien. Millionen Menschen spendeten aufgrund der Bilder im Rundfunk Geld, um die Betroffenen zu unterstützen. Ein ausgewogenes und der Menschenwürde und Toleranz verpflichtetes Rundfunkprogramm kann damit auch Chance sein, den viel befürchteten „clash of civilizations" abzuwenden.[364] Sprachliche, historische, traditionelle und nicht zuletzt religiöse Unterschiede könnten überwunden werden. Vergessen werden darf aber an dieser Stelle nicht, dass gerade hierin auch eine Gefahr für die Weltverständigung durch Manipulationen oder selektive einseitige Auswahl der übertragenen Bilder und Berichte besteht.

Diese Ziele bestimmen also den Umfang des Auftrages. Anders gewendet ist jede Tätigkeit der Rundfunkanstalten von ihrem Auftrag gedeckt, wenn sie den beschriebenen Zielen dient, sie fördert und unterstützt. Im Umkehrkehrschluss ist den öffentlich-rechtlichen Rundfunkanstalten all das untersagt, was sich nicht mit den verfassungsrechtlichen Zielen, also dem Auftrag, in Einklang bringen lässt. Im Einzelfall muss daher jede Tätigkeit anhand der beschriebenen Ziele

361 So auch Hesse, Rundfunkrecht, S. 120, Rdnr. 4; Bethge, Die verfassungsrechtliche Position des öffentlich-rechtlichen Rundfunks in der dualen Rundfunkordnung, S. 52.

362 Zum Rundfunk als Teil der Kultur siehe Dörr, Die Rolle des öffentlich-rechtlichen Rundfunks in Europa, S. 31 ff.

363 Dörr/Schiedermair, Die Deutsche Welle, S. 22.

364 Siehe hierzu Huntington, The Clash of Civilizations?, Foreign Affairs, Summer 1993, volume 72, page 22 ff.

gemessen werden. Sie ist dann als vom Auftrag gedeckt anzusehen, wenn sie im konkreten Einzelfall mit den dargestellten Zielen in Einklang steht.

Damit ist der Auftrag zu definieren als an den verfassungsrechtlichen Zielen des Rundfunks zu messende Gesamtaufgabe.[365]

2. Funktionsauftrag

Es stellt sich die Frage, ob der Begriff des Funktionsauftrags identisch mit dem des Auftrages ist.

Der Begriff des Funktionsauftrages findet sich nicht im Text des Rundfunkstaatsvertrages wieder. Jedoch behalten sich die Länder in Ziffer 2 ihrer Protokollerklärung vor, zu prüfen, ob die Praxis der Selbstverpflichtungserklärungen zur Aufgabenerfüllung den Erwartungen an eine Präzisierung des öffentlich-rechtlichen Funktionsauftrages genügt.

Auch vorher wurde der Begriff schon in der politischen Diskussion gebraucht. So findet sich etwa in einer Presseerklärung des Vorsitzenden der Rundfunkkommission und Ministerpräsidenten von Rheinland-Pfalz im Kontext einer Ministerpräsidentenkonferenz in Saarbrücken 2001 die Aussage, Schwerpunkt der neuen Beschlüsse solle sein, den Funktionsauftrag von ARD und ZDF im Wege von Selbstverpflichtungen, vergleichbar dem Modell der englischen BBC, zu konkretisieren.[366] Damit wurde ein Begriff in die Debatte eingeführt, der ursprünglich auf Bullinger und eine von der Bertelsmannstiftung veranlasste Studie zurückzuführen ist.[367] Aber auch in die Literatur hat der Funktionsauftrag Eingang gefunden.[368]

Neu hieran sollte sein, dass der vage Begriff des Auftrages nun eine weitere Konkretisierung erlangen sollte. Es sollen die spezifischen Aufgaben typischerweise in vier Funktionen zum Ausdruck kommen und sich anhand dieser konkretisieren lassen. Bullinger entwickelte im Wesentlichen diese vier Funktionen, die eine Konkretisierung des Auftrages erlauben sollten. Hiernach soll der öf-

---

365 Siehe auch unten D. II.

366 Pressemeldung abrufbar unter: http://presse.rlp.de/meldung.do?id=3153 (Datum des Abrufes: 05.03.2005).

367 Bullinger selbst allerdings bestreitet die Urheberschaft dieses Begriffs in: Die Aufgaben des öffentlichen Rundfunks, S. 15, Fn. 7.

368 Etwa Dörr, Die Gebührenfrage und die Debatte um die Strukturreform, S. 1157; Hoffmann-Riem, Regulierung der dualen Rundfunkordnung, S. 213; Neun, Öffentlich-rechtlicher Rundfunk: Grenzen des Wachstums, S. 198; Gounalakis, Funktionsauftrag und anstaltliches Selbstverwaltungsrecht, AfP 5/2003, 395 ff.; Schwarzkopf, Funktionsauftrag, Funkkorrespondenz 32.2003,3 ff.; Bullinger, Die Aufgaben des öffentlichen Rundfunks, S. 15 und passim; Holznagel, Der spezifische Funktionsauftrag des Zweiten Deutschen Fernsehens, S. 18 und passim; Brenner, Zur Gewährleistung des Funktionsauftrages durch den öffentlich-rechtlichen Rundfunk, S. 18, 102 ff.; Eberle, MMR 2003, 623, 626; Dörr/Zorn, Die Entwicklung des Medienrechts, NJW 2003, 3020, 3024.

fentliche Rundfunk den gesellschaftlichen Zusammenhalt stärken (Integrationsfunktion), allen gesellschaftlichen Stimmen zum Ausdruck verhelfen (Forumsfunktion), auch wirtschaftlich weniger oder gar nicht interessante, dafür aber gesellschaftlich relevante Themen aufgreifende Sendungen bieten (Komplementärfunktion) und schließlich notwendige Qualitätsstandards setzen (Vorbildfunktion).[369] Gemessen an den vom Bundesverfassungsgericht entwickelten Vorgaben wird deutlich, dass es sich hierbei nicht um wirkliche Neuerungen handelt. Schon im ersten Rundfunkurteil stellte das Gericht entsprechende Grundsätze hinsichtlich der Forums- und der Vorbildfunktion auf.[370] Zugebenen sei, dass die einzelnen Schlagworte präzise Umschreibungen der einzelnen Funktionen sind und daher ergänzend herangezogen werden können.

Der Begriff des Funktionsauftrags fand aber nicht nur Zustimmung. Hoffmann-Riem verweist darauf, dass der Versuch, mit dem Begriff Grenzziehungen vorzunehmen, sich vom Argumentationstext des Gerichts lösen und dessen Intention ins Gegenteil verkehren würde.[371] Aber auch er misst der Diskussion einen positiven Effekt bei, denn der neu geprägte Begriff „Funktionsauftrag" sei besser geeignet, um die gesamte Aufgabe des öffentlich-rechtlichen Rundfunks zu bündeln, als der meist genutzte Begriff „Programmauftrag". Es gehe um die Sicherung der Funktionsfähigkeit der Rundfunkordnung. Diese Aufgabe einzulösen erfordere mehr, als der verengende Blick allein auf das Programmergebnis zulasse. In der ausdifferenzierten, dynamischen Medienwelt müssen auch vor-, neben- und nachgelagerte Bereiche einbezogen werden, um die Funktion in angemessener Weise erfüllen zu können. Dies drücke der Begriff „Funktionsauftrag" erheblich aussagekräftiger aus als der des „Programmauftrages", so dass er auch benutzt werden könne.[372] Er geht somit zu Recht von einer synonymen Verwendung aus.

Allerdings besteht nach der hier vertretenen Auffassung keine Notwendigkeit, den Begriff des Auftrages durch den des Funktionsauftrages zu ersetzen,[373] da die Funktionen ohnehin wesentlicher Bestandteil der Aufgabenbestimmung sind. Der Funktionsauftrag ist rein deklaratorischer, wiederholender Natur. Es können zwar beide Begriffe synonym verwendet werden. Dennoch sollte nur vom Auftrag gesprochen werden. Damit kann Bestrebungen, die Handlungsmöglichkeiten der öffentlich-rechtlichen Rundfunkanstalten unzulässig unter Zuhilfenahme von neuen Begriffskreationen einzuschränken, entgegengetreten werden.

---

369 Bullinger, Die Aufgaben des öffentlichen Rundfunks, S. 15. Zu der Rolle des öffentlichen-rechtlichen Rundfunks bei der Vermittlung von Werten und insbesondere der Vorbildfunktion siehe auch Reim, Funkkorrespondenz 53/2004, S. 9 ff.

370 BVerfGE 12, 205, 206 (Leitsatz).

371 Hoffmann-Riem, Regulierung der dualen Rundfunkordnung, S. 209.

372 Hoffmann-Riem, Regulierung der dualen Rundfunkordnung, S. 209.

373 So im Ergebnis auch Hesse, Rundfunkrecht, S. 128.

3. Weitere Begrifflichkeiten

Neben den bereits behandelten Begriffen des Auftrages und des Funktionsauftrages finden sich weitere Umschreiben zum Tätigkeitsfeld der öffentlich-rechtlichen Rundfunkanstalten. Zu denken ist zunächst an die Grundversorgung. Sie stellt einen Teil der Gesamtaufgabe der Anstalten dar.[374] Daneben ist der „klassische Auftrag" gleichzustellen mit dem Auftrag. Die essentielle Funktion ist der Beitrag, den der öffentlich-rechtliche Rundfunk für die demokratische Ordnung zu erbringen hat[375] und hat damit ebenfalls keine zusätzliche Unterscheidungskraft.

Zusammenfassend ist anzumerken, dass mit dem Begriff des Auftrages zutreffend die Betätigung des öffentlich-rechtlichen Rundfunks beschrieben werden kann. Alle anderen Umschreibungen sind ebenso auslegungsbedürftig und tragen eher zur Verwirrung, statt zur Klärung der Aufgabenfülle bei. Es sollte daher vermieden werden, durch reine Begriffsjurisprudenz immer neue, unklare Umschreibungen einzuführen.

II. Inhalt des Auftrages vor den neuen staatsvertraglichen Definitionen

Schon im Vorfeld des neuen Staatsvertrages und der Einführung der §§ 11 und 19 RStV hat die Debatte um die Präzisierung des Auftrages hohe Wellen geschlagen. Den öffentlich-rechtlichen Sendeanstalten wurde vorgeworfen, zu stark zu expandieren und ihre eigentliche Aufgabe aus den Augen zu verlieren. Immer neue Forderungen nach einer Beschränkung des Tätigkeitsfeldes der öffentlich-rechtlichen Sendeanstalten wurden laut. Als geeignetes Mittel sah man die Konkretisierung des Programmauftrages an,[376] lediglich die Frage der Umsetzung auf inhaltlicher Ebene und die Frage danach, wer eine solche Regelung vornehmen könne, variierten. Intention dieser Forderung war nicht zuletzt auf Seiten der privaten Veranstalter, die öffentlich-rechtlichen Sendeanstalten in weniger lukrative Sendebereiche zurückdrängen zu können und dadurch die eigene Marktposition in wirtschaftlich schwachen Zeiten stärken zu können. Die Forderung nach einer Festschreibung des Auftrages stand stellvertretend für den Ruf nach einer Beschränkung des öffentlich-rechtlichen Rundfunks auf seine Rolle als Grundversorger. Gemeint war damit eine Reduktion des öffentlich-rechtlichen Programms hin zu einem weniger massenattraktiven Programm oder anders gewendet der Ruf nach einer Konzentration auf den qualifizierten Kernbereich an Rundfunkaufgaben.[377] Der öffentlich-rechtliche Rundfunk soll sich

---

374 Siehe hierzu oben D. I. 1.

375 Siehe hierzu auch Fromm, Öffentlich-rechtlicher Programmauftrag und Rundfunkföderalismus, S. 51 ff.

376 Siehe hiezu etwa Eifert, Konkretisierung des Programmauftrags des öffentlich-rechtlichen Rundfunks, S. 113 ff.

377 Kresse, Öffentlich-rechtliche Werbefinanzierung und Grenzen der Grundversorgung im dualen Rundfunksystem, in: Verband Privater Rundfunk und Telekommunikation e.V.

hiernach mehr auf eine exklusivere und kultureller ausgerichtete Versorgung konzentrieren. Dieses Ansinnen erinnert an die alte Diskussion um den Inhalt der Grundversorgung. Damals wurde vertreten, Grundversorgung meine lediglich Luxusversorgung mit hochkulturellem Programm. Diese Diskussion keimte nach der Niedersachsen-Entscheidung des Bundesverfassungsgerichts auf.[378]

1. Grundversorgungsauftrag

In dieser Entscheidung hatte das Bundesverfassungsgericht die Rollen der beiden Säulen des dualen Rundfunksystems beschrieben. Es stellte fest, dass aufgrund der hohen finanziellen Anforderungen an die Veranstaltung von Rundfunkprogrammen nicht beide Teile des Systems gleich belastet werden könnten. Die privaten Veranstalter seien als Wirtschaftsunternehmen auf die Werbung angewiesen. Damit seien sie gezwungen, massenattraktives Programm anzubieten, denn nur Sendungen mit hohen Zuschauerquoten könnten hohe Werbepreise erzielen. Der öffentlich-rechtliche Rundfunk hingegen sei aufgrund der Gebührenfinanzierung nicht darauf angewiesen, hohe Werbepreise zu erzielen und damit auch in der Lage, weniger massenattraktive Formate auszustrahlen. Diese Tatsache rechtfertige es, von der öffentlich-rechtlichen Säule des Systems die Grundversorgung abzuverlangen.[379] Was unter der Grundversorgung zu verstehen sein sollte, ließ das Gericht hier im Dunkeln.[380] Dennoch wurde dieses Urteil und die darin entwickelte Grundversorgungsaufgabe des öffentlich-rechtlichen Rundfunks zu Recht als neues „Lebenselixier" für den öffentlich-rechtlichen Rundfunk bewertet.[381] Erst in der Baden-Württemberg-Entscheidung gab das Gericht drei wesentliche Elemente der Grundversorgung vor. Die erste Komponente der Grundversorgung ist demnach die Übertragungstechnik, die den Empfang der Sendungen für alle Bürger sicherstellen muss. Das zweite Element ist der inhaltliche Standard der Programme, der den Vielfaltsanforderungen genügen muss und drittens ist zu fordern, dass eine wirksame Sicherung dieser inhaltlichen Anforderung durch organisatorische und verfahrensrechtliche Regelungen erfolgt.[382] Gegner des öffentlich-rechtlichen Systems lasen diese beiden Entscheidungen als Vorgabe an den öffentlich-rechtlichen Rundfunk, Hochkul-

---

(Hrsg.) Öffentlich-rechtlicher Rundfunk und Werbefinanzierung, S. 67, 91; Hesse, Rundfunkrecht, S. 120, Rdnr. 4.

378 Diese Entscheidung wird auch als viertes Rundfunkurteil bezeichnet. BVerfGE 73, 118 ff.

379 BVerfGE 73, 118, 157 f.

380 Der Begriff der Grundversorgung geht zurück auf den Rundfunkrechtler Herrmann, der darunter eine aus dem Demokratieprinzip und dem Sozialstaat abgeleitete rundfunkspezifische Erscheinungsform der Daseinvorsorge im Sinne eines möglichst alle interessierten Bürger erreichenden kontinuierlichen Rundfunkprogramme zu sozialen Bedingungen verstand. Herrmann, Fernsehen und Hörfunk in der Verfassung der Bundesrepublik, S. 322, 332.

381 Dörr, VerwArch 2001, 149, 160; Mahrenholz, ZUM 1995, 508, 512; Bethge, ZUM 1991, 337, 339.

382 BVerfGE 74, 297, 326.

tur zu senden. Reine Unterhaltungsprogramme sollten den Privaten vorbehalten sein.[383]

Diese Frage wurde im 5. Rundfunkurteil aufgegriffen. Hierin stellte das Bundesverfassungsgericht klar, dass Grundversorgung im Sinne einer vollumfänglichen Versorgung gemeint sei. Von einer Mindest– oder Luxusversorgung könne hingegen nicht ausgegangen werden. Der Begriff Grundversorgung bezeichne weder eine Mindestversorgung, auf die der öffentlich-rechtliche Rundfunk beschränkt sei oder ohne Folgen für die Anforderungen an den privaten Rundfunk beschränkt werden könne, noch nehme er eine Grenzziehung oder Aufgabenteilung zwischen öffentlich-rechtlichen und privaten Veranstaltern etwa in dem Sinne vor, dass jene für den informierenden und bildenden, diese für den unterhaltenden Teil des Programmangebots zuständig wären.[384] Damit war klar, dass der öffentlich-rechtliche Rundfunk nicht in eine Sparte der Hochkultur zurückgedrängt werden durfte oder als Fernsehen für die intellektuelle Oberschicht anzusehen war. Keines dieser Urteile lieferte indes eine genaue Umschreibung dessen, was genau der öffentlich-rechtliche Rundfunk leisten muss und was er nicht mehr anbieten darf. Damit war zunächst die Frage nach den „grundversorgungsgemäßen“ Programminhalten aufgeworfen.

Eine Entscheidung darüber, was genau zur Grundversorgung gehört, hat das Bundesverfassungsgericht, wie eben gezeigt, bislang nicht getroffen. Problematisch ist daran, dass der Begriff der Grundversorgung sich nur schwer konkretisieren lässt, aber aus der rundfunkrechtlichen Diskussion auch nicht wegzudenken ist.[385] Unstreitig dürfte heute sein, dass die Grundversorgung als Pflichtaufgabe Teil des Auftrages der Rundfunkanstalten ist und es sich hierbei um eine Vollversorgung handelt, die sämtliche Teile aller derzeitigen und zu-

---

383 Zum damaligen Meinungsstreit siehe Fromm, Öffentlich-rechtlicher Programmauftrag und Rundfunkföderalismus, S. 32 ff.

384 BVerfGE 83, 238, 297 f., 299.

385 So bezeichnet Gersdorf, Rundfunkrecht, Rdnr. 307, die Grundversorgung als „Chamäleon, das seine Farbe mit den sich wechselnden Umweltbedingungen stetig zu ändern vermag.“ Gleichwohl räumt er ein, dass der Begriff durch die Rechtsprechung des Bundesverfassungsgerichts hinreichend näher konkretisiert wurde. Auch Dörr, Die verfassungsrechtliche Stellung der Deutschen Welle, S. 52; will dem Begriff der Grundversorgung nicht vorgeworfen wissen, es mangele ihm an klaren Konturen, denn ohne solche allgemeinen Rechtsbegriffe komme man im Verfassungsrecht nicht aus. Vesting, Prozedurales Rundfunkrecht, S. 167, hält den Grundversorgungsauftrag für relativ leicht zu bestimmen, decke er sich doch mit dem klassischen Programmauftrag des öffentlich-rechtlichen Integrationsrundfunks. Bethge, Media Perspektiven 2/96, 66 schreibt dem Begriff keine sonderliche Konturenschärfe und Plastizität zu. Er hält sie dennoch zu Recht für eine verfassungsrechtlich relevante Funktionsbeschreibung des öffentlich-rechtlichen Rundfunks.

künftigen Programminhalte und Programmformen erfasst.[386] Grundversorgung verlangt aber auch, dass die Inhalte der Bevölkerung zugänglich sein müssen. Wichtiger Aspekt ist daher die Übertragungsart. Inhaltlich umfasst die Grundversorgung ausgewogene Berichterstattung in den Bereichen Information, Bildung, Unterhaltung und Kultur.[387]

2. Bestands- und Entwicklungsgarantie

In engem Zusammenhang mit der Grundversorgung ist die Bestands- und Entwicklungsgarantie des öffentlich-rechtlichen Rundfunks zu sehen.[388] Dem öffentlichen Rundfunk muss es möglich sein und bleiben, sein Programm den sich wandelten gesellschaftlichen Bedürfnissen anpassen zu können. Daher hat das Bundesverfassungsgericht den öffentlich-rechtlichen Rundfunkanstalten die Bestands- und Entwicklungsgarantie schon früh zugestanden.[389] Art. 5 Abs. 1 S. 2 GG verpflichtet den Staat, die Grundversorgung mit Informationen durch die Rundfunkanstalten zu gewährleisten. Um diese Verpflichtung erfüllen zu können, muss es dem öffentlichen Rundfunk möglich sein, neue Techniken nutzen zu können. Auch die organisatorischen, personellen und finanziellen Mittel müssen ihm zur Verfügung stehen.[390] .[391] Er darf neue Medien und Techniken testen und sie sich erschließen, wie etwa die Verbreitung seiner Programme via Satellit. Das Bundesverfassungsgericht stellt insofern klar, dass die Entwicklungsgarantie begrenzt wird durch die Funktion des von Art. 5 Abs. 1 GG geschützten Kommunikationsprozesses.[392] Damit wird deutlich, dass die Grundversorgung eine dynamische Komponente hat.

3. Über die Grundversorgung hinausgehende Tätigkeiten

a) Grundsätzliche Zulässigkeit

Ein weiteres umstrittenes Thema im Umfeld des Rundfunkauftrages ist die Frage, welche Tätigkeiten über die eigentliche Rundfunkveranstaltung hinaus noch erlaubt sind.[393] Das Problemfeld ist unter dem Stichwort der Randnutzung anzu-

---

386 Dörr, Grundversorgung vs. Lückenfüllen als künftige Aufgabe der öffentlich-rechtlichen Fernsehanbieter in: Kohl (Hrsg.), Vielfalt im Rundfunk, S. 184, 187; Hesse, Rundfunkrecht, S. 120, Rdnr. 4.

387 Schon bei den Römer gehörten zu einer öffentlichen Rede die Elemente „educare, informare et delectare". Siehe dazu Schwarzkopf (Hrsg), Rundfunkpolitik in Deutschland, S. 320.

388 Siehe hierzu auch Selmer, Bestands- und Entwicklungsgarantie für den öffentlich-rechtlichen Rundfunk in einer dualen Rundfunkordnung, S. 82 ff.

389 BVerfGE 83, 238, 296 ff., 299 f., 302. Vgl. auch BVerfGE 90, 60, 91.

390 BVerfGE 83, 238, 298.

391 BVerfGE 83, 238, 298.

392 BVerfGE 83, 238 (Leitsatz).

393 Zu erinnern ist hier etwa an die Debatte um die Herausgabe von Programmzeitschriften durch die öffentlich-rechtlichen Anstalten. Hier hatte das Bundesverfassungsgericht die

siedeln. Die Betätigung öffentlich-rechtlicher Rundfunkanstalten im Onlinebereich ist eines der Beispiele aus der jüngeren Vergangenheit. Hierüber wurde sehr kontrovers diskutiert[394] und die Onlineangebote sind noch immer nicht unumstritten.[395] Seit dem 7. Rundfunkänderungsstaatsvertrag ist den Anstalten ausdrücklich nur noch erlaubt, Mediendienste mit programmbegleitendem Inhalt anzubieten. Vorher genügte ein überwiegender Programmbezug. Verfassungsrechtlich sind die Online-Angebote der Rundfunkanstalten dem Rundfunkbegriff zuzuordnen und über Art. 5 Abs.1 S. 2 GG geschützt.[396] Thematischer Höhepunkt der Diskussion über Tätigkeitsausweitungen der öffentlich-rechtlichen Anstalten dürfte die Streitfrage um den vom ZDF geplanten Medienpark gewesen sein.[397] Das ZDF wollte einen Themenpark ähnlich einem Freizeitpark errichten, in dem die Zuschauer Sendungen des ZDF wieder finden und so eine stärkere Bindung an den Sender erfahren sollten. Letztlich wurde das Vorhaben von Seiten des ZDF abgesagt, nicht ohne vorher mehrere Instanzgerichte des Zivilrechts- und Verwaltungsrechtsweges beschäftigt zu haben.[398]

Grundsätzlich sind den Anstalten auch Tätigkeiten über die reine Programmveranstaltung erlaubt, denn Art. 5 Abs.1 S. 2 GG schützt eben nicht nur den reinen Programmbereich.[399] Es ist zwischen zwei grundsätzlich zulässigen Betätigungs-

---

Veröffentlichung von Druckwerken bei vorwiegendem Programmbezug gebilligt, BVerfGE 83, 238, 312 ff. Zur Frage der erwerbswirtschaftlichen Betätigung öffentlich-rechtlicher Rundfunkanstalten siehe Mand, Erwerbswirtschaftlichen Betätigung öffentlich-rechtlicher Rundfunkanstalten außerhalb des Programms.

394 Siehe zu dieser Problematik: Schulze-Fielitz, AfP 1998, 447 ff.; Ricker, AfP 1998, 437 ff.; Rath-Glawatz, AfP 1998, 263 ff.; Schoch, AfP 1998, 253 ff.; Gounalakis, ZUM 2003, 180 ff.; Bermanseder, ZRP 1997, 330; Eberle, AfP 1997, 272 ff.; Michel, ZUM 1998, 350 ff.; Ring, ZUM 1998, 358 ff.

395 Anfang März 2005 ist eine informatorische Anfrage von Seiten der Europäischen Kommission der Bundesregierung übermittelt worden, der Beschwerden privater Wettbewerber zugrunde liegen. Streitgegenstand ist neben der Forderung nach transparenter Finanzierung der Anstalten auch deren Online-Angebot. Vgl. hierzu epd medien 18/2005, S.11 f. ; epd medien 20/2005,15 f. Das Schreiben der Kommission ist angedruckt in epd medien 21/2005, 3 ff. Siehe ferner Kammann, epd 19/2005, S. 3 ff.

396 Dies ist noch immer sehr umstritten. Richtigerweise ist jedoch von einem dynamischen Rundfunkbegriff auszugehen, dessen verfassungsrechtliche Interpretation unter Berücksichtigung des „Herkunftsprinzips" diese Beurteilung zweifelsfrei zulässt. So unterfallen die Onlineangebote der Rundfunkanstalten dem Rundfunkbegriff, während Onlineangebote von Presseunternehmen der Pressefreiheit zuzuordnen sind.

397 Für die Zulässigkeit eines solchen Medienparks: Gounalakis, Funktionsauftrag und wirtschaftliche Betätigung des Zweiten Deutschen Fernsehens am Beispiel des ZDF-Medienparks; Dörr, K&R 2003, 138 ff. Ablehnend Degenhart, Öffentlich-rechtlicher Rundfunk und Freizeitparks, S. 133.

398 Etwa OLG Koblenz, 4. Zivilsenat, Urteil vom 21. August 2001, Az: 4 U 957/00; ZUM 2001, 800 ff., AfP 2001, 414 ff.; MMR 2001, 812 ff.

399 Hoffmann-Riem, AfP 1996, 9, 12; Jarass, Online-Dienste und Funktionsbereich des Zweiten Deutschen Fernsehens, S. 18 ff; Schulze-Fielitz, AfP 1998, 447, 454; Kibele, Multimedia im Fernsehen, S. 85.

formen außerhalb der eigentlichen Rundfunkveranstaltung zu unterscheiden. Zunächst gibt es Tätigkeiten, die zwar nicht zur Programmveranstaltung zählen, aber für den eigentlichen Programmablauf unabdingbar sind. Diese Tätigkeiten sind verfassungsrechtlich geboten, denn ohne sie könnte der eigentliche Auftrag nicht erfüllt werden. Hiervon zu trennen sind Bereiche, die rein unterstützende Funktion haben. Mit Fromm ist zu sagen, dass dem Bereich der Zusatzversorgung oder der unterstützenden Tätigkeiten eine geringere Bedeutung zukommt.[400] Ihre Zulässigkeit ist anhand des Programmbezugs zu ermitteln.

b) Das Merkmal des Programmbezuges

Wie bereits angedeutet, sind die unterstützenden Tätigkeiten am Maßstab des Programmbezuges zu messen.[401] Solange ein Programmbezug besteht, sind die Tätigkeiten zulässig, wobei es gewisse Abstufungen zu beachten gilt. Je mehr Programmbezug besteht, umso mehr darf sich die Anstalt nicht nur in finanzieller Hinsicht engagieren. Ist der Programmbezug hingegen nur gering, muss auch die Beteiligung an der in Frage stehenden Aktivität in einem angemessenem Verhältnis hierzu stehen. Probleme können dann auftauchen, wenn Veranstaltungen künstlich ein Programmbezug dadurch verschafft wird, dass sie nur um des Bezugs wegen gesendet werden. Die eigentliche Programmplanung hätte jedoch einen solchen Beitrag nicht vorgesehen. Denkbar wäre eine solche Situation etwa bei einem Festival, an dem sich eine Anstalt in großem Ausmaß beteiligt, um Zuschauerbindungen oder Werbeeffekte zu erzielen. Die Veranstaltung würde folglich in erster Linie der Veranstaltung wegen und nicht des Programms wegen inszeniert. Gegen die Zulässigkeit könnte also die „umgekehrte“ Motivation der Übertragung sprechen. Es könnte der Vorwurf ins Feld geführt werden, dass nicht gesendet wird, um zu informieren, zu unterhalten, zu bilden und Kultur zu bieten, sondern nur, um einen Programmbezug zu erhalten und ein Event zu legitimieren. Tatsächlich kann eine solche Praxis bedenklich sein. Allerdings ist hier anzumerken, dass die Entscheidung, was gesendet wird, allein der journalistischen Auswahl überlassen bleiben muss. Entscheidet sich ein Programmverantwortlicher also dafür, einen solchen Beitrag zu senden, muss er ihn nach journalistischen Kriterien geprüft und als sendenswert beurteilt haben. Nur wenn diese Prüfung völlig fehlt oder auf rein sachfremden Erwägungen beruht, ist ein künstlicher Programmbezug zu bejahen und damit die Zulässigkeit einer Veranstaltung oder sonstigen Randnutzung zu verneinen.

Dieses Beispiel zeigt, dass der Begriff des Programmbezuges allein nicht ausreicht, um die Zulässigkeit einer über die Grundversorgung hinausgehenden Tätigkeit zu bestimmen. Hier fehlt es an einem zusätzlichen konkretisierenden E-

---

400 Fromm, Öffentlich-rechtlicher Programmauftrag und Rundfunkföderalismus, S. 108.

401 BVerfGE 83, 238, 314 (zur Zulässigkeit von Programmzeitschriften mit Programmbezug); Gersdorf, Rundfunkrecht, Rdnr. 321; Kibele, Multimedia im Fernsehen, S. 85; Gersdorf, Der verfassungsrechtliche Rundfunkbegriff, S. 66 f.

lement, das festlegt, wann der Bezug noch gewahrt ist. Daher ist an dieser Stelle ein konkreter kontextueller Programmbezug zu fordern. Damit ist nicht gemeint, dass sich jede Aktivität lückenlos im Programm widerspiegelt im Sinne eines durchgängigen Programmbezuges.[402] Vielmehr reicht es aus, wenn eine Parallele zu den Sendungen vorhanden ist, um den Programmbezug herstellen zu können.[403] Als Korrektiv des weiten Begriffs Programmbezug kann sogar eine doppelte Konkretisierung erforderlich sein. Soll eine Tätigkeit rundfunkrechtlich zulässig sein, muss sie demnach einen konkreten Programmbezug aufweisen können, der sich auf die konkret in Frage stehende Tätigkeit bezieht. Plant etwa eine Anstalt die Veranstaltung eines Konzertes, muss über dieses Konzert selbst berichtet werden. Nicht ausreichend ist etwa, dass in einer Sendung nur darauf hingewiesen wird, dass ein solches Konzert stattgefunden hat. Das Konzert selbst, gegebenenfalls auch nur ausschnittsweise, muss im Programm wieder zu finden sein. Ein gewisser zeitlicher Verzug ist dabei hinnehmbar, so dass Aufzeichnungen für die spätere, konkret geplante Programmverwendung zulässig sind. Das gilt auch für Veranstaltungen der eigenen Rundfunksinfonieorchester, deren Legitimation sich ebenfalls am Programmbezug messen lassen muss. Dadurch entsteht auch kein Spannungsfeld zwischen dem konkreten Programmbezug einerseits und der Programmautonomie der Rundfunkanstalten andererseits. Die Rundfunkanstalt hat nämlich nach wie vor durch ihre professionellen Journalisten darüber zu befinden, was nötig und richtig zur Erfüllung des Programmauftrages ist.[404] Darüber darf nicht vergessen werden, dass das den Anstalten in den vielen Jahren Fernsehgeschichte gelungen ist. Allerdings mehren sich in jüngster Vergangenheit die Kritikpunkte, da eine zunehmende Annäherung an das kommerzielle Privatfernsehen zu beobachten ist.[405] Das Korrektiv des konkreten Programmbezugs ist eine zulässige Beschreibung des Betätigungsfeldes, weil es die einzelnen Entscheidungen, was gesendet werden soll, nicht tangiert. Vielmehr ist gerade diese Entscheidung völlig unangetastet und kann von den Programmverantwortlichen getroffen werden. Was nicht mehr völlig frei entschieden werden kann, ist lediglich die Entscheidung, wie das gewollte Programm beschafft werden kann. Gemeint ist damit, dass nicht das Ereignis selbst, über das berichtet werden soll, nach Belieben und unabhängig von jedem Programmbezug initiiert werden darf. Plant eine Anstalt die Übertragung eines Festivals, ist das die planerisch freie Entscheidung. Will die Anstalt hingegen aus bloßen Werbezwecken oder zum Selbstzweck ein solches Festival veranstalten, fehlt hier der konkrete Programmbezug. Ist wiederum eine Teilüber-

402 So aber Kibele, Multimedia im Fernsehen, S. 87, 88.

403 So auch Rath-Glawatz, AfP 1998, 263, 270.

404 BVerfGE 87, 181, 200 f.

405 Vgl. hierzu nur Hain, Wirtschaftsrechtliche oder medienrechtliche Steuerung der Medien im Zeitalter der Konvergenz?, S. 10, der dem öffentlich-rechtlichen Rundfunk vorwirft, sich dem „Quoten-Diktat“ zu unterwerfen und sich damit im Bereich der wirtschaftlichen Betätigung der Anstalten eine Infektion mit marktwirtschaftlichen Maximen breit mache.

tragung geplant, muss auch die Beteiligung an einem solchen Events im angemessenen Verhältnis zur Übertragung, also zum konkreten Programmbezug stehen.

Auf eine allgemeine Formel gebracht ist der Programmbezug dann konkret, wenn die Tätigkeit unter Zugrundelegung journalistischer Sorgfalt Eingang in den Programmbereich finden kann, wobei auch das Ausmaß, in dem die Tätigkeit Eingang in das Programm findet, im Ermessen des Programmverantwortlichen steht. Lediglich bei einem gravierendem Missverhältnis zwischen außerprogrammlichem Engagement und Programmbezug ist darauf einzugehen, in welchem Ausmaß die Betätigung in das Programm eingeflossen ist.

4. Kulturauftrag

Noch immer ungeklärt ist die Frage, ob dem öffentlich-rechtlichen Rundfunk ein eigenständiger Kulturauftrag zukommt bzw. wie weit ein solcher Auftrag reichen darf. Neu entzündet hat sich diese Diskussion an den Sparplänen einzelner Rundfunkanstalten. Der SWR beispielsweise plante, seine Klangkörper teilweise abzuschaffen bzw. zu reduzieren.[406] Die Rundfunkräte kritisierten dieses Vorhaben. Es wurde vertreten, der Kulturauftrag des öffentlich-rechtlichen Rundfunks verbiete es, die Klangkörper vollständig abzuschaffen.[407] In diesem Streit hatte sich die Landesregierung Rheinland-Pfalz zu Wort gemeldet. Vorgeschlagen wurde von dieser Seite eine Fusion mit dem staatlichen Sinfonieorchester. Dieses Angebot wurde von Seiten des SWR abgelehnt und auf das Staatsfernegebot verwiesen. Gekontert wurde mit dem „Saarländischen Modell“, wonach die Orchester der beiden Rundfunkanstalten SR und SWR verschmelzen sollen.[408] Hierbei handelt es sich um ein interessantes Beispiel aus der rundfunkpolitischen und rundfunkrechtlichen Praxis, das verschiedene Fragen aufwirft. Besteht überhaupt ein eigenständiger, unabdingbarer Kulturauftrag des öffentlich-rechtlichen Rundfunks? Unterfallen diesem gegebenenfalls die Unterhaltung eigener Klangkörper? Unterfallen diesem Auftrag zwingend eine Vielzahl von Klangkörpern jeder einzelnen Anstalt? Was spricht gegen verschiedene Fusionsmodelle? Diese Fragen sollen nun beantwortet werden.

---

406 Siehe hierzu: epd medien 18,/2005 S. 23; epd medien 19/2005, S. 12; epd medien 20/2005, S. 18; epd medien 22/23/2005, S. 18; epd medien 28/2005, S. 10. Zwischenzeitlich hat der SWR-Rundfunkrat die Verschmelzung des SWR-Rundfunkorchesters in Kaiserslautern mit dem Rundfunk-Sinfonieorchester Saarbrücken auf der Basis der mit dem Saarländischen Rundfunk verhandelten Eckpunkte genehmigt. Vgl. hierzu epd medien, 50/2005, S. 14 f. Zu dem knappen Abstimmungsergebnis mit vielen Gegenstimmen siehe epd medien, 50/2005, S. 15 f.

407 NZZ vom 13. Mai 2005, S. 36.

408 Vgl. etwa Meldung in NZZ vom 13. Mai 2005, S. 36.

a) Bestehen eines Kulturauftrages und seine Grenzen

Dem Grundgesetz lässt sich zunächst kein expliziter Kulturauftrag etwa in Form einer ausdrücklichen Staatszielbestimmung entnehmen.[409] Diese fehlende Normierung wurde vielfach als unbefriedigend empfunden und seit den Siebziger Jahren die Ergänzung des Grundgesetzes um eine positive Kulturstaatklausel diskutiert.[410] Trotz Fehlens einer ausdrücklichen Regelung ergibt sich der Kulturauftrag aus dem Grundgesetz. Ausgangspunkt hierfür ist die Menschenwürde und ihre Ausprägungen in den einzelnen Grundrechten.[411] Die Menschwürde stellt die freie menschliche Persönlichkeit auf die höchste Stufe der Werteordnung. Danach hat der Staat den Menschen in seiner Eigenständigkeit und seinen Eigenwert zu achten.[412] Verlangt werden kann also vom Staat im Rahmen seiner positiven Schutzpflicht, dass er die Selbstentfaltung des Individuums ermöglicht. Genau das erlaubt dem Individuum die Kultur. Sie ist nichts anderes als die Sphäre, die dem Einzelnen seine Individualität vermittelt.[413] Für die einzelnen Lebensbereiche ist das wiederum in den jeweiligen Grundrechten angelegt, die verdeutlichen, welcher kulturelle Wert etwa der Wissenschaft, der Kunst, des Films und der Religion zukommt.[414] Das Grundgesetzt weist damit der Kultur einen hohen Stellenwert zu. Daraus ergibt sich die Verpflichtung des Staats zur Kulturpflege, sein Kulturauftrag.

Diesen originär staatlichen Kulturauftrag hat auch der Rundfunk, wenn auch modifiziert, zu erfüllen.[415] Auch der Rechtsprechung des Bundesverfassungsgerichts lässt sich entnehmen, dass der Auftrag des Rundfunks eine kulturelle Verantwortung umfasst.[416]

---

409 So auch Hufen NVwZ 1983, 516, 517, der sogar Bedenken dagegen hat, dem Grundgesetz ein abstraktes Kulturstaatsgebot zuzuschreiben. Anderes ist es allerdings in der Bayerischen Verfassung, die in Art. 3 Abs.1 S. 1 vorsieht: *„Bayern ist ein Rechts-, Kultur- und Sozialstaat."*

410 Siehe hierzu Geis, Kulturstaat und kulturelle Freiheit, S. 18 m.w.N. Geis bewertet das auf dem hegelianisch geprägten Staatsverständnis beruhende Kulturstaatskonzept Ernst Rudolf Hubers als nahezu einmaliges Beispiel der wissenschaftlichen Karriere einer Einzelmeinung zur Grundlage einer gefestigten herrschenden Meinung (S.266) und als verfassungsrechtlich nicht haltbar (S. 269).

411 Geis, Kulturstaat und kulturelle Freiheit, S. 235 f.

412 Dörr, Big Brother und die Menschwürde, S. 22.

413 Geis, Kulturstaat und kulturelle Freiheit, S. 235 m.w.N.

414 So zu Recht auch Dörr/Schiedermair, Deutsche Welle, S. 45.

415 So auch Dörr, Die Rolle des öffentlich-rechtlichen Rundfunks in Europa, S. 33; Dörr, Die Spartenkanäle von ARD/ZDF, S. 49; Dörr/Schiedermair, Die Deutsche Welle, S. 45.

416 BVerfGE 73, 118, 158; BVerfGE 74, 297, 324. Zum Kulturbegriff in der Rechtsprechung des Bundesverfassungsgerichts siehe Naucke, Der Kulturbegriff in der Rechtsprechung des Bundesverfassungsgerichts.

Einen besonders interessanten Ansatz zum Kulturauftrag des öffentlich-rechtlichen Rundfunks bietet Kirchhof. Er versteht den Auftrag der Anstalten als Öffentlichkeitsauftrag, der zur Freiheit befähigen soll. Insoweit könnte man an den reinen Informationsauftrag denken, den der Rundfunk im Dienste der Demokratie unstreitig zu erfüllen hat. Aber nach Kirchhof reicht es nicht aus, den Informationsauftrag zur Legitimation des öffentlich-rechtlichen Rundfunks heranzuziehen. Vielmehr kann, so Kirchhof, auch der informierte und wissende Bürger, der auch die Gemeinschaftsanliegen mitgestaltet und mitverantwortet, die Demokratie und die freiheitliche Gesellschaft nur mitprägen, wenn er ihre Grundwerte erlebt und versteht.[417] Diese Grundwerte, so Kirchhof, halten die Gemeinschaft als solche zusammen. Sie wurzeln in den Prinzipien der Menschenwürde und den daraus folgenden Freiheiten. Eine freiheitlich geprägte Gesellschaft mit einer wehrhaften Werteordnung müsse dieses Bild aber auch seinen Mitgliedern vermitteln, denn die Befähigung zur Freiheit sei nicht selbstverständlich. Die Kerngedanken unserer freiheitlichen Verfassung, ihre hergebrachten und erprobten Prinzipien seien den Bürgern nicht immer gegenwärtig. Sie müssten ihnen immer wieder bewusst gemacht und vermittelt werden. Es bedürfe der kulturellen Stütze und Entfaltung, was zunächst Aufgabe des Elternhauses und der sonstigen an der Erziehung und Ausbildung beteiligten Einrichtungen sei. Ganz wesentlich sei sie aber auch Thema und Verantwortlichkeit der Medien, denn allein der öffentliche Diskurs in der Beliebigkeit der Tatsachendarstellung reiche nicht aus. Zumindest in den öffentlichen Medien sei somit die Wertevermittlung zentraler Bestandteil der Aufgabe. Hierauf stützt Kirchhof den Kulturauftrag des öffentlich-rechtlichen Rundfunks.

Damit postuliert Kirchhof zwar auch die Idee vom informierten Bürger als grundlegend. Darüber hinaus aber verlangt er neben der reinen Informationsvermittlung auch die Wertevermittlung, die tragende Säule einer wehrhaften Demokratie ist. Zu Recht macht er darauf aufmerksam, dass unser Grundgesetz die Gleichheit von Mann und Frau vorsieht, andere Kulturen die Frau verpflichten, sich zu verstecken und dem Mann Untertan zu sein.[418] Diese Werte wie Gleichheit, aber auch Menschlichkeit, Toleranz und Rücksichtnahme -Werte, die ebenfalls in den Grundrechten angelegt sind - müssen wiederholt vermittelt werden, um nicht in Vergessenheit zu geraten. Zutreffend führt Kirchhof hier die wehrhafte Demokratie an, die auch multikulturell sein kann, wenn man diesen Begriff mit dem Bewusstsein auf die eigenen unabdingbaren Werte verbindet. Kultur und Wertevermittlung sind gerade keine starren Dogmen, sondern wachsen mit der lebendigen Darstellung und Weiterentwicklung. Das alles ha-

---

417 Kirchhof , Der Öffentlichkeitsauftrag des öffentlichen Rundfunks als Befähigung zur Freiheit, in: Abele/Fünfgeld/Riva (Hrsg.), S. 14.

418 Kirchhof, Der Öffentlichkeitsauftrag des öffentlichen Rundfunks als Befähigung zur Freiheit, in: Abele/Fünfgeld/Riva (Hrsg.), S. 14.

ben die Medien, insbesondere der unabhängige öffentlich-rechtliche Rundfunk zu leisten.

An anderer Stelle wird der Kulturauftrag des Rundfunks zumindest als umfassend und als modale Querschnittsmaterie angesehen, die in allen Teilen des Programms Gültigkeit besitzt.[419] Der öffentlich-rechtliche Rundfunk ist damit nicht nur verpflichtet, kulturelle Aspekte als Teil der Grundversorgung in sein Programm einfließen zu lassen, sondern auch Kultur an sich zu fördern und Werte zu vermitteln.

Damit könnte sich die Frage anschließen, was unter Kultur in diesem Sinne zu verstehen ist. Abschließend kann darauf keine Antwort geliefert werden, denn der Kulturbegriff selbst ist Gegenstand zahlreicher Abhandlungen.[420] Es kann aber festgehalten werden, dass der weite Kulturbegriff, der neben reiner Hochkultur auch die so genannte leichte Unterhaltung beinhaltet, sich durchgesetzt hat.[421]

Auf den Rundfunk übertragen heißt das, dass er natürlich auch Hochkultur, also die klassischen schönen Künste, anbieten muss. Gerade dieser Aspekt ist Teil - wenn auch nicht ausschließlicher Bestandteil - seiner Rechtfertigung in einem dualen Rundfunksystem. Der private Rundfunk kann und muss diese Bereiche des gesellschaftlichen Lebens, die weniger massenattraktiv sind, nicht senden. Er braucht es nicht, weil er sich nur aus Werbeeinnahmen zu finanzieren hat. Die öffentlich-rechtlichen Anstalten hingegen haben einen umfassenden Auftrag. Deswegen müssen sie bedarfgerecht über Rundfunkgebühren finanziert werden. Sie müssen dafür Sorge tragen, dass ein vielfältiges und ausgewogenes Gesellschaftsbild vermittelt wird. Deswegen kann von ihnen verlangt werden, auch Hochkultur mit geringer Zuschauerakzeptanz zu zeigen.

Nicht damit gemeint kann aber sein, dass es originäre Aufgabe des Rundfunks ist, dafür Sorge zu tragen, dass kostenintensive und wenig attraktive Sparten künstlich am Leben erhalten werden. Insoweit ist die Argumentation, ohne die Unterstützung des Rundfunks sterbe die klassische Musik aus, verfehlt. Hier muss der Staat dafür Sorge tragen, dass eine ausreichende Kulturförderung vor-

---

419 Rossen-Stadtfeld, epd medien, 16/2005, S. 5, 10. Siehe auch epd medien 7/2005, S. 13.

420 Zu Recht bezeichnet Nünning, Funkkorrespondenz 5/6/2005, S. 6, die Frage nach dem Kulturauftrag des öffentlich-rechtlichen Rundfunks als „schwieriges Feld“. Rossen-Stadtfeld, epd medien 16/2005, S. 5, 8, zeigt auf, dass nicht das Fehlen eines hinlänglich ausgeformten Begriffes, sondern die Vielfalt unterschiedlichster Intuitionen, Behauptungen und Begriffe den Versuch erschweren, den rechtsnormativen Sicherungsauftrag nach Maßgabe eines außerrechtlich entwickelten Kulturverständnis zu konkretisieren. Zum den verschiedenen Kulturbegriffen siehe etwa Naucke, Der Kulturbegriff in der Rechtssprechung des Bundesverfassungsgerichts; S. 3 ff; Geis, Kulturstaat und kulturelle Freiheit; S. 82 ff; 123 ff.

421 In diesem Sinne auch Dörr, Die Spartenkanäle von ARD/ZDF, S. 48; Rossen-Stadtfeld, epd medien 16/2005, S. 5, 10.

handen ist.[422] Der Staat darf sich nicht seiner kulturellen Verantwortung auf Kosten des öffentlich-rechtlichen Rundfunks entledigen. Zudem kann schon in Frage gestellt werden, ob es sich tatsächlich, wie vom Bundesverfassungsgericht gefordert, um die Abbildung aller in der Gesellschaft vorhandenen Ideen handelt, wenn etwas dargeboten wird, was in der Bevölkerung kaum mehr Zustimmung findet.

Zusammenfassend lässt sich sagen, dass der Kulturauftrag auch auf dem Gedanken, dass der öffentlich-rechtliche Rundfunk nicht nur Informationsvermittler, sondern auch Wertevermittler sein muss, beruht. Ihm obliegt es, neben ausgewogener Berichterstattung auch dafür Sorge zu tragen, dass bestimmte Grundwerte, die unserer Gesellschaft zugrunde liegen, übermittelt werden. Hier ist insbesondere die Menschenwürde aus Art. 1 GG als unantastbares Gut unserer Verfassung zu nennen. In ihr wurzeln alle Grundgedanken, die ein gesellschaftliches Zusammenleben erst ermöglichen. Natürlich sind auch anderen Grundrechten Wertaussagen immanent. Zurückzuführen bleibt aber letztlich alles auf die Menschenwürde. Wer den Menschen in seinem Kern als einzigartiges Individuum achtet, achtet seine Freiheit im Kantschen Sinne.[423] Jeder kann sich nur soweit entfalten, wie es die Freiheit des anderen zulässt. Er achtet die Religion des anderen, das Eigentum und die Familie. Der Rundfunk soll also neben ausgewogenen Fakten auch Toleranz und Wissen als Basis einer fundierten Meinungsbildung liefern. Diese Aufgabe hat der Rundfunk mit höchsten Ansprüchen an sich selbst zu erfüllen. Aus ihr muss er ein Selbstverständnis entwickeln, dass ihn unangreifbar hinsichtlich kommerzieller Interessen macht. Umso gewichtiger wiegt diese Idee, als er kommerzielle Interessen aufgrund des Gebührenanspruchs nicht nötig hat. Diese finanzielle Unabhängigkeit entbindet ihn indes nicht von der Verpflichtung, Programm zu veranstalten, das gesehen wird und den Rezipienten erreicht. Ohne diese Zielvorgabe verlöre er ebenfalls seine Legitimation, denn ein öffentlich-rechtlicher Rundfunk muss auch den Bürger erreichen, der Glied der Gesellschaft ist.

Damit kann festgehalten werden, dass unzweifelhaft ein Kulturauftrag des öffentlich-rechtlichen Rundfunks besteht. Bleibt zu fragen, wie weit dieser Kulturauftrag der Rundfunkanstalten reicht, welche Aktivitäten er also letztendlich umfasst. Hier ist wieder als Maßstab der konkrete Programmbezug zu nennen.[424] Der Rundfunk darf sich soweit kulturell betätigen, wie die Betätigung einen konkreten Programmbezug aufweisen kann.

---

422 Zur Kulturpflege in der Staatspraxis der Bundesrepublik siehe Köstlin, Die Kulturhoheit des Bundes, S. 62 ff.

423 Zum negativen und positiven Aspekt äußerer Freiheit im Sinne der Rechtsphilosophie von Kant siehe Hruschka, JZ 2004, 1058, 1086 f.

424 Vgl. zu den Einzelheiten des Programmbezuges D. II. 3. 104.

b) Die Orchesterfrage

Strahlen die Anstalten Sinfoniekonzerte aus, ist dies unzweifelhaft ein Teil ihrer Auftragserfüllung. Die Frage, ob die Konzerte zwangsläufig ausschließlich von den eigenen Orchestern eingespielt werden müssen, ist hiervon streng zu trennen.

Mit dieser Erkenntnis ist auch noch nicht geklärt, ob verfassungsrechtliche Bedenken gegen verschiedene Fusionsarten der Klangkörper bestehen. In der Diskussion ging es, wie erwähnt, um zwei verschiedene Fusionsmodelle.[425] Erste Variante war die angedachte Verschmelzung mit dem Orchester des Landes Rheinland-Pfalz in Ludwigshafen. Zweite Variante war die nun beschlossene Fusion des SWR-Rundfunkorchesters in Kaiserslautern mit dem Rundfunk-Sinfonieorchester Saarbrücken.

aa) Die Fusion des SWR-Rundfunkorchesters mit dem Landesorchester

Bedenken wurden von Seiten des SWR hinsichtlich der Staatsferne vorgebracht. Durch eine Fusion mit dem Landesorchester werde das verfassungsrechtliche Gebot der staatsfernen Rundfunkorganisation gefährdet. Dieses Argument wäre dann stichhaltig, wenn tatsächlich in die Staatsferne des Rundfunks eingegriffen würde. Staatsferne des Rundfunks meint zunächst Freiheit von staatlicher Einflussnahme auf das Programm.[426] Da der Staat durch die Öffentlichkeit kontrolliert wird und diese Kontrolle in erster Linie durch Medienöffentlichkeit erfolgt, muss also sichergestellt sein, dass er nicht da Einfluss nehmen kann, wo über ihn gewacht werden soll. Dem liegt der Gedanke der Watchdog-Funktion der Medien zugrunde. Das Staatsfernegebot richtet sich gegen Einflussnahme von Seiten der Exekutive als auch der Legislative.[427] Die Abwehrfunktion richtet sich nicht nur gegen Einflussnahmen auf Auswahl, Inhalt und Gestaltung der Programme, sondern auch gegen eine Einflussnahme, welche die Programmfreiheit mittelbar beeinträchtigen könnte.[428] Demnach würde einer Fusion das Staatsfernegebot entgegenstehen, wenn man dem Orchester tatsächlich Programmeinfluss zugestehen müsste. Anhaltspunkte hierzu liefert die freie Mitarbeiterentscheidung des Bundesverfassungsgerichts.[429] Hier hat das Gericht ausgeführt, dass Art. 5 Abs. 1 S. 2 GG den Rundfunkanstalten das Recht gewähre, dem Gebot der Vielfalt der zu vermittelnden Programminhalte auch bei der Auswahl,

---

425 Siehe hierzu auch oben Fußnote 406.

426 Hesse, Rundfunkrecht, S. 64, Rdnr. 37; Gersdorf, Staatsfreiheit des Rundfunks in der dualen Rundfunkordnung der Bundesrepublik Deutschland, S. 52.

427 BVerfGE 90, 60, 89.

428 BVerfGE 59, 231, 260; BVerfGE 73, 118, 183;

429 BVerfGE 59, 231.

Einstellung und Beschäftigung derjenigen Mitarbeiter Rechnung zu tragen, die bei der Gestaltung der Programme mitwirken.[430] Es führt aus:

„Im Blick auf den dargelegten Zusammenhang beschränkt sich dieser grundrechtliche Schutz der Bestimmung über das Rundfunkpersonal auf denjenigen Kreis von Rundfunkmitarbeitern, die an Hörfunk- und Fernsehsendungen inhaltlich gestaltend mitwirken. Das gilt namentlich, wenn sie typischerweise ihre eigene Auffassung zu politischen, wirtschaftlichen, künstlerischen oder anderen Sachfragen, ihre Fachkenntnisse und Informationen, ihre individuelle künstlerische Befähigung und Aussagekraft in die Sendungen einbringen, wie dies etwa bei Regisseuren, Moderatoren, Kommentatoren, Wissenschaftlern und Künstlern der Fall ist. (...)[431]

Dagegen umfaßt der verfassungsrechtliche Schutz des Art. 5 I 2 GG nicht Personalentscheidungen der Rundfunkanstalten, bei denen der dargelegte Zusammenhang fehlt. Dies ist namentlich der Fall, wenn sich die Entscheidungen auf Mitarbeiter beziehen, welche nicht unmittelbar den Inhalt der Sendungen mitgestalten. Hierzu zählen nicht nur das betriebstechnische und Verwaltungspersonal, sondern ebenso solche Mitarbeiter, deren Tätigkeit sich, wenn auch im Zusammenhang mit der Verwirklichung des Programms stehend, in dessen technischer Realisation erschöpft und ohne inhaltlichen Einfluß auf dieses bleibt. ...“

Einen solchen eigenständigen Programmeinfluss, wie vom Bundesverfassungsgericht gefordert, haben indes Orchestermitglieder nicht. Sie beeinflussen nicht unmittelbar den Inhalt der Sendungen, sondern spielen die vorgegebenen Partien ohne wesentliche individuelle Aussagekraft. Zwar ist auch hier der künstlerische Aspekt wesentlich, aber nicht dermaßen individualisierbar, dass es zwingend auf die Entscheidung eines einzelnen untergeordneten Musikers ankäme.

Mithin stünde einer Fusion mit dem Landesorchester nicht das ins Feld geführte Gebot der Staatsferne entgegen.

bb) Fusion mit dem Rundfunkorchester des SR

Bedenken gegen eine rundfunkinterne Lösung, wie vom SWR angestrebt, könnten nur bestehen, wenn der Erhalt eines eigenen Orchester zwingende Vorgabe des Auftrages wäre. Zwar sieht der Auftrag, insbesondere der Kulturauftrag vor, dass der öffentlich-rechtliche Rundfunk zur Grundversorgung durch Senden auch von Hochkultur in Form von klassischer Musik beitragen muss.[432] Das aber muss nicht zwangsläufig durch Aufnahmen eigener Orchester geschehen. Andernfalls müsste man in paralleler Geltung auch im sonstigen Programm davon ausgehen, dass der Auftrag nur durch Eigenproduktionen in allen Programmbe-

---

430 BVerfGE 59, 231, 257.

431 BVerfG, NJW 1982, 1447, 1448 = BVerfGE 59, 231, 260, 261.

432 Siehe hierzu auch oben D. II. 4.

reichen erfüllt werden kann. Das erscheint gerade in Anbetracht des Vielfaltsgebotes als wenig sachgerecht und geradezu abwegig.

Damit zeigt sich, dass diese Diskussion reine rundfunk- und standortpolitische Fragen betrifft, denn in rechtlicher Hinsicht bestehen gegen keines der Fusionsmodelle durchgreifende rundfunkrechtliche Bedenken.[433]

III. Zusammenfassung

Das gesamte Tätigkeitsfeld des öffentlich-rechtlichen Rundfunks kann mit dem Begriff des Auftrages zutreffend umschrieben werden. Der Auftrag ist die dem Rundfunk übertragene, an seinen Funktionen zu messende Gesamtaufgabe. Dazu gehören neben dem Grundversorgungsauftrag und der eigentlichen Programmveranstaltung auch ein eigenständiger Kulturauftrag. Dieser Kulturauftrag umfasst nicht nur die Darbietung von Hochkultur im Sinne der schönen Künste, sondern stellt vielmehr einen an abendländischen Werten orientierten Vermittlungsauftrag dar. Es reicht mit Kirchhof nicht aus, den Informationsauftrag zur Legitimation des öffentlich-rechtlichen Rundfunks heranzuziehen. Auch der informierte und wissende Bürger, der auch die Gemeinschaftsanliegen mitgestaltet und mitverantwortet, kann die Demokratie und die freiheitliche Gesellschaft nur mitprägen, wenn er ihre Grundwerte erlebt und versteht.[434] Die Kerngedanken unserer freiheitlichen Verfassung, ihre hergebrachten und erprobten Prinzipien kann der öffentlich-rechtliche Rundfunk den Bürgern bewusst machen und vermitteln,

Neben der Erfüllung des Kulturauftrages sind dem öffentlich-rechtlichen Rundfunk auch Randnutzungen erlaubt. Die Randnutzungen sowie der Kulturauftrag werden zulässig begrenzt durch das Erfordernis eines konkreten Programmbezuges. Der Begriff des Programmbezuges allerdings ist alleine nicht ausreichend, um die Zulässigkeit einer über die Grundversorgung hinausgehenden Tätigkeit oder einer Tätigkeit im Rahmen des Kulturauftrages zu bestimmen. Hier fehlt es an einem zusätzlichen konkretisierenden Element, das festlegt, wann der Bezug noch gewahrt ist. Daher ist an dieser Stelle ein konkreter kontextueller Programmbezug zu fordern. Es reicht aus, wenn eine Parallele zu den Sendungen vorhanden ist, um den Programmbezug herstellen zu können. Als Korrektiv des weiten Begriffs Programmbezug kann sogar eine doppelte Konkretisierung

---

433 Zwischenzeitlich hat der SWR-Verwaltungsrat dem Gesamtkonzept für Klangkörper, wie es der Intendant des SWR vorgelegt hatte, zugestimmt. In dem Konzept ist vorgesehen, das SWR-Rundfunkorchester Kaiserslautern mit dem Rundfunk-Sinfonieorchester Saarbrücken zu fusionieren. Vgl. Meldung in epd medien 46/2005, S. 15. Auch der SWR-Rundfunkrat hat die Verschmelzung des SWR-Rundfunkorchesters in Kaiserslautern mit dem Rundfunk-Sinfonieorchester Saarbrücken auf der Basis der mit dem Saarländischen Rundfunk verhandelten Eckpunkte genehmigt. Vgl. hierzu epd medien, 50/2005, S. 14 ff.

434 Kirchhof , Der Öffentlichkeitsauftrag des öffentlichen Rundfunks als Befähigung zur Freiheit, in: Abele/Fünfgeld/Riva (Hrsg.), S. 14.

erforderlich sein, wenn Ereignisse von Rundfunkanstalten selbst initiiert werden. Soll eine Tätigkeit rundfunkrechtlich zulässig sein, muss sie demnach einen konkreten Programmbezug aufweisen können, der sich auf die konkret in Frage stehende Tätigkeit bezieht. Das Korrektiv des konkreten Programmbezugs ist, wie gezeigt,[435] eine zulässige Beschreibung des Betätigungsfeldes.

Damit sind die Grundlagen dafür aufgezeigt, wie der Gesetzgeber den Auftrag ausgestalten darf. Im Folgenden ist darzustellen, wie der Auftrag des öffentlich-rechtlichen Rundfunks nach den erheblichen Änderungen des Rundfunkstaatsvertrages tatsachlich gestaltet wurde und ob diese Regelungen den verfassungsrechtlichen Anforderungen genügen.

IV. Die Änderungen durch den 7. und 8. Rundfunkänderungsstaatsvertrag

1. Allgemeine Änderungen

Die Änderungen des 7. Rundfunkänderungsstaatsvertrages betreffen den Rundfunkstaatsvertrag, den ARD-Staatsvertrag, den ZDF-Staatsvertrag, den Rundfunkgebührenstaatsvertrag und den Deutschlandradio-Staatsvertrag. Er dient darüber hinaus der Umsetzung der Richtlinie 2002/22/EG des Europäischen Parlaments und des Rates vom 7. März 2002 über den Universaldienst und Nutzerrechte bei elektronischen Kommunikationsnetzen und -diensten (Universaldienstrichtlinie). Schwerpunkte der Änderungen des Rundfunkstaatsvertrages bilden die Konkretisierung des Auftrages des öffentlich-rechtlichen Rundfunks einschließlich des Verbots von Pay-Angeboten und die Sicherung der Regionalfensterprogramme in den beiden bundesweit reichweitenstärksten privaten Fernsehvollprogrammen. Darüber hinaus sind insbesondere ergänzende Regelungen für die Bereiche Film- und Fernsehförderung sowie für die Nichtanrechenbarkeit von Warnhinweisen der Heilmittelwerbung für die Dauer der Werbezeit enthalten. Im Rundfunkgebührenstaatsvertrag wird das Moratorium für Internet-PCs um zwei Jahre bis zum 31. Dezember 2006 verlängert, sodass insoweit keine Pflicht zur Entrichtung von Rundfunkgebühren besteht.

Die wichtigste Änderung, die durch den 8. Rundfunkänderungsstaatsvertrag eingeführt wurde, ist die quantitative Programmfestsetzung auf eine Obergrenze in § 19 RStV.[436]

2. Nationaler Hintergrund

a) Politischer Hintergrund

Schon im Vorfeld des 5. Rundfunkänderungsstaatsvertrages vom 01. Januar 2001 zeigte sich, dass in absehbarer Zukunft Neuerungen im Rundfunksektor unerlässlich sein würden. Als Auslöser kann die Debatte im sächsischen Land-

---

[435] Siehe hierzu D. II. 3. b)

[436] Dazu ausführlich unten D. VI.

tag über den neuen Staatsvertrag, der in erster Linie eine Gebührenerhöhung um 3,33 DM auf 31,58 DM beinhaltete, angesehen werden.[437] Um den Unmut über die neue Regelung, die letztlich doch den Landtag des Freistaates passierte,[438] deutlich zu machen, wurde in die Präambel aufgenommen, dass der sächsischer Landtag davon ausgehe, mit diesem Ordnungsrahmen den letzten Rundfunkstaatsvertrag hergebrachter Art verabschiedet zu haben. Erwartet wurde von Seiten der sächsischen Abgeordneten, dass bis Ende 2003 eine eindeutige Definition des Grundversorgungsauftrages in der neuen Medienordnung verankert werde.[439] Gleichzeitig wurde eine Klarstellung der Entwicklungsgarantie im Sinne einer Austauschentwicklung gefordert. Zum Schutz der Gebührenzahler müsse sich der Finanzbedarf strikt am Funktionserfordernis orientieren.

Die nun angestoßene Diskussion wurde fortgeführt. Die Regierungschefs der Länder Bayern und Nordrhein-Westfalen stellten bald weitere Forderungen. In einer Rede des nordrhein-westfälischen Ministerpräsidenten im Sommer 2003 war von Wettbewerbsverfälschung durch den gezielten Einsatz von Gebührenmitteln zu hören.[440] Neben einer strukturellen Debatte zur Aufgabenverteilung im dualen Rundfunksystem sollte es zu einem Gebührenmoratorium kommen. Der Gebührenzahler sollte dadurch geschützt werden, dass der bisherige Gebührenautomatismus abgeschafft werde. Auch der Verdrängungswettbewerb hinsichtlich des Produzentenmarktes, der öffentlich-rechtlichen Spartenprogramme und die starke Onlinebetätigung wurden kritisiert.[441] Ähnliche Ansätze vertrat der bayerische Ministerpräsident anlässlich der Medientage München 2003. Er stellte ebenfalls den Schutz der Gebührenzahler vor kostenintensiven Entscheidungen in den Vordergrund. Daneben müsse es zu Gesprächen mit den öffentlichen Rundfunkanstalten kommen, die Qualität und Quantität ihrer Aufgaben thematisieren müssten.[442] Der Entwurf zum 14. KEF-Bericht für die nächste Gebührenperiode 2005 bis 2008, in dem vorläufig empfohlen wurde, die Gebühr um 1,07 € zu erhöhen, verschärfte die Diskussion weiter.[443]

---

[437] Siehe hierzu epd medien 70/2000, S.13 f.; epd medien 74/2000, S. 14 f.; epd medien 79/80/2000, S. 16 f.; epd medien 84/2000, S. 11; epd medien 87/2000, S. 3 ff.; epd medien 88/2000, S. 7 f.; epd medien 88/2000, S. 9 ff.; epd medien 90/2000, S. 12 f.; epd medien 96/2000, S. 10.

[438] epd medien 100/2000, S. 17.

[439] epd medien 100/2000, S. 17.

[440] Die Rede des nordrhein-westfälischen Regierungschefs am 4. Juni 2003 in Berlin wurde auch als „Brandrede" bezeichnet, Kammann, epd medien 44/2003, S. 3. Die Thesen Steinbrücks „Mehr Wettbewerb wagen!" sind abgedruckt in Funkkorrespondenz 27/2003, S. 11 ff.

[441] epd medien 44/2003, S. 13.

[442] Die Rede ist abrufbar unter http://www.medientage-muenchen.de/archiv/pdf_2003 /Stoiber_edmund.pdf (Abrufdatum 09.05.2005). Siehe auch Meldung in Funkkorrespondenz 43/2003, S. 7.

[443] Der Entwurf ist in einer Zusammenfassung abgedruckt in Funkkorrespondenz 43/2003, S. 26 ff.

aa) Das SMS-Papier[444]

Diesen Vorstößen folgte, ebenfalls noch im Jahr 2003, ein Strukturpapier zur Rundfunkreform.[445] Neben dem nordrhein-westfälischen und dem bayerischen Ministerpräsidenten beteiligte sich hieran auch der sächsische Regierungschef. Auch hier wurde wieder eine Auftragsdefinition verlangt, die im Sinne einer ausdrücklichen Leistungs- und Qualitätsorientierung erfolgen sollte. Die Rundfunkkommission der Länder sollte beauftragt werden, einen Rundfunkreformstaatsvertrag zu entwerfen. In dem Reformvorschlag sollten verschiedene Punkte verdeutlicht werden:

Das Gebot der Austauschentwicklung stand an erster Stelle der Forderungen. Gemeint war hiermit, dass den Rundfunkanstalten nur noch dann neue Angebote oder Leistungsausweitungen erlaubt sein sollten, wenn dafür bereits bestehende Programme oder sonstige Angebote eingestellt würden. Schon die Kommission zur Ermittlung des Finanzbedarfes der öffentlich-rechtlichen Rundfunkanstalten hatte kritisiert, dass die Rundfunkanstalten auf Kosten der Gebührenzahler die Programme ausweiten würden.[446]

Ebenfalls thematisiert wurden die Online-Angebote der Anstalten. Gefordert wurde hier, den Finanzbedarf für die Webpräsenz der Anstalten auf einen Gebührenanteil von 0,75 % des Anstaltsetats festzulegen. Hintergrund war, dass die neuen medialen Angebote noch immer im Projekt-Status waren und dadurch das veranschlagte Budget außerhalb der normalen Steigerung angehoben werden konnte. Auch dieser Punkt war bereits von der KEF kritisiert worden.

Daneben sollten die Marketingaufwendungen, wozu das Programm-Marketing, Kosten für Medienforschung und Öffentlichkeitsarbeit sowie Personalaufwendungen gehören, auf einen Gebührenanteil von 1 % des Gebührenaufkommens festgeschrieben werden. Diese Kosten waren seit 1998 stetig angestiegen. Die Rundfunkgebühr sollte strukturell vereinfacht werden, um die erforderlichen Verwaltungskosten senken zu können. Insbesondere die GEZ sollte zu Einsparungen gezwungen werden und Gebührenbefreiungen nur noch aus sozialen Gesichtspunkten möglich sein. Mit einhergehen sollte auch eine Kürzung der Planstellen bei den Rundfunkanstalten von 5 % und die Festschreibung, dass Kreditaufnahmen zukünftig nicht mehr als bedarfssteigernd anzusehen seien.

Speziell beim Fernsehen sollten die Kultursender ARTE und 3SAT zum Gegenstand der Sparmaßnahmen werden und zusammengelegt werden. Ebenso sollten Doppelstrukturen bei Phoenix und Kinderkanal vermieden werden und die Sendezeit des Kinderkanals auf 6.00 bis 19.00 Uhr beschränkt werden. Ent-

---

444 Nach den Anfangsbuchstaben der drei Ministerpräsidenten Stoiber, Milbradt und Steinbrück wurde dieser Rundfunkstrukturvorschlag als „SMS-Papier" bezeichnet.

445 Das Reformvorhaben ist dokumentiert in epd medien 89/2003, S. 23 f.

446 KEF-Bericht Tz. 422.14 abrufbar unter: http://www.kef-online.de/inhalte/bericht14/14bericht.pdf (Abrufdatum 09.05.2005).

fallen sollten die Berechtigung zu zusätzlichen digitalen Angeboten und die Kooperationsmöglichkeiten mit kommerziellen Anbietern. Darüber hinaus sollte jede Landesrundfunkanstalt nur ein landesweites Fernsehvollprogramm analog veranstalten.

Im Hörfunkbereich sollte die Anzahl der Programme auf maximal 45 statt wie bisher 61 beschränkt werden und die hohen Kosten des DeutschlandRadios gesenkt werden.

Neben dem Reformvorschlag wurden die Rundfunkanstalten aufgefordert, die von der KEF vorgeschlagenen Sparmaßnahmen umzusetzen und Reserven auszuschöpfen. Insbesondere die Personalkosten sollten verringert werden. Eine Anpassung an den öffentlichen Dienst wurde als geeignetes Instrumentarium angesehen, um Kosten zu senken. Die so erzielten Einsparungen sollten dann nicht zur neuerlichen Expandierung der Aufgaben verwendet werden, sondern sollten die Rundfunkgebühr stabil halten. Auch die Klangkörper standen im Fokus der Sparvorschläge. Fusionen mit Landesorchestern und Personalabbau wurden vorgeschlagen und lebhaft diskutiert.[447]

Schließlich wurde in dem Strukturpapier vorgeschlagen, die Sponsoringregeln den allgemeinen Werberegeln zu unterwerfen. Man erhoffte sich eine erhöhte Akzeptanz beim Zuschauer, wenn die Werbegrenze bis 20.00 Uhr deutlicher gemacht werde.

Das SMS-Papier schloss mit der Forderung, die KEF erneut den durch die Reform geminderten Finanzbedarf berechnen zu lassen.[448]

bb) Der 7. Rundfunkänderungsstaatsvertrag

Die Regierungschefs der Länder verabschiedeten bereits im Juni 2003 den 7. Rundfunkänderungsstaatsvertrag.[449] Hier gab es nun erstmals mit dem dort verankerten § 11 eine Festschreibung des Auftrages, wie von der Politik gefordert.

In der Begründung hieß es:

„Mit den Änderungen des Rundfunkstaatsvertrages werden sowohl Bereiche des öffentlich-rechtlichen als auch des privaten Rundfunks erfasst sowie das duale Rundfunksystem fortentwickelt. Fragen der Förderung von Film- und Fernseh-

---

[447] Vgl. hierzu unzählige Meldungen: epd medien 18/2005, S. 23; epd medien 19/2005, S. 12; epd medien 20/2005, S. 18; epd medien 22/23/2005, S. 18; epd medien 28/2005, S. 10. Siehe auch D. II. 4. b)

[448] Aus medienrechtlicher Sicht ist diese Forderung unhaltbar. Die KEF sollte damit veranlasst werden, ihre erste, an der Bedarfsanmeldung der Anstalten orientierte und nach Wirtschaftlichkeits- und Sparsamkeitserwägungen verfasste Bedarfsermittlung so lange zu berechnen, bis eine medienpolitisch populäre Gebührenhöhe erreicht wäre. Der verfassungsrechtliche Schutz des Rundfunks vor der Einflussnahme der Politik und des Staates im Wege der Gebührenmittel wurde mit dieser Forderung ad absurdum geführt.

[449] Funkkorrespondenz 28/2003, S. 7.

produktionen sowie des Auftrages des öffentlich-rechtlichen Rundfunks für Programme und Online-Dienste werden ebenso geregelt wie Fensterprogramme im Rahmen der beiden bundesweit reichweitenstärksten privaten Fernsehvollprogramme, die nunmehr verpflichtend vorgesehen sind."

Der 7. Rundfunkänderungsstaatsvertrag trat zum 01. April 2004 planmäßig in Kraft, obwohl das saarländische Parlament erst zum letztmöglichen Termin am 31. März den Vertrag angenommen hatte.[450]

cc) Die Arbeit der Rundfunkkommission

Die Ministerpräsidenten der Länder einigen sich nach dem SMS-Papier darauf, von der Rundfunkkommission noch zu erarbeitende Reformvorschläge in ihrer nächsten Sitzung zu beraten. Schon nachdem der 14. KEF-Bericht Anfang Januar 2004 vorgestellt wurde, war klar, dass die von den Rundfunkanstalten geforderte Gebührenerhöhung von 2,01 € auf 18,16 € monatlich keinen Bestand haben würde. Die KEF hatte die Forderung erheblich gekürzt. Zugestanden wurde den Anstalten eine Gebührenerhöhung um 1,09 €, was einer zukünftigen Rundfunkgebühr von 17,24 € entsprechen würde.[451] Im Vergleich zu den Bedarfsanmeldungen bedeutete das für die ARD ein Minus von 42 %, für das ZDF ein Minus von 48 % und für das DeutschlandRadio sogar eine Gebührenkürzung um 0,03 €.

Kurz darauf, am 23. Januar 2004, beschloss die Rundfunkkommission in Berlin, dass eine Rundfunkreform unerlässlich sei. Es wurden staatsvertragliche Regelungen in Betracht gezogen, aber der Schwerpunkt der Reform sollte einvernehmlich mit den Anstalten durchgeführt werden.[452] Selbstverpflichtungen sollten hier zum Ziel führen. Die Strukturdebatte wurde von der Gebührendiskussion getrennt. Die Ministerpräsidentenkonferenz sollte sich daher sowohl mit den ersten Ergebnissen der Strukturreform auseinandersetzen, als auch über den KEF-Bericht diskutieren. Unklar war, zu welchem Zeitpunkt die Rundfunkgebühr erhöht werden sollte. Einig war man sich jedoch darüber, dass die bestehende Programmzahl als Obergrenze festgelegt werden müsse. Bei den Online-Angeboten sollte ein finanzielles Limit durch Selbstverpflichtungen erreicht werden. Personalkostensenkungen und Kreditaufnahmen müssten reduziert werden, die Doppelstrukturen bei Phoenix und Kinderkanal wurden hingegen als nicht zu dringliches Problem betrachtet. Allerdings gab es eine Mehrheit innerhalb der Rundfunkkommission bezüglich der Sendezeit des Kinderkanals, die nicht über 21.00 Uhr ausgeweitet werden sollte. Die Digitalprogramme sollten als Platzhalter dienen und ihre Kosten offen gelegt werden. Jede Landesrund-

---

450 Funkkorrespondenz 14/2004, S. 6.

451 Der 14. KEF-Bericht ist abrufbar unter: http://www.kef-online.de/inhalte/bericht14/14bericht.pdf (Abrufdatum: 09.05.2005); siehe auch epd medien 1/2004, S. 12 f.

452 epd medien 6/2004, S. 11 f.

funkanstalt sollte auf ein Landesprogramm beschränkt werden, das aber sowohl in analoger, als auch in digitaler Form möglich sein sollte.

dd) Erste Reaktionen der ARD

Die Intendanten der ARD reagierten schnell auf diese Forderungen und trafen sich noch Ende Januar in München. Sie diskutierten über das SMS-Papier und erarbeiten Verhandlungsgrundlagen für die Rundfunkkommission. Ein Treffen sollte schon am 20. Februar 2004 in Mainz stattfinden. Das Positionspapier machte klar, dass die ARD die Forderungen als Eingriff in die Rundfunkfreiheit wertete, weil ihre Autonomie verletzt werde.[453] Auch die Bestands- und Entwicklungsgarantie wurde als gefährdet angesehen und die generelle Umsetzbarkeit der Forderungen in Frage gestellt. Kritisiert wurde auch, dass mit den Vorschlägen einer Rundfunkzentralisierung Vorschub geleistet werde. Eine Senkung der Rundfunkgebühr könne vielmehr dadurch erreicht werden, dass die Länder stärker in den Aufbau der digitalen Infrastruktur eingebunden würden. Darüber hinaus verursache die Politik einen Großteil der Rundfunkgebühr selbst. Die Finanzierung der Landesmedienanstalt mit 2% des Gebührenanteils wurde als eine solche oktroyierte Aufgabe angesehen und die Abschaffung gefordert. Auch die Film- und Kulturförderung sei verzichtbar und würde mit 13,8 Cent monatlich zu Buche schlagen. Die Klangkörper würden mit 36 Cent im Monat von den Rundfunkanstalten finanziert und seien ebenfalls redundant. Die Befreiungspraxis müsse überprüft werden, da sie 1,34 € monatliche Kosten verursachen würde. Schließlich läge ein gänzlicher Verzicht auf politische gewollte Programme wie ARTE, Kinderkanal, 3SAT und Phoenix nahe. Die Selbstverpflichtungserklärungen hingegen wurden als akzeptabel angesehen und die Trennung der Struktur- von der Gebührendebatte als Erfolg für die ARD gewertet. Es sollte von Seiten der ARD-Intendanten konkrete Sparvorschläge für jede Anstalt ausgearbeitet werde. An der Gebührenerhöhung um 1,09 € zum 01.01.2005 wurde festgehalten.

ee) Das Treffen der Rundfunkkommission mit den Intendanten von ARD, ZDF und DLR

Am 19. Februar 2004 kam es zu einer Sitzung der Rundfunkkommission in Mainz zunächst ohne die Intendanten. Hier wurde die weitere gemeinsame Vorgehensweise abgestimmt. Erst einen Tag später kamen die Vertreter der Rundfunkanstalten hinzu und man einigte sich auf eine Reform durch Selbstverpflichtungserklärungen.[454] Die Anstalten sagten zu, sich um Gebührensenkungen zu bemühen, betonten jedoch nochmals die Unabhängigkeit des Gebührenfestsetzungsverfahrens.[455] Sie signalisierten ihr Einverständnis mit den geforderten O-

---

[453] Das Positionspapier der ARD ist abgedruckt in epd medien 5/2004, S. 24 ff, der Anhang 2 in epd medien 6/2004, S. 28 ff.

[454] epd medien 14/2004, S. 14.

[455] Funkkorrespondenz 10/2004, S. 11.

bergrenzen hinsichtlich der Programmzahl und des Internetangebotes sowie der festgelegten Sendezeit für den Kinderkanal. Auch Gehaltsanpassungen an den öffentlichen Dienst wurden als möglich erachtet. Die Anstalten forderten ihrerseits, die Finanzierung der Landesmedienanstalten und der Klangkörper zu überarbeiten. Zu weiteren einzelnen Fragen wie etwa die Digitalisierung der Übertragungswege und Ausgestaltung der Selbstverpflichtungserklärungen einigte man sich darauf, Arbeitsgruppen einzurichten.

ff) Erster Zwischenbericht der Rundfunkkommission

Nach dem Gespräch mit den Anstaltsvertretern fasste die Kommission ihre Empfehlungen in einem Zwischenbericht, der das Ergebnis einer Sitzung der Staats- und Senatskanzleichefs am 02. und 03. März 2004 in Berlin war, zusammen.[456]

Folgende Punkte wurden festgehalten:[457]

Die Obergrenze für Programmangebote im Fernsehen solle, ebenso wie das Verbot der bedarfssteigernden Kreditaufnahmen, durch staatsvertragliche Regelung auf den gegenwärtigen Stand festgeschrieben werden, wobei die Austauschbarkeit der Angebote nach landesrechtlichen Vorgaben zulässig sein solle. Im Hörfunkbereich sollte abgewartet werden, was die ARD an strukturellen Ankündigungen umsetzen würde, um diese in die geplante Festschreibung einbeziehen zu können. Im Online-Bereich sollte ebenfalls die Selbstverpflichtung abgewartet werden. Weitere Punkte, wie die Planstellenreduzierung, die kulturelle Schwerpunktlegung im Hauptprogramm, die Sendezeitfestlegung des Kinderkanals, der Finanzausgleich und die Konkretisierung der allgemeinen Sparvorhaben, sollten erst nach angekündigten Selbstverpflichtungserklärungen weiter verfolgt werden. In anderen Bereichen, Sponsoring und Digitalisierung, sollten die Ergebnisse der Arbeitsgruppen abgewartet werden. Die Teilhabe der Landesmedienanstalten an der Rundfunkgebühr sollte erst im Rahmen der Gesamtentscheidung über die Reform geklärt werden. Die Gebührenfrage und eine dahingehende staatsvertragliche Änderung sollte erst nach dem gesamten Reformpaket angegangen werden. Nicht weiter verfolgt werden sollten die Programmbudgetierung, die Zusammenlegung von ARTE und 3Sat, die Aufhebung der Doppelstrukturen bei Phoenix und Kinderkanal, der Auslandsfunk und die Umlegung von freiwerdenden Frequenzen zugunsten des DeutschlandRadios.

Abschließend wurde empfohlen, die geplanten Reformen in erster Linie durch Selbstverpflichtungserklärungen der Anstalten durchzuführen, soweit diese geeignet seien, die angestrebten finanziellen Ziele zu erreichen.

---

456 epd medien 17/2004, S. 12 ff.

457 Der Zwischenbericht samt Empfehlungen ist abgedruckt in Funkkorrespondenz 12/2004, S. 31 f.

gg) Die Ministerpräsidentenkonferenz am 25. März 2004

Den Regierungschefs der Länder lagen zu ihrer planmäßigen Sitzung im März sowohl der Zwischenbericht der Rundfunkkommission als auch der 14. KEF-Bericht vor. Nur die Selbstverpflichtungserklärungen, die seit dem 7. Rundfunkänderungsstaatsvertrag erstellt werden müssen, konnten von den Anstalten nicht rechtzeitig geliefert werden.[458] Man einigte sich schnell auf wesentliche Punkte wie die Entwicklungsgarantie im Sinne einer Austauschgarantie und die Obergrenze des derzeit bestehenden Programmangebotes. Die Zusammenlegung einzelner Sender wurde verworfen. Das Onlineangebot sollte finanziell nicht ausgebaut werden, ebenso die Marketingaufwendungen. Kreditaufnahmen sollten nur noch sehr beschränkt ermöglicht werden. Uneinig war man sich in der Frage, in welchem Jahr mit dem Planstellenabbau begonnen werden sollte und wie die Gebührenbefreiungstatbestände ausgestaltet werden sein sollten. Die Rundfunkgebühr sollte, so wurde auf der Berliner Sitzung beschlossen, zum 01. Januar 2005 angehoben werden, allerdings nicht in der von der KEF vorgeschlagenen Höhe von 1, 09 € pro Monat.[459]

hh) Zweiter Zwischenbericht der Rundfunkkommission

Die Rundfunkkommission schlug nun einvernehmlich eine staatsvertragliche Regelung vor. Diese sollte verschiedene Bereiche umfassen. Neben der Festlegung der Programmobergrenze sollte auch die Kreditaufnahme verboten werden. Empfohlen wurde, den DeutschlandRadio-Staatsvertrag anzupassen sowie den Jugendmedienschutz im Internetbereich aus der Rundfunkgebühr zu finanzieren.

Weiterer wichtiger Punkt war die Empfehlung, einen Staatsvertrag zu erarbeiten, der die Rundfunkgebühr strukturell verändern sollte. Einig war man sich darin, dass es nur noch einkommensabhängige Gebührenbefreiungen, die entsprechend nachzuweisen sein sollten, geben sollte. Grundlegende Änderungen sollte es auch bei der Gebührenpflicht für Zweitgeräte geben.

Die Selbstverpflichtungen der Länder wurden geprüft. Die meisten Erklärungen, wie etwa die Onlineproblematik, die Marketingfragen und die Sendezeit der Kulturprogramme, wurden als mit den Länderinteressen vereinbar angesehen. Bezüglich der Planstellenreduktion und der digitalen Fernsehprogramme gab es nach Ansicht der Kommission weiteren Gesprächsbedarf.

Die Rundfunkkommission beschloss, die Sponsoringregelungen weiter zu erörtern. Insbesondere im Bereich der Kooperationen und des Product-Placements herrsche nach wie vor Handlungsbedarf. Ebenso sollte die Frage des terrestrischen Digital Video Broadcastings (DVB-T) thematisch bei der Rundfunkkom-

---

[458] Funkkorrespondenz 14/2004, S. 11, wonach die Selbstverpflichtungen der ARD erst am 30. März verabschiedet wurden.

[459] Funkkorrespondenz 14/2004, S.6.

mission bleiben, während das Problem hinsichtlich der entsprechenden Technik im Audiobereich (DAB) in einer Arbeitsgruppe bestehend aus Mitgliedern der Rundfunkkommission und der Rundfunkanstalten gelöst werden sollte.

Letztlich war die Kommission der Auffassung, eine Rundfunkgebührenerhöhung unter einem Euro sei möglich. Dazu müssten allerdings, so die Kommission, sowohl die Anstalten als auch die Länder durch Schaffung entsprechender gesetzlicher Vorgaben einen Anteil beitragen.

Abschließend konnte sich darauf verständigt werden, die wichtigsten Fragen bis September 2004 zu klären. Ein entsprechender Staatsvertragsentwurf sollte bis zur Jahreskonferenz der Ministerpräsidenten im Oktober 2004 vorliegen und zum 01. Februar 2005 in Kraft treten.

ii) Die Ministerpräsidentenkonferenz am 17. Juni 2004

Obwohl im Vorfeld dieser Konferenz davon ausgegangen wurde, dass es nicht zu konkreten Ergebnissen kommen werde,[460] zeichnete sich nach der Ministerpräsidentenkonferenz im Juni ab, dass die Gebührenerhöhung nicht wie geplant zum 01. Januar 2005, sondern erst zum 01. April 2005 in Kraft treten würde.[461] Über die Höhe hatte man sich nicht einigen können. Die abschließende Entscheidung hierüber sollte erst nach der Sommerpause gefällt werden. Die Selbstverpflichtungserklärungen der Anstalten wurden zur Kenntnis genommen und weitere konkrete Zahlen für Einsparungen erwartet. Die Rundfunkkommission wurde ermächtigt, zusammen mit der KEF und den öffentlich-rechtlichen Rundfunkanbietern weitere Reformvorbereitungen zu treffen. Konsens herrschte nach dem Treffen darüber, dass eine Programmobergrenze für ARD und ZDF eingeführt werden sollte.[462]

jj) Reformvorschlag zum 8. Rundfunkänderungsstaatsvertrag

Bereits im Juli 2004 wurde von den Rundfunkreferenten der Entwurf des 8. Rundfunkänderungsstaatsvertrages beraten. Unklarheiten gab es insbesondere im Gebührenverfahren.

kk) Beschluss und Ratifizierung des 8. Rundfunkänderungsstaatsvertrages

Nach zahlreichen weiteren vorbereitenden Sitzungen der Rundfunkkommission, Gesprächen der Ministerpräsidenten mit den Intendanten der Sendeanstalten und der Jahreskonferenz der Chefs der Staats- und Senatskanzleien kam es endlich zur Einigung über den Rundfunkänderungsstaatsvertrag. Voran ging der Einigung insbesondere ein Treffen von sechs Ministerpräsidenten am 20. September 2004. Hier wurde sich darauf verständigt, die Gebührenempfehlung der KEF

---

460 epd medien 46/2004, S. 13.

461 Funkkorrespondenz 26/2004, S. 8 f.

462 Funkkorrespondenz 26/2004, S. 9.

abzuändern und den Vorschlag um 30 Cent zu senken.[463] Auf der Jahreskonferenz der Ministerpräsidenten vom 06. bis zum 08. Oktober 2004 in Berlin wurde dann beschlossen, die Rundfunkgebühr um 0,88 € zu erhöhen.[464] Daneben wurde mit § 19 RStV auch die quantitative Programmhöchstzahl geregelt.

Es war der sächsische Landtag, dem das lange Bangen um die Ratifizierung des neuen Staatsvertrages zu verdanken war. Grund hierfür war ein Gutachten des juristischen Dienstes des sächsischen Landtages. Das Gutachten ging davon aus, dass der Rundfunkänderungsstaatsvertrag aufgrund der Abweichung vom KEF-Vorschlag verfassungswidrig sei. Demzufolge dürfe der Gesetzgeber der Änderung nicht zustimmen.[465] Letztendlich stimmte auch er, trotz des Gutachtens, der Gebührenerhöhung und damit dem 8. Rundfunkänderungsstaatsvertrag zu.[466] Kurz darauf stimmte auch der letzte noch ausstehende baden-württembergische Landtag der neuen Regelung zu.[467]

Der 8. Rundfunkänderungsstaatsvertrag trat am 01. April 2005 in Kraft.

b) Verfassungsrechtlicher Hintergrund

Neben dem politischen Ringen um die Auftragsdefinition haben die neuen Regelungen der §§ 11 und 19 RStV enorme verfassungsrechtliche Relevanz.

aa) Das Problem der fehlenden Konkretisierung in Bezug auf die Anstalten selbst

Wie gezeigt wurde, kann auch durch eine Einschränkung der Begriffsvielfalt im Rundfunkrecht keine eindeutige Klarheit darüber erzielt werden, was der öffentliche Rundfunk darf und welche Tätigkeiten nicht (mehr) von seinem Auftrag gedeckt sind.[468] Damit wird klar, dass eine zulässige gesetzliche Festschreibung, die der Anstaltsautonomie genügend Raum lässt, auch für die Anstalten selbst eine Sicherheit darstellen kann. Je besser definiert ist, was von den Anstalten verlangt wird, umso geringer ist die Gefahr, diesen Anforderungen nicht gerecht zu werden und letztlich den Auftrag zu verfehlen. Ebenso sinkt die Gefahr, sich durch übermäßige Ausweitung des Betätigungsfeldes angreifbar zu machen. Der öffentlich-rechtliche Rundfunk kann sich so seiner Verpflichtung aus Art. 5 Abs. 1 S. 1 GG wieder bewusster werden. Eine Auftragsdefinition kann

---

463 Vgl. Meldung in Funkkorrespondenz 40/2004, S. 5. In Funkkorrespondenz 41/2004, S. 30 f. ist die Empfehlung und der Beschlussentwurf der 6-er Gruppe der Rundfunkkommission der Länder zum Gebührenverfahren abgedruckt.

464 Vorrangiges Thema dieser Sitzung war allerdings nicht die Rundfunkreform, sondern die Föderalismusreform. Im Wege des so genannten Kaminkompromisses wurde aber auch die Rundfunkproblematik gelöst.

465 Das Rechtsgutachten des Juristischen Dienstes des sächsischen Landtags zum 8. Rundfunkänderungsstaatsvertrag ist abgedruckt in Funkkorrespondenz 9/2005, S. 34 ff.

466 epd medien 19/2005, S. 15.

467 Funkkorrespondenz 11/2005, S.10; epd medien 22/23/2005, S. 13 f.

468 Siehe hierzu D. II.

also ein grundsätzlich sinnvolles Mittel sein, um eine Selbstkommerzialisierung der Anstalten zu verhindern. Die oft kritisierte Angleichung des öffentlich-rechtlichen an das private Rundfunkprogramm kann vermieden werden. Insofern ist eine Definition durchaus notwendig und sinnvoll.

bb) Rechtfertigung der Rundfunkgebühr

Besondere Relevanz erlangt die Frage nach dem verfassungsrechtlich Geschuldetem auch immer dann, wenn es um die Gebührenfinanzierung der Rundfunkanstalten geht.

Die Rundfunkgebühr dient dazu, den Finanzbedarf der Rundfunkanstalten abzudecken. Die Rechtfertigung dafür liegt in der besonderen Leistung, die der öffentlich-rechtliche Rundfunk für die Gesellschaft zu erbringen hat. Er soll integrieren und fördern, Vorbild sein und der umfassenden Meinungsbildung dienen. Er ist der Teil der dualen Rundfunkordnung, der vorbehaltlos umfassend, vielfältig und ausgewogen berichten muss. All das kann er nur leisten, wenn ausreichend finanzielle Mittel zur Verfügung stehen, um unabhängig sein zu können. Zur Ermittlung dieser bedarfgerechten Gebühr hat das Bundesverfassungsgericht ein Verfahren vorgegeben, welches sicherstellen soll, dass der Staat auch an dieser wichtigen Stelle keinen Einfluss auf den Rundfunk nehmen kann.[469] Gerade bei der Finanzausstattung wäre dafür nämlich ein Ansatzpunkt. Als Druckmittel könnte von Seiten der Politik damit gedroht werde, die Mittel zu kürzen, wenn nicht bestimmte gewünschte Inhalte massenwirksam vermittelt werden. Diese Gefahr hat auch das Verfassungsgericht gesehen und ist ihr mit seinem Gebührenurteil begegnet.[470]

(1) Das dreistufige Gebührenverfahren

Das vom Bundesverfassungsgericht vorgegebene Verfahren ist durch § 14 RStV i.V.m. §§ 1 bis 7 RFinStV staatsvertraglich verankert. Danach wird die Höhe der Gebühr in einem dreistufigen Verfahren festgelegt.

Zunächst melden die Anstalten ihren Bedarf in einem detaillierten Bericht an. Diese Anknüpfung an die Bedarfsanmeldung der Rundfunkanstalten wurzelt drin, dass die Programmentscheidungen Teil der grundrechtlich gesicherten Autonomie der Anstalten sind. Zwar muss nicht jede Entscheidung zwingend in eine konkrete Gebührenforderung umgelegt werden.[471] Die Entscheidung aber, was zur Erfüllung des Auftrages notwendig ist, obliegt grundsätzlich den professionellen journalistischen Verantwortlichen in den Anstalten selbst.

---

469 BVerfGE 90, 60, 101 ff.

470 Dieses Urteil wird zu Recht als große Rechtsprechungsleistung des Bundesverfassungsgerichts für das Medienrecht angesehen, Dörr, Die Gebührenfrage und die Debatte um die Strukturreform in: Festschrift Ress, S. 1151.

471 Hartstein/Ring/Kreile/Dörr/Stettner, Rundfunkstaatsvertrag, Loseblatt, § 14, Rdnr. 22.

Anschließend prüft die Kommission zur Ermittlung des Finanzbedarfes (KEF), ob die Anmeldung den Regeln der Sparsamkeit und Wirtschaftlichkeit entspricht und folglich alle möglichen Rationalisierungsmaßnahmen ausgeschöpft wurden. Hierbei ist auch zu prüfen, ob die Anstalten sich im Rahmen ihres Auftrages bewegen. Konkret bedeutet dies, dass untersucht wird, ob die Programme hinsichtlich Zahl, Umfang und Zeitdauer erforderlich sind, um den Auftrag des Rundfunks erfüllen zu können.[472] Dabei ist auf die Programmautonomie und die Wettbewerbsfähigkeit der Anstalten Rücksicht zu nehmen.[473] Diese Überprüfung ist gerade nicht politischer, sondern fachlicher Natur, da die KEF eine unabhängige Expertenkommission und kein politisches Gremium ist. Ihre Zusammensetzung richtet sich nach § 4 RFinStV.

Am Ende der Prüfung durch die KEF steht ein konkreter Gebührenvorschlag für die nächste Gebührenperiode.

Erst in der dritten und letzten Stufe kann der so überprüfte Gebührenvorschlag von den Ländern beschlossen werden. Gemäß § 7 Abs. 2 S. 1 RFinStV ist der Gebührenvorschlag der KEF die Grundlage für eine Entscheidung der Landesregierungen und der Landesparlamente. Dies geschieht derzeit durch staatvertragliche Regelung, der die einzelnen Länderparlamente zustimmen müssen. Die Länder dürfen nur in restriktiv auszulegenden Ausnahmefällen von dem Vorschlag der KEF abweichen, da ansonsten die staatsferne Festsetzung umgegangen werden könnte. Dabei erschöpfen sich die Abweichungsgründe in dem sozialen Aspekt der Gebührenbelastung und in Fragen des Informationszugangs.[474] Eine Abweichung gemäß § 7 Abs. 2 S. 3 RFinStV ist zu begründen.

(2) Der Zusammenhang zwischen Auftragsdefinition und Gebührenverfahren

Fällt nun eine Tätigkeit tatsächlich nicht in den verfassungsrechtlich vorgegebenen Auftrag der Anstalten, ist auch eine hierfür erhobene Gebühr nicht gerechtfertig. Umgekehrt heißt das zwar formal auch, dass die Rundfunkanstalten ihre Bedarfsanmeldungen nur an auftragsgemäßen Tätigkeiten orientieren dürfen. Programminhalte, die in diesem Rahmen nicht erforderlich sind, begründen keinen Anspruch der Anstalten auf Umsetzung und würden den Gebührenzahler zu Unrecht belasten.[475] Aber das tatsächliche Spannungsfeld zwischen dem Interesse der Rundfunkanstalten, möglichst viele Gebühren einnehmen zu können, und dem Schutz der Gebührenzahler ist vorgezeichnet. Auch insoweit ist eine Auftragsdefinition zu begrüßen.

---

472 Hartstein/Ring/Kreile/Dörr/Stettner, Rundfunkstaatsvertrag, Loseblatt, § 14, Rdnr. 29.

473 Dörr, K&R 2001, 233, 235; Dörr, Die Gebührenfrage und die Debatte um die Strukturreform in: Festschrift Ress, S. 1155.

474 Dörr, Programmvielfalt im öffentlich-rechtlichen Rundfunk durch funktionsgerechte Finanzausstattung, S. 31.

475 Hartstein/Ring/Kreile/Dörr/Stettner, Rundfunkstaatsvertrag, Loseblatt, § 14, Rdnr. 22 und Rdnr. 29.

Daraus ergibt sich, dass eine fehlende Konkretisierung des Auftrages auch hinsichtlich der Rundfunkgebühr problematisch sein kann.

cc) Verfassungsrechtliche Rechtfertigung eines dualen Rundfunksystems

Zudem ist aufzuzeigen, dass ohne verfassungsrechtliche Auftragserfüllung nicht nur die Rechtfertigung der Gebühr, sondern auch das gesamte duale Rundfunksystem in Frage gestellt werden könnte. Die Unterteilung in öffentlich-rechtliches und privates Fernsehen mit der Folge, dass den privatwirtschaftlichen Sendern Entfaltungsmöglichkeiten genommen werden, was freiheitsrechtliche Relevanz im Sinne des Art. 12 GG haben kann, bedarf einer verfassungsmäßigen Rechtfertigung. Diese Legitimation in der dualen Rundfunkordnung könnte entfallen, wenn der öffentlich-rechtliche Rundfunk seinen Auftrag verfehlte. Folge wäre, dass für den öffentlich-rechtlichen Rundfunk keine Notwendigkeit da kein Nutzen mehr bestünde und den privaten Fernsehanbietern die gesamte Last der Grundversorgung in jedem einzelnen Vollprogramm aufgebürdet werden müsste. Miteinhergehen würde damit aber auch die von privater Seite unzweifelhaft zu begrüßende Beseitigung der starken öffentlich-rechtlichen Konkurrenz um Einschaltquoten und Werbepreise.

3. Europarechtlicher Hintergrund

Auch unter europarechtlichen Gesichtspunkten war eine Festschreibung der Aufgabe des öffentlich-rechtlichen Rundfunks vorzunehmen.[476] Beihilferechtliche Bedenken gegen die Rundfunkgebühr waren der Anstoß für eine nationale Regelung. Es kam nicht zuletzt deshalb zur Gesetzesänderung, weil man hoffte, mit einer Auftragsdefinition der EU-Kommission im Verfahren um die Rundfunkgebühr den Wind aus den Segeln zu nehmen und so ein Vertragsverletzungsverfahren letztlich doch noch abzuwenden.

a) Die Ansicht der Kommission

Vorangestellt sei zunächst, dass die EU-Kommission die deutsche Rundfunkgebühr wohl noch immer als von den Beihilferegelungen des EG-Vertrages, genauer der Art. 87 ff. EG-Vertrag, erfassten Tatbestand ansieht. Lange Zeit war man in Deutschland davon ausgegangen, dass spätestens nach dem Urteil des EuGH zum Nahverkehr „Altmark Trans" die Gefahr für die deutsche Gebühr gebannt sei und die Kommission ihre Haltung aufgeben werde.[477] Aller Zuversicht zum Trotz hat die Kommission an ihrer Einschätzung festgehalten und eine Vorprüfung eingeleitet. Die Bundesrepublik wurde zu einer Stellungnahme aufgefordert, wobei es sich ausdrücklich nicht um ein förmliches Vertragsverlet-

---

[476] Hierzu unten D. IV. 3. c) .

[477] So etwa König /Haratsch, ZUM 2003, 804, 812; zuletzt noch Jury, Die Maßgeblichkeit von Art. 49 EG für nationale rundfunkpolitische Ordnungsentscheidungen, S. 65.

zungsverfahren im Sinne des Art. 226 EG-Vertrag handeln soll.[478] Bedenken bestehen auf Seiten der Kommission hinsichtlich unterschiedlicher Gesichtspunkte. Zunächst beanstandet sie die Quersubventionierungen der Produktionstöchter und die Nichtanwendung der Transparenzrichtlinie auf die öffentlich-rechtlichen Rundfunkanstalten. Sie ist auch der Auffassung, dass die Onlinedienste über den Grundversorgungsauftrag hinausgehen. Des Weiteren verlangt sie Auskunft hinsichtlich einer Beschwerde von Kabel Baden-Württemberg wegen nicht marktkonformen Verhaltens bei der Vermietung von Sendeanlagen. Hintergrund ist der Start des DVB-T Projektes in Berlin. Schließlich bestehen auf Kommissionsseiten Zweifel daran, ob der Sportrechteerwerb der Rundfunkanstalten mit den Beihilferegelungen vereinbar ist. In einer ersten Einschätzung schlussfolgert die Kommission, dass es sich bei der Rundfunkgebühr um eine staatliche Beihilfe im Sinne des Art. 87 Abs. 1 EGV handelt.[479] Die Anwendbarkeit des Art. 86 Abs. 2 EG auf die Gebührenfinanzierung hat die Kommission verneint.[480] Die Kommission führt an, dass die in Frage stehende Dienstleistung im allgemeinen wirtschaftlichen Interesse stehen müsse und klar definiert sein müsse. Das sei bei der Finanzierung des öffentlich-rechtlichen Rundfunks nicht der Fall. Zwar sei die Auftragsdefinition hinsichtlich der reinen Programmtätigkeit der Rundfunkanstalten durch § 11 RStV und rechtsverbindliche Leitlinien bzw. Programmperspektiven geeignet, den Auftrag näher zu präzisieren. Es seien aber nach deutschem Verständnis vom Auftrag auch rein kommerzielle Tätigkeiten erfasst, die nach Kommissionsansicht nicht als Dienstleistung von allgemeinem wirtschaftlichen Interesse gelten könnten.[481]

Gleichzeitig führte die Kommission Maßnahmen an, die geeignet wären, die Bedenken zu zerstreuen. An erster Stelle nennt die Kommission hier die weitere Konkretisierungen des Auftrages hinsichtlich neuer Mediendienste und digitaler Kanäle und eine klare Beauftragung hinsichtlich der Online-Tätigkeit sowie einer nachträglichen Kontrolle. Sie fordert weiter eine getrennte Buchführung im Sinne der Transparenzrichtlinie.[482] Schließlich verlangt sie eine angemessene ex-post Betrachtung bei der Erfüllung des Auftrages und will sichergestellt wissen, dass die Finanzierung nicht über den Auftrag hinausgeht.

---

478 Vgl. hierzu Meldung in der FAZ vom 04. März 2005, Seite 1 und in epd medien 18/2005, S. 11; epd medien 21/2005, S. 34.

479 Das an Deutschland gerichtete Auskunftsverlangen über Einzelfragen zum Aufgabenrahmen und zur Finanzierung des öffentlich-rechtlichen Rundfunks vom 03. März 2005 ist zusammengefasst angedruckt in epd medien 18/2005, S. 29-34 und ausführlich dokumentiert in epd 21/2005; S. 3-40.

480 epd medien 21/2005, S. 25 ff.

481 epd medien 21/2005, S. 26.

482 Zur Frage nach der Verpflichtung der öffentlich-rechtlichen Rundfunkanstalten zur getrennten Buchführung nach der Transparenzrichtlinie siehe Hain, MMR 2001, 219 ff.

Die Vorwürfe der Kommission ranken sich also in erster Linie um die genaue Auftragsbeschreibung. Mit einer Konkretisierung und einer geeigneten Überprüfung sieht die Kommission aber auch die Möglichkeit, das Verfahren zu beenden.

b) Die deutsche Stellungnahme

Der am 06. Mai 2005 der Europäischen Kommission übermittelten Stellungnahme der Bundesrepublik Deutschland lässt sich entnehmen, dass die Bundesregierung nicht die Ansicht der Kommission teilt.[483] Im Ergebnis bleibt die Regierung bei der Überzeugung, dass sich das deutsche Rundfunksystem innerhalb der der Bundesrepublik Deutschland vorbehaltenen Regelungsbefugnis halte und dem gemeinschaftsrechtlichen Regime der Wettbewerbskontrolle schon deshalb und aus dem weiteren Grund entzogen sei, weil weder die Finanzierung aus Rundfunkgebühren noch die Trägerschaft der öffentlich-rechtlichen Rundfunkanstalten noch deren Besteuerung für kommerzielle Betätigungen die Tatbestandsmerkmale einer Beihilfe im Sinne des Art. 87 Abs. 1 EG-Vertrag erfüllten. Diese Einschätzung basiere an erster Stelle auf der einschlägigen Rechtsprechung des Europäischen Gerichtshofes und auf den von der Kommission bislang verfolgten Leitlinien.[484]

Die Bundesregierung führt aus, sie habe bereits in ihrer Stellungnahme vom 30.06.2004 zum Verfahren CP 43/2003 das mit dem 7. Rundfunkänderungsstaatsvertrag eingeführte neue Regulierungssystem zur Präzisierung des Auftrages dargestellt. Das dreistufige System aus gesetzlicher Regelung, Richtlinie bzw. Satzung sowie Selbstverpflichtungserklärung sei dennoch im Schreiben der Generaldirektion Wettbewerb nicht zutreffend dargestellt.

Auf der ersten Ebene befänden sich die staatsvertraglichen Regelungen zu den öffentlich-rechtlichen Programmangeboten. Zu diesen gehöre die „Grundnorm" des § 11 RStV, die die Beauftragung enthalte und die die generellen Inhalts- und Qualitätsanforderungen an den öffentlich-rechtlichen Rundfunk umreiße. Diese staatsvertragliche Grundnorm (zum Teil in Verbindung mit weiteren staatsvertraglichen Konkretisierungen wie z.B. § 5 ZDF-Staatsvertrag) sei die konkrete Rechtsgrundlage für die nachfolgend beschriebenen Satzungen bzw. Richtlinien und die Selbstverpflichtungserklärungen. Die Grundnorm stelle eine staatliche und somit gesetzgeberische Vorgabe dar.

Auf der zweiten Ebene befänden sich die anstaltsautonomen Rechtsquellen, die Satzungen und die Programmrichtlinien. Die Richtlinien und Satzungen würden aber nicht allein von den Geschäftsleitungen gesetzt, sondern würden staatsfern

---

483 Die Stellungnahme ist in gekürzter Version abgedruckt in epd medien 38/2005, S. 3 ff. sowie in der ebenfalls gekürzten Pressefassung zum download bereitgestellt unter: http://www.bundesregierung.de/Politikthemen/Medien-463.826587/pressemitteilung/Die-Mitteilung-der-Bundesregie.htm (Abruf vom 04.06.2005).

484 epd medien 38/2005, S. 3.

durch die im Rundfunk- bzw. Fernsehrat vertretenen gesellschaftlich relevanten Kräfte genehmigt.

Auf der dritten Ebene ständen dann die Selbstverpflichtungserklärungen der Anstalten.[485] Diese würden von den Intendanten unter Mitwirkung der Gremien abgegeben. Sie stellten die Konkretisierung der staatlichen Vorgaben des Gesetzgebers sowie der von der pluralistischen Gesellschaft gesetzten Programmrichtlinien durch eine konkrete Programmplanung dar. Diese Eigenpräzisierung des Programmauftrags solle die Leistungen des öffentlich-rechtlichen Rundfunks in der Öffentlichkeit transparent und nachprüfbar machen. Inzwischen sei mit Wirkung zum 01. April 2005 der 8. Rundfunkänderungsstaatsvertrag in Kraft getreten, der die Grundnorm des § 11 RStV unverändert belasse, jedoch § 19 dahingehend erweitere, dass dort die den Rundfunkanstalten zugewiesenen Rundfunkprogramme, deren Veranstaltung und technische Verbreitung konkretisiert sei. Außerdem sei der Umfang der Fernsehprogramme auf den Stand vom 01.04.2004 festgeschrieben. Dieser modifizierte Programmauftrag umfasse auch die Verbreitungspflichten über Satellit[486] und die Berechtigung für die Programmausstrahlung in digitaler Technik[487] mit umfangmäßigen Begrenzungen[488]; auch für den Hörfunk sei die Gesamtzahl der verbreiteten Programme auf den Stand vom 01.04.2005 eingefroren.

c) Rechtliche Würdigung der europarechtlichen Problematik in Bezug auf die Rundfunkgebühr

Tatsächlich handelt es sich bei der deutschen Rundfunkgebühr nicht um eine staatliche Beihilfe im Sinne des EG-Vertrages. Dieses Ergebnis lässt sich mit folgenden Überlegungen belegen.

Art. 87 Abs. 1 EGV sieht vor, dass soweit in dem EG-Vertrag nicht etwas anderes bestimmt ist, staatliche oder aus staatlichen Mitteln gewährte Beihilfen gleich welcher Art, die durch die Begünstigung bestimmter Unternehmen oder Produktionszweige den Wettbewerb verfälschen oder zu verfälschen drohen, mit dem gemeinsamen Markt unvereinbar sind, soweit sie den Handel zwischen Mitgliedstaaten beeinträchtigen. Voraussetzung der Anwendbarkeit ist das tatbestandliche Vorliegen einer Beihilfe. Fraglich ist aber, ob diese Vorschrift überhaupt anwendbar ist. Es könnte im EG-Vertrag etwas anderes bestimmt sein. In Betracht könnte Art. 86 Abs. 2 EV kommen.

---

485 Gemeint sind die Leitlinien für die Programmgestaltung der ARD 2005/2006 und die Programmperspektiven des ZDF 2004-2006.

486 Vgl. § 19 Abs. 3. RStV.

487 Vgl. § 19 Abs. 4 RStV.

488 Vgl. § 19 Abs. 5. RStV.

aa) Das Verhältnis des Art. 86 Abs. 2 EG zu Art. 87 EG

Fraglich ist zunächst, wie sich die Vorschrift des Art. 86 Abs. 2 EG auf die beihilferechtlichen Regelungen auswirkt. Art. 86 Abs. 2 EG stellt zunächst klar, dass die Beihilfevorschriften auch für Unternehmen gelten, die mit Dienstleistungen von allgemeinem wirtschaftlichen Interesse betraut sind. Das soll aber dann nicht der Fall sein, wenn die besondere Aufgabe durch die Anwendung des Vertrages verhindert wird.

Sähe man Art. 86 Abs. 2 EG als reine Rechtfertigungsnorm oder Ausnahmetatbestand, wie es weitgehend in der Literatur der Fall ist,[489] wären vorab die Tatbestandsvoraussetzungen des Art. 87 EG zu prüfen oder zumindest der Beihilfenbegriff auszuleuchten. Erst wenn diese Voraussetzungen vorlägen, könnte Art. 86 Abs. 2 EG rechtfertigend angeführt werden.[490] Folge wäre, dass die Kommission die Prüfungskompetenz auch im Rahmen des Art. 86 Abs. 2 EGV inne hätte.[491] Sie könnte also letztendlich definieren, was in einem Mitgliedstaat eine Dienstleistung im allgemeinen Interesse wäre. Eine neuere Meinung vertritt in Anlehnung an die EuGH-Rechtsprechung die Auffassung, Art. 86 Abs. 2 EG sei als reines Wertungselement bei der Auslegung des Tatbestandsmerkmals der Begünstigung im Rahmen des Art. 87 Abs. 1 EG zu berücksichtigen.[492]

Dieses Ergebnis widerspricht dem erklärten Willen der Vertragsparteien, wie er in dem Protokoll über den öffentlich-rechtlichen Rundfunk rechtsverbindlich Ausdruck gefunden hat.[493] Hier wurde festgehalten, dass die Ausgestaltung des öffentlich-rechtlichen Rundfunks allein in die Kompetenz der Mitgliedstaaten fällt. Zudem hat die Kommission in ihrer 2001 verabschiedeten Mitteilung über die Anwendung der Beihilfevorschriften auf den öffentlich-rechtlichen Rundfunk („Rundfunkmitteilung") anerkannt, dass die Definition des Auftrages in die

---

489 So wohl Arndt, Europarecht, S. 217; Koenig/Kühling/Ritter, EG-Beihilfenrecht, S. 33 (Ausnahmetatbestand); Koenig/Kühling, ZHR 166 (2002), 656, 658 (sachgebietsübergreifende Ausnahmebestimmung); Schwarze (Hrsg.), EU-Kommentar, Art. 86 EGV Rdnr. 51 ff. (Ausnahme); Oppermann, Europarecht, Rdnr. 1050 ff.; Koenig/Haratsch, Europarecht, Rdnr. 880; Dörr/Haus, JuS 2001, 313, 318; Ruttig, Der Einfluss des EG-Beihilfenrechts auf die Gebührenfinanzierung der öffentlich-rechtlichen Rundfunkanstalten, der Art. 86 Abs. 2 EGV als Bereichsausnahme anprüft (S. 138) und davor von Ausnahmen auf Tatbestandsebene spricht (S. 138), die Anwendbarkeit des Art. 86 Abs. 2 EGV aber letztlich am Merkmal des „wirtschaftlichen Interesses" scheitern lassen will und schließlich doch Art. 86 Abs. 2 als Rechtfertigungsgrund hinter Art. 87 Abs. 2 und 3 EGV zurücktreten lässt, S. 146.

490 Hierzu Gundel, RIW 2002, 222, 228.

491 So das Gericht erster Instanz, Urteil vom 27. Februar 1997-Rechtssache T- 106/95, FFSA u.a./Kommission, Slg.1997, II-229, Rdnr. 165; Götz in: Dauses; Handbuch des EU-Wirtschaftsrechts, H.III, Rdnr. 33.

492 Hasse, Die Finanzierung des öffentlich-rechtlichen Rundfunks, S. 118.

493 Protokoll über den öffentlich-rechtlichen Rundfunk abgedruckt in: Hartstein/Ring/Kreile /Dörr/Stettner, Rundfunkstaatsvertrag, B 4, Rdnr. 33.

Zuständigkeit der Mitgliedstaaten falle und sich die Aufgabe der Kommission auf die Überprüfung offensichtlicher Fehler beschränke.[494]

Lange Zeit hatte auch die Kommission die Auffassung vertreten, dass finanzielle Vorteile, die die Mitgliedstaaten zum Ausgleich für gemeinwirtschaftliche Sonderzahlungen gewähren, keine staatlichen Beihilfen seien.[495] Diese Kommissionspraxis wurde aber durch Entscheidungen des Europäischen Gerichts erster Instanz zunächst in Frage gestellt und letztendlich aufgegeben. In dem Urteil vom 27. Februar 1997 in der Rechtssache FFSA u.a./Kommission ging es um eine Entscheidung der Kommission, die Steuerentscheidungen zugunsten der französischen Post als Ausgleich für gemeinwirtschaftliche Sonderlasten nicht als Beihilfe qualifiziert hatten. Die dritte Kammer des EuG hatte hier gegen die Kommissionsauffassung entschieden. Es wurde ausgeführt, dass die „irrige Beurteilung“ der Kommission, die fragliche Maßnahme sei keine staatliche Beihilfe aufgrund des Art. 90 Abs. 2 (jetzt Art. 86 Abs. 2 EG), zu verwerfen gewesen sei.[496] Im Urteil SIC/Kommission zur Finanzierung der öffentlichen portugiesischen Fernsehsender hat das Gericht erster Instanz, diesmal die erste erweiterte Kammer, diese Rechtsprechung aufrechterhalten. Hier wurde eine Auswirkung auf die Qualifizierung einer Maßnahme als Beihilfe für den Fall ausdrücklich verneint, dass staatliche Stellen einem Unternehmen einen finanziellen Vorteil gewähren, um übernommene gemeinwirtschaftliche Verpflichtungen auszugleichen.[497] Dieser Einschätzung ist der Europäische Gerichtshof nicht gefolgt, sondern hat der beihilfenrechtlichen Einschätzung das so genannte Tatbestandsmodell gegenübergestellt.[498] Der Lösungsansatz geht davon aus, dass eine Subvention nur dann dem Beihilfebegriff unterliegt, wenn und soweit der wirtschaftliche Vorteil über eine angemessene Vergütung der Dienstleistungen im

---

494 Mitteilung der Kommission über die Anwendung der Vorschriften über Staatliche Beihilfen auf den öffentlich-rechtlichen Rundfunk. Amtsblatt der Europäischen Gemeinschaften 2001/ C 320/ 04 vom 15.11.2001, Ziffer 36. Abrufbar unter: http://europa.eu.int/eur-lex/pri/de/oj/dat/2001/c_320/c_32020011115de00050011.pdf (Abrufdatum 04.07.2005).

495 In den Leitlinien der Gemeinschaft für staatliche Beihilfen im Seeverkehr heißt es, dass eine Notifizierung nach Art. 93 Abs. 3 (jetzt Art. 88 Abs. 3 EG) nicht erforderlich sei bei Maßnahmen, die Erstattungen auf der Grundlage eines transparenten Verfahrens für Unternehmen sind, die mit der Erbringung gemeinwirtschaftlicher Dienste betraut werden, sofern eine Überkompensation ausgeschlossen ist. Leitlinien der Gemeinschaft für staatliche Beihilfen im Seeverkehr, Amtsblatt Nr. C 205 vom 05/07/1997 S. 0005 – 0015 (Punkt 9).

496 Gericht erster Instanz, Urteil vom 27. Februar 1997-Rechtssache T- 106/95, FFSA u.a./Kommission, Slg.1997, II-229, Rdnr. 199.

497 Gericht erster Instanz, Urteil vom 10. Mai 2000 - Rechtssache T- 46/97, SIC/Kommission, Slg. 2000, II-2125, Rdnr. 84.

498 Das Tatbestandsmodell wird auch als Ausgleichsansatz bezeichnet. So etwa Pernice/Wernicke in: Grabitz/Hilf, Das Recht der Europäischen Union, Art. 86 EGV, Rdnr. 94; Bartosch, NJW 2002, 3588, 3590; Bartosch, NVwZ 2002, 174, 175; differenzierend Gundel, RIW 2002, 222, 228.

allgemeinem wirtschaftlichen Interesse hinausgeht.[499] In diesem Sinne hat der Europäische Gerichtshof im Fall Ferring SA/Acoss entschieden.[500] Er stellte fest, dass eine Beihilfe nur vorliegt, wenn der gewährte finanzielle Vorteil die tatsächlichen Kosten übersteigt, die durch die auferlegten gemeinwirtschaftlichen Pflichten entstehen.[501] Im Anschluss an diese Feststellung prüft der EuGH, ob diese Kostenerstattung durch Art. 86 Abs. 2 EG gerechtfertigt ist. Er kommt zu dem Ergebnis, dass das wiederum nur dann der Fall ist, wenn der Ausgleich die sich aus der gemeinschaftlichen Aufgabe ergebenden zusätzlichen Kosten nicht übersteigt.[502] Er prüft folglich sowohl bei der Beihilfenbestimmung als auch bei der Prüfung des Art. 86 Abs. 2 EG die tatsächliche Kompensation der durch die Ausübung der öffentlichen Aufgabe entstandenen Kosten. Daraus lässt sich schließen, dass die Prüfung der Kostenkompensation maßgeblich für den Beihilfencharakter in dem Sinne ist und dass bei Verneinung einer Überzahlung auch keine Beihilfe vorliegt. Damit ist eine vorgezogene Prüfung des Art. 86 Abs. 2 EG mit den Grundsätzen der EuGH Rechtssprechung zu vereinbaren, da auch der EuGH letztendlich einen Tatbestandsausschluss im Rahmen des Art. 87 Abs. 1 EG annimmt. Auch in der Altmark Trans-Entscheidung hat der EuGH diese Grundsätze vertreten und konkretisiert. Er führte aus, dass es maßgeblich darauf ankäme, ob die Maßnahme als Vorteil angesehen werden könne, den das Unternehmen unter normalen Marktbedingungen nicht erhalten hätte. Ein solcher Vorteil liege nicht vor, wenn die Maßnahme lediglich als Ausgleich und Gegenleistung für die Leistungen anzusehen sei, die das Unternehmen zur Erfüllung gemeinwirtschaftlicher Verpflichtungen erbringe. Das ist, übertragen auf die Rundfunkgebühr, erst recht anzunehmen, wenn, wie im Falle der Rundfunkgebühr, die Leistung nicht nur einen ausgleichenden Charakter hat, sondern die öffentliche Aufgabe überhaupt erst ermöglicht, denn ohne die Rundfunkgebühr wäre die Aufgabe des öffentlich-rechtlichen Rundfunks, unabhängig und ausgewogen zu informieren, nicht zu leisten.

Es handelt sich somit schon dann tatbestandlich nicht um eine Beihilfe, wenn die Vorschrift des Art. 86 Abs. 2 EG Platz greift.[503] Diesem Modell liegt auch der Gedanke zugrunde, dass die Anmeldepflicht sowie das Durchführungsverbot des Art. 88 Abs. 3 EG wenig sachgerecht sind für Leistungen von allgemeinem wirtschaftlichen Interesse. Der Kommission ist es nicht länger gestattet, nach

---

499 Pernice/Wernicke in: Grabitz/Hilf, Das Recht der Europäischen Union, Art. 86 EGV, Rdnr. 95; Bartosch, NJW 2002, 3588, 3590; Schlussantrag des Generalanwalts Antonio Tizzano, Slg. 2001, I-9069, Nr. 60 ff.

500 EuGH, Urteil vom 22. November 2001-Rechtssache C-53/00, Ferring, Slg. 2001, I-9098. Siehe auch Bartosch, NVWZ 2002, 174 f.

501 EuGH, Urteil vom 22. November 2001-Rechtssache C-53/00, Ferring, Slg. 2001, I-9098, 9111.

502 EuGH, Urteil vom 22. November 2001-Rechtssache C-53/00, Ferring, Slg. 2001, I-9098, 9111, 9112.

503 So auch Gundel, RIW 2002, 222, 228.

rascher Bejahung des Vorliegens einer Begünstigung gemäß Art. 87 Abs. 1 EG die weitere materielle Prüfung auf die Vorschrift des Art. 86 Abs. 2 EG zu verlagern und damit dem Mitgliedstaat die Darlegungs- und Beweislast aufzubürden, dass keine Überkompensation bei der Gewährung des Ausgleichs stattfindet.[504] Zudem kann nicht von Beihilfen gesprochen werden, wenn die staatliche Leistung lediglich einen Ausgleich für gesetzlich auferlegte Verpflichtungen ist. Diesem Ansatz ist der EuGH, wenn auch innerhalb der Beihilfenprüfung, auch in der jüngeren Rechtssprechung, dem Altmark Trans Urteil, [505] wieder gefolgt.[506]

Der hier vertretende Ansatz wird zudem von zwei weiteren Erwägungen gestützt, die sich am Wortlaut des Vertragstextes orientieren. Zum einen ist die Vorschrift des Art. 86 Abs. 2 EG selbst heranzuziehen. Hier ist normiert, dass die übrigen Vertragsbestimmungen keine Anwendung finden sollen, wenn die entsprechenden weiteren Voraussetzungen der Norm vorliegen. Dann erscheint es nur folgerichtig, diese Norm vor Anwendung der anderen Normen als lex specialis zu prüfen.[507] Zum anderen ergibt sich ein weiteres Argument aus dem Wortlaut des Art. 87 Abs. 1 EG. Hier ist die Unvereinbarkeit der Beihilfen für den Fall normiert, soweit im EG-Vertrag nicht etwas anderes bestimmt ist. Eine solche andere Bestimmung kann aber gerade Art. 86 Abs. 2 EG sein, die also die Anwendbarkeit des Art. 87 EG bei Vorliegen aller Tatbestandsmerkmale ausschließt.

Richtigerweise ist Art. 86 Abs. 2 EG damit als Tatbestandsausschluss zu qualifizieren, bei dessen Vorliegen die Beihilferegelungen keine Anwendung mehr finden und der vorab zu prüfen ist.[508] Daraus ergibt sich für den weiteren Gang der Prüfung, dass bei Vorliegen des generellen Ausschlusses der Beihilferegelungen über Art. 86 Abs. 2 EG die Vorschrift des Art. 87 EG nicht mehr zu prüfen ist.[509] Anders gewendet ist zunächst zu prüfen, ob der Tatbestand des

---

504 Bartosch, NJW 2002, 3588, 3590; a.A. von Wallenberg, ZUM 2004, 875, 879.

505 EuGH, Urteil vom 24. Juli 2003-Rechtssache C-280/00, Altmark Trans = NJW 2003, 2515 = EuZW 2003, 496.

506 Zur Entwicklung der Rechtsprechung des EuGH von FFSA bis Altmark siehe auch Bartosch, EuZW 2004, 295 f.

507 So im Ergebnis auch Dörr, Rundfunkfinanzierung und EG-Vertrag, S. 10.

508 So im Ergebnis auch zu Recht Oppermann, Deutsche Rundfunkgebühren und europäisches Beihilferecht, S. 54.

509 Dörr/Cloß, ZUM 1996, 105, 108; Dörr/Haus, JuS 2001, 313, 319; a.A. Koenig/Kühling in: Streinz, EUV/EGV, Art. 86 EGV, Rdnr. 37, wonach die sachgebietsübergreifende Ausnahmeklausel erst zum Zuge kommen soll, wenn die sachgebietsspezifischen Ausnahmebestimmungen, insbesondere Art. 87 Abs. 2 und 3 EGV, ausgeschöpft worden sind; Jung in: Calliess/Ruffert, Kommentar zu EU-Vertrag und EG-Vertrag, Art. 86 EG-Vertrag, der zwar von einer Bereichsausnahme spricht (Rdnr. 34), die aber nur als ultima ratio in Betracht kommen soll. Vorher müssten alle Möglichkeiten der Sondergenehmigungen erfolglos ausgeschöpft sein, Rdnr. 46.

Art. 86 Abs. 2 EG eingreift und bejahendenfalls verbietet sich der Rückgriff auf den Beihilfetatbestand.

bb) Vorliegen der Voraussetzungen des Art. 86 Abs. 2 EG in Bezug auf die Rundfunkgebühr

(1) Unternehmen

Art. 86 Abs. 2 EG gilt für sämtliche Unternehmen unabhängig davon, ob sie öffentliche Unternehmen sind wie in Abs. 1 gefordert oder in einem besonderen Abhängigkeitsverhältnis zum Staat stehen.[510] Die Unternehmenseigenschaft von öffentlich-rechtlichen Rundfunkanstalten hat der EuGH schon früh bejaht.[511] Das Gemeinschaftsrecht verfolgt einen weiten funktionalen Unternehmensbegriff und versteht unter Unternehmen jede wirtschaftliche Einheit, die als einheitliches Rechtssubjekt personelle, materielle und immaterielle Faktoren umfasst und einen auf Dauer angelegten wirtschaftlichen Zweck verfolgt.[512] Das ist auch bei öffentlich-rechtlichen Rundfunkanstalten der Fall.

(2) Betrauung mit einer Dienstleistung

Weiter müsste der öffentlich-rechtliche Rundfunk mit einer Dienstleistung betraut sein, die im allgemeinen wirtschaftlichen Interesse liegt. Nach dem deutschen Verständnis von öffentlich-rechtlichem Rundfunk erscheint es zunächst fernliegend, die Rundfunktätigkeit der öffentlich-rechtlichen Anstalten als Dienstleistung anzusehen, ist sie doch Grundlage der Demokratiesicherung weil meinungsbildend. Dieses Verständnis entspricht jedoch nicht dem des Europarechts. Der EuGH hat schon 1974 im Fall Sacchi festgestellt, dass Rundfunk als Dienstleistung einzustufen ist.[513] Auch in den folgenden medienspezifischen Entscheidungen wurde diese Linie fortgeführt. Die Debauve-Entscheidung einige wenige Jahre später nahm zur Übertragung von Fernsehsendungen im Kabel Stellung.[514] Der EuGH führte aus, dass es keinen Grund gebe, diese anders zu behandeln. In dem Kontext sind auch die Coditel I-Entscheidung[515] und das Kabelregeling-Urteil[516] zu nennen, die beide die Dienstleistungseigenschaft von Fernsehproduktionen bestätigten. Auch in den neueren Fällen hat der EuGH daran festgehalten, Fernsehen als Dienstleistung einzustufen.[517] Die öffentlich-

---

510 Koenig/Kühling in: Streinz, EUV/EGV, Art. 86, Rdnr. 43.

511 EuGH 1974 Teil I u. II 409, 430, 431.

512 EuGH Slg. 1962, 717, 750 (Mannesmann); Koenig/Kühling; ZHR 166 (2002), 656, 664.

513 EuGH Slg. 1974, 409.

514 EuGH Slg. 1980, 833.

515 EuGH Slg. 1980, 881.

516 EuGH Slg. 1988, 2085.

517 Siehe hierzu EuGH Slg. 1991, I-2925 (ERT); Slg. 1991, I-4007 (Stichting Collective Gouda); Slg. 1991, I-4069 (Kommission/Niederlande); Slg. 1992, I-6757 (Kommission/Belgien); Kommission/Belgien (TV 10 SA).

rechtlichen Rundfunkanstalten erbringen also Dienstleistungen im Sinne des Art. 86 Abs. 2 EG.[518]

Wichtiger und zugleich problematischer Prüfungspunkt bei der Anwendung des Art. 86 Abs. 2 EG ist der Betrauungsakt, mit dem das Unternehmen mit der Dienstleistung beauftragt wird. Wie der Betrauungsakt zu erfolgen hat und welche Mindestanforderungen an ihn zu stellen sind, ist im EG-Vertrag nicht geregelt. Dennoch ist dieses Merkmal zentral für die Bestimmbarkeit der Sonderrechte und Sonderpflichten.[519] Die Betrauung setzt voraus, dass eine klare Definition dessen, was als Aufgabe übertragen werden soll, vorliegt.[520] Zudem muss das ausgewählte Unternehmen durch den Betrauungsakt individualisierbar sein.[521] Diese Voraussetzungen sind heute relevanter denn je. Dem öffentlich-rechtlichen Rundfunk wurde kraft Verfassung und einfachem Landesrecht die Aufgabe übertragen, umfassende Information im Sinne des Versorgungsauftrages der Bevölkerung zu bieten.[522] Allerdings ist fraglich, ob der von Verfassungs wegen bestehende und vom Bundesverfassungsgericht entwickelte Auftrag hinreichend konkret im Sinne des Art. 86 Abs. 2 EG ist. Bedenken hieran waren zumindest vor der Einführung der Auftragsdefinition nach dem 7. und 8. Rundfunkänderungsstaatsvertrag angebracht, da der EuGH in Bezug auf das Merkmal der Betrauung eine restriktive Linie verfolgte. Verlangt wird nämlich die Betrauung durch Gesetz oder einen sonstigen hoheitlichen Akt.[523] § 11 RStV in der Fassung des 6. Rundfunkänderungsstaatsvertrages sah nur vor, dass die Finanzausstattung den öffentlich-rechtlichen Rundfunk in die Lage zu versetzen hatte, seine verfassungsmäßigen und gesetzlichen Aufgaben zu erfüllen. Diese Aufgaben wurden zwar in den jeweiligen Landesgesetzen oder Staatsverträgen präzisiert, aber die Regelungen waren und sind unterschiedlich konkret ausgestaltet. So sieht etwa der SWR-Staatsvertrag in § 3 einen recht detaillierten Pro-

---

518 Im Ergebnis auch Selmer/Gersdorf, Die Finanzierung des Rundfunks in der Bundesrepublik Deutschland auf dem Prüfstand des EG-Beihilferegimes, S.40; Greissinger, Vorgaben des EG-Vertrages für nationales Rundfunk und Multimediarecht, S. 240; Hain, MMR 2001, 219, 221.

519 Pernice/Wernicke in: Grabitz/Hilf, Das Recht der Europäischen Union, Art. 86; Rdnr. 41.

520 Pernice/Wernicke in: Grabitz/Hilf, Das Recht der Europäischen Union, Art. 86; Rdnr. 41.

521 Jung in: Calliess/Ruffert (Hrsg.), Kommentar zu EU-Vertrag und EG-Vertrag, Art. 86, Rdnr. 39.

522 So Selmer/Gersdorf, Die Finanzierung des Rundfunks in der Bundesrepublik Deutschland auf dem Prüfstand des EG-Beihilferegimes, S.39, die keinen Zweifel daran hatten, dass der damalige Auftrag ausreichend im Sinne des Art. 90 Abs. 2 EGV (jetzt Art. 86 Abs. 2 EG) war. Ebenso unproblematisch sieht Oppermann, Deutsche Rundfunkgebühren und europäisches Beihilferecht, S. 56 diese Voraussetzung unter der Geltung des „alten" § 11 RStV als erfüllt an.

523 EuGH Slg. 1971, 723, 730 (Muller, Hein u.a.) für die gesetzliche Übertragung; EuGH Slg. 1981 II, 2021, 2030 (Züchner) für die Betrauung mit einem Hoheitsakt, was der EuGH im konkreten Fall für die Überweisungstätigkeit einer Bank nicht angenommen hat.

grammauftrag vor, während der ZDF-Staatsvertrag in § 2 nur normiert, dass das ZDF ein Fernsehvollprogramm veranstaltet.[524] Durch die Einführung der neu gefassten §§ 11 und 19 RStV allerdings dürfte diese Voraussetzung in europarechtlicher Hinsicht unproblematisch geworden sein.[525] Eine hinreichend konkrete gesetzliche Betrauung liegt damit in Form des Rundfunkstaatsvertrages vor.

(3) Dienstleistung im allgemeinen wirtschaftlichen Interesse

Diese Dienstleistung müsste weiterhin im allgemeinen wirtschaftlichen Interesse liegen. Der Begriff ist weit zu verstehen.[526] Letztlich obliegt die Definition, was im allgemeinen Interesse liegt, den Mitgliedstaaten. Der EuGH[527] hat, ebenso wie die Literatur,[528] anerkannt, dass Rundfunkveranstaltungen im allgemeinen wirtschaftlichen Interesse stehen.

Dem ist zuzustimmen. Dass der öffentlich-rechtliche Rundfunk eine Dienstleistung erbringt, die im allgemeinen Interesse liegt, dürfte nicht ernsthaft zu bestreiten sein. Die Versorgung der Bevölkerung mit ausgewogenen und fundierten Informationen ist für die Gemeinschaft unerlässlich. Nur die informierte Gemeinschaft, die sich auf unabhängige Berichterstattung verlassen kann, kann ihre Anliegen und Ziele definieren und artikulieren. Es ist zweifellos im Interesse der Allgemeinheit, nicht durch falsche Berichterstattung manipuliert und zum Spielball der Machthaber gemacht zu werden, wie es in der deutschen Vergangenheit passiert ist.[529]

Ob dieser Dienst auch wirtschaftlichen Charakter hat, bedarf eher der eingehenden Diskussion. Wirtschaftlich ist im allgemeinen Sprachgebrauch eine Leistung dann, wenn sie in monetärer Hinsicht erfolgreich ist, also Gewinn bringt oder zumindest Kosten und Nutzen sich decken. Das ist bei der öffentlich-rechtlichen Rundfunktätigkeit nicht der Fall. Mit Bedarfsanmeldungen in Millionenhöhe ist die Kostenerzeugung offensichtlich.[530] Dazu kommt, dass die öffentlich-

---

[524] SWR-Staatsvertrag abgedruckt in: Ring, Medienrecht, C II 1.01. ZDF-Staatsvertrag abgedruckt in: Ring, Medienrecht, C V 1.01.

[525] Diese Auffassung vertritt allerdings die Kommission nicht. Siehe hierzu oben D. IV. 3. a) und unten D. V.

[526] Koenig/Kühling in: Streinz, EUV/EGV, Art. 86, Rdnr. 45; Jung in: Calliess/Ruffert (Hrsg.), Kommentar zu EU-Vertrag und EG-Vertrag, Art. 86, Rdnr. 37.

[527] EuGH Slg. 1974, 409, 431 (Sacchi) ohne weitere Begründung.

[528] Zustimmend in der Literatur: Selmer/Gersdorf, Die Finanzierung des Rundfunks in der Bundesrepublik Deutschland auf dem Prüfstand des EG-Beihilferegimes, S.41; Greissinger, Vorgaben des EG-Vertrages für nationales Rundfunk und Multimediarecht, S. 241; Hain, MMR 2001, 219, 221; Dörr/Cloß, ZUM 1996, 105,109.

[529] Vgl. hierzu oben B. I. 2.

[530] Zu den Einzelheiten der Bedarfsanmeldungen für die Gebührenperiode 2005-2008 siehe den 14. KEF-Bericht, abrufbar unter http://www.kef-online.de/inhalte/bericht14 /14bericht.pdf (Abrufdatum 01.07.2005).

rechtlichen Anstalten nicht kostendeckend arbeiten.[531] Sie erwirtschaften nicht ihren Finanzbedarf und sind nicht auf Gewinnerzielung angelegt. Das ist, wie gezeigt, aber gerade die Voraussetzung für einen unabhängigen Rundfunk und Wesensmerkmal des deutschen dualen Systems. Durch die Rundfunkgebühr, die der Gebührenschuldner zu erbringen hat, wird eine Grundversorgung gewährleistet, die im freien Wirtschaftsmarkt und unter betriebswirtschaftlichen Kosten-Nutzen Aspekten nicht erbracht werden könnte. Dennoch ist der Rundfunk, trotz aller Unabhängigkeit, auch Teil des Wirtschaftsstandortes Deutschland. Er beschäftigt eine Vielzahl von Mitarbeitern, er vergibt Produktionsaufträge, schließt eingeschränkt Sponsoring- und Werbeverträge ab, hat Verwertungsrechte und tätigt sonstige Investitionen.[532] Er ist damit wichtiger Teil der Wirtschaft. Seine Tätigkeit einzustellen würde neben dem Verlust einer unabhängigen Berichterstattung gleichzeitig den Verlust von unzähligen Arbeitsplätzen bedeuten und könnte im privaten Rundfunksektor kaum kompensiert werden. Schon darin zeigt sich das allgemeine wirtschaftliche Interesse der Dienstleistung Rundfunk.

Danach ist, in Übereinstimmung mit der überwiegenden Literaturmeinung,[533] die Tätigkeit der öffentlich-rechtlichen Rundfunkanstalten eine Dienstleistung von allgemeinem wirtschaftlichen Interesse.

(4) Rechtliche oder tatsächliche Verhinderung der Aufgabenerfüllung

Die Ausnahmevorschrift des Art. 86 Abs. 2 EG greift nur Platz, wenn die Erfüllung der Aufgaben, die das Unternehmen im allgemeinem wirtschaftlichen Interesse zu erbringen hat, durch die Anwendung der Beihilfevorschriften rechtlich oder tatsächlich verhindert wird. Der Verhinderungsmaßstab ist also der Dreh- und Angelpunkt bei der Bestimmung der Tatbestandsausnahme.[534] In Teilen der Literatur wird hierzu vertreten, dass an diese Voraussetzung strenge Anforderungen zu stellen seien. So sei erforderlich, dass ein konkreter Konflikt zwi-

---

531 Die ARD hat für den Planungszeitraum 2005-2008 einen ungedeckten Finanzbedarf von rund 1.957 Mio. €, das ZDF von rund 1.373 Mio. €, das DeutschlandRadio von rund 85 Mio. € angemeldet; 14. KEF-Bericht, Tz. 44 ff., abrufbar unter http://www.kef-online.de/inhalte/bericht14/14bericht.pdf (Abrufdatum 01.07.2005).

532 Zum Marktverhalten öffentlich-rechtlicher Anstalten insbesondere im Filmbereich siehe Bremer/Esser/Hoffmann, Der Rundfunk in der Verfassungs- und Wirtschaftordnung in Deutschland, S. 113 ff.

533 Dörr/Cloß, ZUM 1996, 105, 109; Oppermann, Deutsche Rundfunkgebühren und europäisches Beihilferecht, S. 51, 55; Selmer/Gersdorf, Die Finanzierung des Rundfunks in der Bundesrepublik Deutschland auf dem Prüfstand des EG-Beihilferegimes, S.41; Greissinger, Vorgaben des EG-Vertrages für nationales Rundfunk- und Multimediarecht, S. 243; Hain, MMR 2001, 219, 221; Jung in: Calliess/Ruffert (Hrsg.), Kommentar zu EU-Vertrag und EG-Vertrag, Art. 86, Rdnr. 40; Geiger, EUV/EGV; Art. 86, Rdnr. 4; kritisch: Koenig/Kühling in: Streinz, EUV/EGV, Art. 86, Rdnr. 48; Pernice/Wernicke in: Grabitz/Hilf, Das Recht der Europäischen Union, Art. 86; Rdnr. 40.

534 So zu Recht Koenig/Kühling in: Streinz, EUV/EGV, Art. 86, Rdnr. 57; Koenig/Kühling, ZHR 166(2002), 657, 675.

schen der Aufgabenerfüllung und der Einhaltung seiner gemeinschaftlichen Verpflichtung bestehe.[535] Eine Verhinderung läge in Bezug auf die Rundfunkgebühr nur vor, wenn die Gebührenfinanzierung gänzlich in Frage gestellt würde.[536] Eine bloße Behinderung oder Erschwerung der übertragenen Aufgabe sei gerade nicht ausreichend.[537] Diese Einschätzung verkennt neuere Entwicklungen in der Rechtsprechung des EuGH. In der Entscheidung Kommission/Frankreich führt der Gerichtshof aus, dass die Einschätzung der Kommission verfehlt sei, die vom Vorliegen des Art. 90 Abs. 2 EGV (jetzt Art. 86 Abs. 2 EG) erst ausginge, wenn das wirtschaftliche Überleben des betrauten Unternehmens bedroht sei. Vielmehr genüge es, wenn die Erfüllung der besonderen Aufgaben gefährdet sei.[538] Der Gerichtshof nimmt Bezug auf das Urteil Corbeau. Hier sei schon ausgeführt worden, dass der Tatbestand des Art. 90 Abs. 2 EGV bereits dann erfüllt sei, wenn die Sonderrechte beibehalten werden müssten, um ihrem Inhaber die Aufgabenerfüllung zu ermöglichen.[539]

Tatsächlich ist das Tatbestandsmerkmal der Verhinderung einschränkend auszulegen. Dem steht auch nicht die Wortlautauslegung entgegen, denn Art. 86 Abs. 2 EG ist als Kompromissnorm in den Vertrag aufgenommen worden. Insofern erklärt sich auch seine bewusst unklar formulierte Textfassung.[540] Einerseits sollte einer privatwirtschaftlich organisierten Wettbewerbsstruktur Rechnung getragen werden, andererseits sollten aber auch Mitgliedstaaten nicht verprellt werden, die einen starken öffentlichen Sektor hatten. Diese wollten sichergestellt wissen, dass ihre öffentlichen Unternehmen durch die Vertragsvorschriften nicht in ihrer Funktionstüchtigkeit eingeschränkt würden.

Selbst wenn man von einem strengen Verhinderungsmaßstab ausgehen wollte, wäre nicht auszuschließen, dass in Bezug auf den deutschen öffentlich-rechtlichen Rundfunk die Anwendung der Beihilfevorschriften zu einer Verhinderung der im allgemeinen Interesse stehenden Tätigkeit führen würde.

Die Anwendung der Beihilfevorschriften würde zunächst dazu führen, dass die Rundfunkgebühr bei der Kommission anzumelden wäre. Diese würde in einem

---

[535] Jung in: Calliess/Ruffert (Hrsg.), Kommentar zu EU-Vertrag und EG-Vertrag, Art. 86, Rdnr. 45; Grill in: Lenz/Borchardt (Hrsg.), EU- und EG-Vertrag, Art. 86, Rdnr. 28.

[536] Dörr/Cloß, ZUM 1996, 109,110; Oppermann, Deutsche Rundfunkgebühren und europäisches Beihilferecht, S. 57.

[537] Jung in: Calliess/Ruffert (Hrsg.), Kommentar zu EU-Vertrag und EG-Vertrag, Art. 86, Rdnr. 45.

[538] EuGH Slg. 1997, I 5815, 5843. In dem Urteil vom 19. Mai 1993 in Rechtssache C-320/91 (Corbeau) hatte der EuGH ausgeführt, dass die Bestimmung des Art. 90 Abs. 2 EGV es Mitgliedstaaten erlaube, Unternehmen ausschließliche Rechte zu verleihen, die den Wettebewerb sogar ausschließen könnten, wenn dadurch die Erfüllung der besonderen Aufgabe sichergestellt werde; EuGH Slg. 1993, I 2563, 2568.

[539] EuGH Slg. 1997, I 5815, 5844.

[540] Pernice/Wernicke in: Grabitz/Hilf, Das Recht der Europäischen Union, Art. 86, Rdnr. 1.

weiteren Prüfungsschritt die Vereinbarkeit oder Unvereinbarkeit der Beihilfe feststellen. Käme die Kommission zur Unvereinbarkeit der Rundfunkgebühr, was nach der letzten vorläufigen Einschätzung wahrscheinlich ist, wäre der nächste Schritt die Aufforderung an die Bundesrepublik nach Art. 88 Abs. 2 EG, die Gebühr aufzuheben oder umzugestalten. Beides wäre nicht mit den verfassungsrechtlichen Vorgaben des Bundesverfassungsgerichts vereinbar. Im Falle einer Aufhebung wäre die bedarfsgerechte Finanzausstattung, die dem öffentlich-rechtlichen Rundfunk für die ihm übertragene Aufgabe zu gewähren ist, gar nicht mehr gewährleistet. Im Falle einer Umgestaltung wäre das staatsferne Verfahren, das das Bundesverfassungsgericht als notwenige Voraussetzung einer verfassungskonformen Rundunktätigkeit unterstrichen hat, in Frage gestellt. Die dem öffentlich-rechtlichen Rundfunk übertragene Aufgabe der unabhängigen Informations- und Wertevermittlung wäre damit gefährdet und sogar nachhaltig verhindert. Die im allgemeinen Interesse stehende Tätigkeit der nicht auf kommerziellen Interessen beruhenden Informationsvermittlung wäre zumindest nicht in vollem Umfang gewährleistet.

(5) Verbot der Überkompensation

Überträgt man die in der Rechtsprechung des EuGH entwickelten Voraussetzungen, ist im Rahmen des Art. 86 Abs. 2 EG auch zu prüfen, ob eine Überkompensation eventuell doch den Anwendungsbereich des Art. 87 EG eröffnet.

Hinsichtlich der Rundfunkgebühr besteht nicht die Gefahr der Überkompensation. Zwar orientiert sich die Gebührenhöhe an der Bedarfsanmeldung der Anstalten, diese wird aber durch die KEF (Kommission zur Ermittlung des Finanzbedarfs) anhand Wirtschaftlichkeits- und Sparsamkeitskriterien überprüft und vorgeschlagen. Regelmäßig hat die KEF die Bedarfsanmeldung reduziert. Eine Überkompensation ist, auch hinsichtlich des klar definierten Rundfunkauftrages nicht zu befürchten. Der beim Mitgliedstaat liegenden Beweislast könnte die Bundesrepublik anhand des ausführlichen KEF-Berichtes ohne Schwierigkeiten nachkommen.[541]

(6) Verhältnismäßigkeit

Im Rahmen der Verhältnismäßigkeitsprüfung ist zu beachten, dass die deutsche Rundfunkgebühr die Entwicklung des innereuropäischen Handelsverkehrs nicht in einem Maße beeinträchtigt, das dem Gemeinschaftsinteresse zuwiderläuft.

Der Beeinträchtigungsbegriff ist unter Berücksichtigung des Kompromisscharakters des Art. 86 Abs. 2 EG auszulegen. Er ist in einem globalen Sinne zu verstehen und weiter gefasst als der Begriff der Beeinträchtigung zwischen Mitgliedstaaten. Daher liegt nicht schon dann eine unverhältnismäßige Beeinträchtigung im Sinne des Art. 86 Abs. 2 EG vor, wenn einzelne bestimmte Begrenzung vorliegen. Vielmehr stellt dieser Begriff darauf ab, den Wettbewerb

---

[541] Zur Beweislastverteilung siehe: EUGH 1997 I, 5815 Rdnr. 94 ff.

insgesamt und nicht nur für einzelne Tatbestände unbeeinflusst zu lassen.[542] Eine an der Bedeutung des öffentlich-rechtlichen Rundfunks gemessene unverhältnismäßige Beeinträchtigung des Handelsverkehrs kann damit nicht angenommen werden.

d) Ergebnis

Die deutsche Rundfunkgebühr ist mit dem Gemeinschaftsrecht vereinbar. Die Beihilfevorschriften finden keine Anwendung, weil die Tatbestandsausnahme des Art. 86 Abs. 2 EG greift und sich daher ein Rückgriff auf die Beihilfevorschriften verbietet. Die Auftragsdefinition des § 11 RStV hat durch eine klare Auftragsdefinition in europäischer Hinsicht zur Entspannung der Beihilfeproblematik geführt.[543]

V. Die qualitative Ausformung des Auftrages nach § 11 RStV

Um beurteilen zu können, ob die durch den 7. und 8. Rundfunkänderungsstaatsvertrag eingeführten qualitativen und quantitativen Vorgaben an den öffentlich-rechtlichen Rundfunk mit der Rundfunkfreiheit in Einklang stehen, bedarf es einer ausführlichen Darstellung und Kommentierung der neuen Gesetzeslage.[544] Zunächst ist die mit dem 7. Rundfunkänderungsstaatsvertrag eingeführte Aufgabenkonkretisierung des § 11 zu beleuchten.

1. Der Auftrag nach § 11 Abs. 1 RStV

Der erste Absatz des § 11 RStV verpflichtet den öffentlich-rechtlichen Rundfunk dazu, durch die Herstellung und Verbreitung von Hörfunk- und Fernsehprogrammen als Medium und Faktor des Prozesses freier individueller und öffentlicher Meinungsbildung zu wirken. Ihm wird gestattet, programmbegleitend Druckwerke und Mediendienste mit programmbezogenen Inhalt anzubieten.

Der erste Absatz enthält folglich in Satz 1 die obligatorischen und in Satz 2 die fakultativen Auftragselemente.

a) Die obligatorischen Auftragselemente

aa) Rundfunkveranstaltung

Die erste und zugleich grundlegende Aufgabe des öffentlich-rechtlichen Rundfunks ist die Herstellung und Verbreitung von Hörfunk- und Rundfunkprogrammen. Er ist verpflichtet, dafür Sorge zu tragen, dass die Bundesrepublik Deutschland mit öffentlich-rechtlichen Radio- und Fernsehprogrammen versorgt wird. Neben der Herstellung müssen die Programme auch verbreitet werden. Die

---

542 Pernice/Wernicke in: Grabitz/Hilf, Das Recht der Europäischen Union, Art. 86, Rdnr. 59.

543 Hierzu ausführlich unten D. V.

544 Zur Entstehungsgeschichte und europarechtlichem Hintergrund der Norm siehe oben D. IV.

Verbreitung muss so angelegt sein, dass die gesamte Bevölkerung die tatsächliche Möglichkeit hat, mit einfacher Technik die Inhalte zu empfangen. Die breite, der Allgemeinheit offen stehende Empfangsmöglichkeit darf also nicht durch Verwendung komplizierter und unerschwinglicher Sendetechnik eingeschränkt werden. Das heißt nicht, dass der Bürger nicht selbst noch einen Beitrag leisten muss, indem er sich zumindest ein Empfangsgerät anschaffen muss. In geographisch und topographisch schwierigen Gebieten muss er sogar Zusatzgeräte wie leistungsstarke Antennen, Kabelanschlüsse oder Satellitenempfänger bereithalten, falls anderweitig ein Empfang etwa terrestrischer Art nicht möglich ist. Ebenso ist es dem öffentlich-rechtlichen Rundfunk nicht verwehrt, neue, noch wenig genutzte Übertragungswege zu testen und zu nutzen. Die hergebrachten Übertragungswege müssen daneben angemessen lange, etwa bis sich eine neue Technik etabliert hat, offen gehalten werden. Die Empfangsmöglichkeit ist zugleich Teil der vom Bundesverfassungsgericht entwickelten Grundversorgungsaufgabe, die nunmehr durch das Verbreitungserfordernis einfachgesetzliche Verankerung gefunden hat.[545]

Die Herstellung von Rundfunkprogrammen umfasst die Produktion der Inhalte, die gesendet werden sollen. Dabei wird es einer einzelnen Anstalt kaum möglich sein, das gesamte Programm selbst herzustellen. Dazu besteht verfassungsrechtlich keine Notwendigkeit, wenn die Vielfaltsanforderungen gewahrt werden.[546] Einfachgesetzlich ist folgerichtig in § 6 Abs. 3 S. 2 RStV nur normiert, dass Fernsehvollprogramme einen wesentlichen Anteil an Eigenproduktionen enthalten sollen. Der Anstalt steht es offen, von Drittanbietern Inhalte zuzukaufen und im eigenen Programm zu verwenden. Zu beachten ist bei der Produktion und beim Einkauf von Inhalten, dass sie gewissen Qualitätsstandards entsprechen. Sie müssen nicht nur handwerklichen Anforderungen genügen, sondern auch Ergebnis einer ausgewogenen und unabhängigen Berichterstattung sein. Das verbietet es etwa, eingekaufte Materialien ungeprüft insbesondere hinsichtlich ihrer Herkunft und etwaiger Geldflüsse ins Programm aufzunehmen.

Bei der Bestimmung, was nötig ist, um das Rundfunkprogramm inhaltlich und technisch anbieten zu können, sind die Rundfunkanstalten frei. Diese Freiheit wurzelt in der Rundfunkfreiheit des Art. 5 Abs. 1 S. 2 GG.[547] Dennoch besteht die Verpflichtung, bei der Herstellung und Verbreitung der Programme den Gebührenzahler nicht unverhältnismäßig hoch zu belasten. Die Entscheidungsfreiheit bewegt sich damit im Spannungsfeld des betriebswirtschaftlich Vernünftigen und journalistisch Unerlässlichen. Betriebswirtschaftlich vernünftig ist dabei nicht zwangsläufig die kostengünstigste Variante, sondern die, die in einem ausgewogenen Kosten-Nutzen-Verhältnis steht. Der Nutzen ist dabei immer die

---

545 Zur Grundversorgung siehe D. I. 1. und BVerfGE 73, 118, 152, 199.

546 Zu den verfassungsrechtlichen Grenzen einer völligen Abschaffung von Eigenproduktionen bzw. deren Auslagerung siehe Biervert, ZUM 1998, 19, 23 ff.

547 Hierzu im Einzelnen oben C.

Frage nach der bestmöglichen, ausgewogenen und unabhängigen Informationsversorgung.

bb) Meinungsbildungsrelevanz

Der öffentlich-rechtliche Rundfunk schuldet nicht nur die bloße Rundfunktätigkeit. Der Gesetzgeber verpflichtet ihn darüber hinaus zu einer weit schwierigeren und ungreifbareren Aufgabe. Er hat, anknüpfend an die Rechtsprechung des Bundesverfassungsgerichts,[548] als Medium und Faktor des Prozesses freier individueller und öffentlicher Meinungsbildung zu wirken. Damit trägt er eine enorme Verantwortung. Er muss nicht nur die in der Gesellschaft vorhandenen Meinungsbilder in ausgewogener Form widerspiegeln, also Medium und damit Plattform für diese geistige Auseinandersetzung sein. Er muss die Meinungen nicht nur vervielfältigen und damit Faktor einer weit gestreuten Verbreitung sein. Vielmehr muss seine gesamte Tätigkeit auch noch eine Wirkung innerhalb der Gesellschaft haben; er muss meinungsbildend wirken. Das leistet er schon dadurch, dass er die Versorgung mit den bestehenden Meinungsbildern gewährleistet und damit dem Bürger die Chance gibt, sich auf der Grundlage von fundierten Informationen selbst ein Bild zu machen und seinen Standpunkt bestimmen zu können. Er muss aber noch viel mehr leisten. Er muss selbst zu dieser Meinungsbildung beitragen. Damit reicht es also nicht aus, dass er die bestehenden Meinungen widerspiegelt und lediglich Sprachrohr für andere ist. Er muss vielmehr selbst durch seine Beiträge Standpunkte herausarbeiten und Meinungsbilder aufzeigen. Er hat also durch qualifizierte und unabhängige Fachleute Kommentare zu liefern, Hintergründe auszuleuchten und Unstimmigkeiten aufzudecken. Es ist ihm erlaubt, selbst auf der von ihm zur Verfügung gestellten Plattform zu agieren. Er ist also selbst ein Teil der vorhandenen Meinungen, die dargestellt werden müssen. Diese Verpflichtung zur eigenen Stellungnahme entbindet ihn nicht davon, andere Meinungen sachlich darzustellen. Im Gegenteil ist er verpflichtet, den Meinungskampf bestmöglich zu unterstützen und möglichst viele Strömungen zu Wort kommen zu lassen. Er befindet sich also in dem engen Spannungsfeld zwischen der Darstellung eigener Ansätze und der dennoch gleichwertigen und gleichberechtigten Berichterstattung über andere, vielleicht gegenläufige Auffassungen.

Problematisch ist, dass dem öffentlich-rechtlichen Rundfunk an dieser Stelle eine Pflichtaufgabe auferlegt wird, dessen Einhaltung außerhalb seines Einfluss- und Wirkungsbereiches liegt. Er wird dazu verpflichtet, auf andere, auf die Gesellschaft, auf den Meinungsbildungsprozess zu wirken. Obliegen kann ihm aber lediglich, diese Wirkung nach bestem Wissen und Gewissen zu versuchen. Denn der Begriff des Wirkens setzt voraus, dass seine Tätigkeit einen Effekt, ein Resultat vorzuweisen hat. Wie aber ein solcher Effekt auf die Meinungsbildungsrelevanz messbar sein soll, bleibt ebenso unklar wie die Frage, wie ein Erfolg im

---

[548] BVerfGE 12, 205, 260 f; BVerfGE 57, 295, 320.

geistigen Meinungskampf sichtbar gemacht werden kann. Es kann daher nach rechtsstaatlichen Grundsätzen keine Verpflichtung auferlegt werden, deren Einhaltung nicht klar erkennbar ist. Darin ist aber noch kein Verstoß gegen das verfassungsrechtliche Bestimmtheitsgebot zu sehen, denn die Norm ist verfassungskonform dahingehend auszulegen, dass der Rundfunk die Anstrengung schuldet, mit seinen Beiträgen meinungsbildend zu wirken. Mit Wirken kann damit nur der Versuch gemeint sein, die Meinungsbildung als Medium und Faktor zu fördern, zu unterstützen und nach besten Möglichkeiten an ihr teilzunehmen.

b) Die fakultativen Auftragselemente

Neben den Pflichtaufgaben ist es dem öffentlich-rechtlichen Rundfunk gestattet, Druckwerke und Mediendienste anzubieten. Der Gesetzgeber verpflichtet den Rundfunk nicht hierzu, sondern erlaubt ihm vielmehr eine über seine eigentliche Rundfunktätigkeit hinausgehende Betätigung. Diese ausdrückliche Erlaubnis ist die einfachgesetzliche Konkretisierung des verfassungsrechtlich weiten Aufgabenbereiches. Sie ist klarstellend geboten, weil der Rundfunk nur insoweit einen Anspruch auf Finanzausstattung hat, wie es notwendig ist, um seine Aufgaben zu erfüllen. Dabei ist es dem Gesetzgeber durchaus erlaubt, den Aufgabenbereich näher auszugestalten. Er ist hierzu sogar, schon im Hinblick auf den Schutz des Gebührenzahlers, verpflichtet.

Die Möglichkeit, Druckwerke mit programmbezogenem Inhalt anzubieten, war bereits Gegenstand höchstrichterlicher Rechtsprechung. Das Bundesverfassungsgericht sah programmbegleitende Druckwerke als von der Rundfunkfreiheit gedeckte Tätigkeit an, wenn sie dem Aufgabenkreis des Rundfunks als unterstützende Tätigkeit zugeordnet werden können.[549] Druckwerke mit Programmbezug sind damit zulässige Betätigungen, weil sie letztlich der Erfüllung des Programmauftrages dienen und damit dem Rundfunk nicht vorenthalten werden dürfen. Unter Druckwerken sind zunächst die klassischen Programmzeitschriften zu verstehen. Die Anstalten können diese Form der Außendarstellung nutzen, um ihren Programmablauf bekannt zu machen. Daneben können hier einzelne Sendungen herausgehoben und beworben werden, um den Zuschauern die Sendeinhalte nahe zu bringen. Nicht hiervon erfasst sind darüber hinaus gehende Druckwerke insbesondere solche, die einer Gewinnerzielungsabsicht dienen würden. Eine Nachrichtenzeitung mit dem Hinweis auf die anstaltseigene Nachrichtensendung wäre von diesem Zweck nicht mehr gedeckt, sondern als eigenständiges und unzulässiges Betätigungsfeld zu qualifizieren.

Bei den Mediendiensten ist das Augenmerk auf den Programmbezug zu legen. Den Anstalten ist erlaubt, sich durch eine Internetpräsenz nach außen darzustellen. Hier können Informationen zu den Anstalten selbst angeboten oder pro-

---

[549] BVerfGE 83, 238, 312 f.

grammbegleitende Informationen bereitgehalten werden. Das Internet kann zudem als weiterer Verbreitungsweg genutzt werden. Auch die Mediendienste dienen lediglich der Erfüllung des Auftrages. Sie dürfen daher nicht als Selbstzweck beliebig ausgeweitet werden. Als begrenzendes Merkmal ist der Programmbezug in den Gesetzestext aufgenommen worden, der nach dem 7. Rundfunkänderungsstaatsvertrag durchgängig gegeben sein muss. Ein vorwiegender Programmbezug reicht nicht mehr aus.[550] Nach den hier vertretenen Grundsätzen ist der Programmbezug dann gegeben, wenn konkrete kontextuelle Parallelen zum Programm bestehen.[551] Damit ist, wie aufgezeigt, nicht gemeint, dass sich jede Onlineaktivität lückenlos im Programm widerspiegelt im Sinne eines durchgängig lückenlosen Programmbezuges.[552] Vielmehr reicht es aus, wenn die Tätigkeit unter Zugrundelegung journalistischer Sorgfalt Eingang in den Programmbereich finden kann, wobei auch das Ausmaß, in dem die Tätigkeit Eingang in das Programm findet, im Ermessen des Programmverantwortlichen steht. Lediglich bei einem krassen Missverhältnis zwischen außerprogrammlichem Engagement und Programmbezug ist darauf einzugehen, in welchem Ausmaß die Betätigung in das Programm eingeflossen ist. Auch im Bereich der Mediendienste haben die öffentlich-rechtlichen Anstalten die Grundsätze der Sparsamkeit und Wirtschaftlichkeit zu beachten. Das heißt, dass in diesem wichtigen, aber nur unterstützenden Bereich mehr als anderswo Synergieeffekt genutzt werden müssen. Die Online-Redaktionen müssen zwar mit journalistisch geschulten Mitarbeitern besetzt sein. Allerdings kann verlangt werden, dass auf Recherchearbeit der eigentlichen Programmredaktionen zurückgegriffen wird. Insofern sind Onlineredakteure keine Redakteure zweiter Klasse, denn sie prüfen durchaus die publizistische Relevanz einer Onlineveröffentlichung eigenständig und tragen so zur Meinungsbildung bei. Bei der Materialbeschaffung muss jedoch der erforderliche konkrete Programmbezug ge-

---

550 Die Ermächtigung für die Onlinebetätigung der öffentlich-rechtlichen Rundfunkanstalten war vor der Einführung des § 11 RStV in der Fassung des 7. Rundfunkänderungsstaatsvertrages nur in den einzelnen Anstaltsgesetzen bzw. Staatsverträgen geregelt, wobei hier zumeist nur ein vorwiegender Programmbezug gefordert war. Für das ZDF ist nunmehr in § 4 Abs.3 ZDF-Staatsvertrag geregelt, dass Mediendienste mit programmbegleitendem Inhalt angeboten werden dürfen. Vor der Änderung war seit dem 4. Rundfunkänderungsstaatsvertrag vom 31. August 1999, der am 1. April 2000 in Kraft trat, im ZDF-Staatsvertrag geregelt, dass Mediendienste im Sinne von § 2 Abs.2 Nr. 4 Mediendienstestaatsvertrag mit vorwiegend programmbezogenem Inhalt angeboten werden dürfen. Für die ARD gilt nunmehr § 4 des ARD-Staatsvertrages. Für die einzelnen Landesanstalten gibt es nach wie vor entsprechende Regelungen in den jeweiligen Staatsverträgen beziehungsweise Gesetzen. Diese sind allerdings unterschiedlich weit gefasst. So ermächtigt etwa das WDR-Gesetz den WDR in § 3 Abs. 1 Satz 2 programmbegleitend ein Online-Angebot mit programmbezogenem Inhalt anzubieten. Satz 3 der Norm erlaubt dem WDR programmbegleitend weitere Mediendienste mit programmbezogenem Inhalt anbieten.

551 Vgl. hierzu ausführlich oben D. II. 3. b)

552 So aber Kibele, Multimedia im Fernsehen, S. 87, 88.

wahrt sein und an bestehendes Material angeknüpft werden. Auch hier äußert sich der unterstützende Charakter dieser Tätigkeit. Daraus ergibt sich auch, dass Onlinetätigkeiten nicht zu Lasten der eigentlichen Programmtätigkeit ausgeweitet werden dürfen. Stehen die Anstalten in finanzieller Hinsicht vor der Notwendigkeit, Einsparungen vorzunehmen, wird dieser Grundsatz besonders relevant. Einsparpotentiale sind daher zunächst bei den unterstützenden Tätigkeiten zu suchen und auszuschöpfen, bevor die Programmtätigkeit gekürzt wird. Insbesondere bei den Mediendiensten, die den eigentlichen Auftrag der Informationsvermittlung unterstützen, ist von Seiten der Anstalten darauf zu achten, dass die politische Information mit Programmbezug im Vordergrund steht. Der Auftrag zur politischen Willensbildung nämlich soll in erster Linie nur unterstützt werden durch begleitende Tätigkeiten. Sie sind kein Selbstzweck. Insofern kann hier der unterhaltende Faktor vernachlässigt werden, während er im eigentlichen Rundfunkprogramm durchaus seinen festen Platz haben kann.[553]

2. Die Zielvorgaben nach § 11 Abs. 2 RStV

Im zweiten Absatz der Norm wird dem öffentlich-rechtlichen Rundfunk aufgetragen, einen umfassenden Überblick über das internationale, europäische, nationale und regionale Geschehen in allen Lebensbereichen zu geben. Satz 2 beschreibt das Ziel dieser inhaltlichen Vorgaben, nämlich die internationale Verständigung, die europäische Integration und den gesellschaftlichen Zusammenhalt in Bund und Ländern zu fördern. Außerdem hat sein Programm gemäß Satz 3 der Information, Bildung, Beratung und Unterhaltung zu dienen. Im vierten Satz wird die Relevanz der kulturellen Beiträge ausdrücklich hervorgehoben, indem der öffentlich-rechtliche Rundfunk beauftragt wird, Beiträge insbesondere zur Kultur anzubieten.

§ 11 Abs. 2 RStV stellt inhaltliche Anforderungen an die Tätigkeiten des öffentlich-rechtlichen Rundfunks, die im Einzelnen noch näher zu beleuchten sind.[554] Alle Vorgaben betreffen die zwingenden inhaltlichen Komponenten der in Absatz 1 abstrakt festgelegten Aufgabengebiete. Im Gegensatz hierzu werden konkrete Vorgaben gemacht, die der Rundfunk bei seiner Tätigkeit zu beachten hat. Hierbei wird klargestellt, dass der öffentlich-rechtliche Rundfunk diese Maxime nicht nur in seinen Programmen, sondern in allen anderen Angeboten zu erfüllen hat. Damit wird einfachgesetzlich normiert, was verfassungsrechtlich geboten ist, nämlich die Klarstellung, dass das Aufgabengebiet über die eigentliche Rundfunktätigkeit hinaus reicht. Hier ist damit die Ermächtigung für den öffentlich-rechtlichen Rundfunk verankert, unterstützende Tätigkeiten ebenso verfolgen zu dürfen wie die eigentliche Rundfunktätigkeit.

---

[553] So betont das Bundesverfassungsgericht, dass die Rundfunkfreiheit grundsätzlich für jede Sendeform, also auch für Unterhaltung, gilt. Vgl. BVerfGE 35, 202, 222 f.; BVerfGE 57, 295, 319.

[554] Siehe hierzu unten D. V. 2. a)

a) Inhaltliche Anforderungen

Inhaltlich hat der Rundfunk zunächst die Zielvorgabe zu erfüllen, einen umfassenden Überblick über das Geschehen in allen wesentlichen Lebensbereichen zu geben. Was wesentlich ist, entscheidet dabei die Rundfunkanstalt durch ihre professionellen Journalisten. Der Rundfunk hat eine in Bezug auf meinungsrelevante Komponenten unverkürzte und erschöpfende Darstellung des Geschehens zu liefern. Das heißt nicht, dass einzelne Bereiche nicht in zusammengefasster Form dargestellt werden dürfen. Unverkürzt heißt in diesem Zusammenhang nur, die Vielzahl der bestehenden Meinungen nicht zu verkürzen, denn in dem Gebot der umfassenden Berichterstattung spiegelt sich die Pluralitätsidee wider. Alle essentiellen Gebiete der gesellschaftlichen Realität müssen aufgegriffen, aufbereitet und abgebildet werden. Erfasst sind von diesem allumfassenden Auftrag neben politischen Ereignissen auch kulturelle oder gesellschaftliche und unterhaltende Geschehnisse.

Dabei darf sich der Rundfunk nicht auf eine Berichterstattung aus Deutschland beschränken, sondern er muss auch internationale Geschehnisse abbilden. Eine gleichrangige Bedeutung räumt der Rundfunkstaatsvertrag der regionalen Informationsvermittlung ein. Diese Aufgabenbeschreibung dokumentiert, welche hohe Bedeutung den regionalen Ereignissen neben den internationalen oder gesamtdeutschen zukommt.

aa) Internationale und europäische Integrationsfunktion

In der Zielvorgabe, das internationale und europäische Geschehen in der Berichterstattung zu berücksichtigen, wird auf die dem öffentlich-rechtlichen Rundfunk zugesprochene Integrationsfunktion Bezug genommen. Den Integrationsgedanken hatte das Bundesverfassungsgericht schon früh entwickelt, indem es betonte, die Rundfunkanstalten stünden in öffentlicher Verantwortung und erfüllten, indem sie Aufgaben öffentlicher Verwaltung wahrnähmen, zugleich eine integrierende Funktion für das Staatsganze.[555] Die Integrationsfunktion bedeutet für den Rundfunk, dass er in seinen Angeboten und Programmen einen Beitrag zur Verständigung innerhalb der Bundesrepublik zu leisten, aber gerade auch zur Völkerverständigung beizutragen hat.[556] Daher muss, insbesondere im Hinblick auf die stetig wachsende Bedeutung der europäischen Idee, auch die internationale politische Willensbildung und Kulturvermittlung im Rundfunk eine Rolle spielen. Den Zuschauern soll ein objektiver Eindruck des Geschehens außerhalb der Bundesrepublik vermittelt werden. Eine angemessene internationale Ausrichtung ist somit unerlässlich. Die Sender tragen diesem Erfordernis

---

[555] BVerfGE 47, 198, 225.

[556] Holznagel, Der spezifische Funktionsauftrag, S. 42.

durch zahlreiche Auslandsstudios und eigene Organisationseinheiten für internationale Angelegenheiten Rechnung.[557]

bb) Nationale und regionale Integrationsfunktion

Aufgrund der föderalen Struktur der Bundesrepublik Deutschland spielen die regionalen Belange auch im Rundfunk eine große, wenn nicht gar überragende Rolle, denn der politische Föderalismus hängt eng mit dem Rundfunkföderalismus zusammen.[558] Dies resultiert daraus, dass der Föderalismus von den Verfassungsvätern 1848 in erster Linie als Kulturföderalismus gedacht war. Der Rundfunk wiederum ist Teil dieser Kultur. Der enge Zusammenhang zwischen dem politischen Willen, die im Bundesstaat zusammengeführten Länder zu erhalten und nicht in einem unitarischen Gebilde des Einheitsstaates aufgehen zu lassen[559] und der regionalen Informationsvermittlung liegt auf der Hand. Die regionale Berichterstattung dient der Willensbildung auf regionaler Ebene und schafft eine Anbindung der Bürger an ihr Bundesland. Sie sichert die föderale Identität und ermöglicht den gesunden Wettbewerb zwischen den Regionen. Die gemeinsame Tradition eines Landes muss sich in der regionalen Berichterstattung widerspiegeln. Das gilt erst recht, wenn es sich - wie in der Bundesrepublik - nicht um historisch gewachsene Strukturen handelt, sondern um von dritter Seite festgelegte Landesgrenzen. Gleichzeitig erfordert es der Zusammenhang zwischen Rundfunk und föderaler Idee, ein umfassendes Bild der deutschen Wirklichkeit zu vermitteln und dabei das gesamtdeutsche Zusammengehörigkeitsgefühl zu stärken. Damit sind zwei Komponenten der innerdeutschen Integration vorgegeben. Zum einen ist die gesamtdeutsche Vielfalt als föderale Grundidee zu vermitteln und zum anderen die landestypische kulturelle Identität zu stärken.[560]

---

557 Die Auslandskorrespondenten der ARD sind entweder als ARD-Korrespondenten für die Arbeitsgemeinschaften oder als Gruppenkorrespondenten für eine Gruppe von ARD-Anstalten tätig und zuständig für die Berichterstattung aus dem Land, in dem der Korrespondent seinen Sitz hat. In 29 Städten weltweit unterhält die ARD Auslandskorrespondenzen mit unterschiedlicher Mitarbeiterzahl. In Brüssel beispielsweise sind 12 Auslandskorrespondenten stationiert, während in Rabat für die Staaten Nord- und Westafrikas nur ein Auslandskorrespondent zuständig ist. Vgl. ARD Jahrbuch 04/05, S. 262,263. Eine graphische Darstellung der Auslandskorrespondenzen findet sich auf S. 260/261. Das ZDF hat 18 Auslandsstudios mit insgesamt 46 Mitarbeitern (Stand 01. April 2004), ZDF Jahrbuch 2003, S. 262, 269.

558 Dörr, ZUM 1996, 617, 623.

559 Hierzu ausführlich Dörr, ZUM 1996, 617, 620, der den Unterschied zwischen Bundesstaat und föderaler Struktur aufzeigt und betont, dass der Föderalismus als grundsätzliche Einstellung politischer Art gerade darauf abziele, die zusammengesetzten Staatsgebilde zu erhalten und vor dem Aufgehen in einem Einheitsstaat bewahren will. Der Bundesstaat demgegenüber sei eine staatsrechtliche Denkform für die Erfassung zusammengesetzter Staatsgebilde.

560 In diesem Sinne auch Holznagel, Der spezifische Funktionsauftrag des Zweiten Deutschen Fernsehens, S. 40 f.

Erfüllen kann der öffentlich-rechtliche Rundfunk das Regionalerfordernis insbesondere im Fernsehbereich durch die Dritten Programme, die einen besonderen regionalen Bezug aufweisen. Hilfreich und geboten ist auch die Untergliederung der Sendeanstalten in Landesrundfunkanstalten bzw. Mehrländeranstalten, wobei letztere den regionalen Bezug durch Korrespondentenbüros und entsprechende Landesprogramme sichern müssen. Die Anstalten sind demnach verpflichtet, in angemessenem Maße landesbezogene Programme anzubieten, die besonderen Bezug zur Landespolitik und zur Landeskultur aufweisen. Sendungen, die die Lebensrealität in einzelnen Ortschaften abbilden, dienen diesem Ziel ebenso wie Diskussionsrunden zu landespolitischen oder wirtschaftlichen Fragen.

Damit verschmilzt an dieser Stelle der kulturelle Auftrag des Rundfunks mit dem Auftrag zur politischen Willensbildung zu einem integrativen regionalen und nationalen Gesamtauftrag.

b) Zielvorgabe

Ein weitergehendes Erfordernis normiert § 11 Abs. 2 S. 2 RStV. Hiernach reicht die bloße umfassende Berichterstattung nicht aus. Dem öffentlich-rechtlichen Rundfunk obliegt auch die gestalterische Aufgabe, die internationale Verständigung, die europäische Integration und den gesellschaftlichen Zusammenhalt tatsächlich zu fördern.[561] Zu beachten ist, dass diese Vorgabe im Sinne einer reinen Zielvorgabe zu verstehen ist. Die tatsächliche Förderungswirkung des Rundfunks an sich ist keine messbare Größe, die als zwingend zu erreichende Verpflichtung gewertet werden könnte. Verpflichtet werden kann der Rundfunk allerdings dazu, nach bestem Wissen und Gewissen eine solche Förderung zu versuchen. Dieser Verpflichtung kommt er nach, wenn er zu nationalen Themen Stellung nimmt, europäische Fragen durchaus auch kritisch beleuchtet und internationale Belange in seinem Programm aufnimmt und verarbeitet. Wichtig ist, dass dabei eine geistige Auseinandersetzung erfolgt, die positive wie negative Aspekte eines Themenkomplexes aufgreift und gegeneinander abwägt. Fördern in diesem Sinne meint gerade nicht die kritiklose Hinnahme vorgegebener Standpunkte und Sachverhalte.

Wann gegen diese Grundsätze verstoßen wird, kann nicht abschließend aufgelistet werden. Die Grundsätze sind Zielvorgaben und das Gesamtprogramm der Rundfunkanstalten muss eine hieran orientierte Ausrichtung erkennen lassen. Im Ergebnis sind die Programmgrundsätze nicht justiziabel, sondern von den Anstalten inhaltlich auszufüllen und von den anstaltseigenen Aufsichtsgremien zu überwachen und zu bewerten.[562]

---

561 Zur Integrationsfunktion siehe oben D. V. 2. a) aa) und D. V. 2. a) bb) .

562 So im Ergebnis auch Hartstein/Ring/Kreile/Dörr/Stettner, Rundfunkstaatsvertrag, Loseblatt, § 11, Rdnr. 13.

c) *Programmelemente und Kulturauftrag*

Im dritten Satz wird normiert, dass das Programm der Information, Bildung, Beratung und Unterhaltung dienen muss. Beiträge aus den genannten Bereichen sind also zwingende Programmbestandteile. Informationen können geliefert werden durch Nachrichtensendungen und Reportagen. Bildung im Sinne der Norm ist als das Interesse an vielen verschiedenen Lebensbereichen und deren Erkundung zu verstehen. Inhaltlich können historische Abhandlungen genauso bildend wirken wie Reisemagazine und Politikbeiträge aus dem In- und Ausland. Oftmals werden einzelne Sendeformate mehrere oder sogar alle Bereiche abdecken. Ein unterhaltender Beitrag kann ebenso beratend sein wie informativ oder bildend. Eine klare Abgrenzung der einzelnen Bereiche ist nicht sinnvoll. Vielmehr ist die Beurteilung, ob alle vorgegebene Programmbereiche abgedeckt werden, im Hinblick auf das Gesamtprogramm vorzunehmen. Nur wenn einzelne Bereichen gar nicht im Gesamtprogramm widergespiegelt würden, könnte von einer Verletzung der zwingenden Programminhalte ausgegangen werden.

In welcher anteiligen Gewichtung die einzelnen Komponenten zueinander stehen müssen, ist damit noch nicht geklärt. Dem Normtext kann eine gewisse Wertung entnommen werden, wenn man auf die gewählte Reihenfolge abstellt, in der die Programmbereiche genannt sind. An erster Stelle steht dort die Information. Daraus kann abgeleitet werden, dass der öffentlich-rechtliche Rundfunk vermehrt Informationsprogramme ausstrahlen soll. Die unterhaltende Information ist dabei nicht per se eine schlechtere oder minderwertigere Information als die politische Information. Allerdings darf dabei nicht aus den Augen verloren werden, dass die wichtigste Aufgabe des Rundfunks in verfassungsrechtlicher Hinsicht neben der Wertevermittlung im kulturellen Sinn die Förderung der politischen Willensbildung ist. Da die demokratiesichernde und unterstützende Funktion von politischen Informationen höher ist, als die reiner Unterhaltungsbeiträge, folgt daraus, dass vermehrt politische Information zu senden ist, um den Programmauftrag zu erfüllen. Allerdings kann den unterhaltenden Elementen eine gewisse Integrationsfunktion nicht gänzlich abgesprochen werden, weshalb auch sie angemessen im Programm berücksichtigt werden müssen. Zudem wird durch den unterhaltenden Bereich die Attraktivität der Programme gesteigert, was zur Zuschauerbindung führen kann. Diese Bindung wiederum kann im Idealfall zu einer verstärkten Wahrnehmung des informierenden Programmteils führen.

Eine weitere Wertung des Gesetzgebers findet sich in Satz 4. Hier hebt er die herausragende Stellung der Kulturbeiträge hervor. Er normiert, dass insbesondere Beiträge zur Kultur anzubieten sind. Zwar folgt in der Aufzählung der Programmelemente die Kultur erst an letzter Stelle und im letzten Satz der Norm. Das mindert aber den Stellenwert dieses Programmelements nicht. Im Gegenteil wertet es die Kulturbeiträge noch auf, denn sie sollen insbesondere, also ausdrücklich und vornehmlich das Programm bestimmen. Dabei wird dem Rundfunk nicht auferlegt, reine Hochkultur senden zu müssen.[563] Er kann vielmehr umfassend kulturelle Beiträge aus allen Lebensbereichen senden und im Rahmen seiner Programmautonomie bestimmen, welche Beiträge besonders sendenswert sind. Hier handelt es sich mithin um einen weiten Kulturbegriff und damit um einen weiten Kulturauftrag.[564] Dabei hat der Rundfunk Forum zu sein für verschiedene Kunstrichtungen und auch abseits der bekannten Kunstformen zu informieren.[565] Die Vielfalt der unterschiedlichsten Stile soll zum Ausdruck kommen, egal ob es sich dabei um Malerei, Musik, Theater, Film, Literatur oder sonstige weniger klassische Bereiche handelt. Dabei können sowohl die alten Meister Beachtung finden, wie auch moderne und junge Künstler. Diese Forumsfunktion geht allerdings nicht soweit, dass der Rundfunk dazu berufen wäre, entlegene und in der Gesellschaft nicht oder nicht mehr vertretene Bereiche der Kultur künstlich am Leben zu erhalten. Die Abbildung im Rundfunk soll die Lebenswirklichkeit auch im kulturellen Sektor widerspiegeln und keine Scheinrealität erzeugen.

Aus dieser Gesamtschau folgt, dass die politische Information und Bildung sowie die kulturelle Wertevermittlung im öffentlich-rechtlichen Programm überwiegen sollten. Das verlangt auch, dass politische Sendungen an attraktiven Sendeplätzen liegen und nicht auf Dauer von reinen Unterhaltungsformaten verdrängt werden. Ansonsten kann nur bei einem offenkundigen und krassen Missverhältnis zwischen den Programmbereichen von einem Verstoß gegen die zwingenden Programminhalte ausgegangen werden.

3. Die Verpflichtungen nach § 11 Abs. 3 RStV

Der öffentlich-rechtliche Rundfunk hat bei Erfüllung seines Auftrages die Grundsätze der Objektivität und Unparteilichkeit der Berichterstattung, die Meinungsvielfalt sowie die Ausgewogenheit der Angebote und Programme zu berücksichtigen. Damit normiert der Gesetzgeber in § 11 Abs. 3 RStV eine weitere inhaltliche Anforderung an das Programmangebot der öffentlich-rechtlichen Rundfunkanstalten. Ihnen wird vorgegeben, wie sie bei der Erfüllung ihres Auftrages vorzugehen haben und welche Grundsätze dabei beachtet werden müssen.

a) Objektive und unparteiliche Berichterstattung

Die Grundsätze der objektiven und unparteilichen Berichterstattung spiegeln den Auftrag der öffentlich-rechtlichen Rundfunkanstalten wider, wie ihn das Bun-

---

[563] Zum Kulturauftrag des öffentlich-rechtlichen Rundfunks und dessen Grenzen siehe oben D. II. 4.

[564] Siehe hierzu ausführlich oben D. II. 4.

[565] In diesem Sinne auch Hartstein/Ring/Kreile/Dörr/Stettner, Rundfunkstaatsvertrag, Loseblatt, § 11, Rdnr. 15.

desverfassungsgericht wiederholt formuliert hat.[566] Nur durch eine an diesen Maximen orientierte Berichterstattung kann der Auftrag, die Rezipienten durch Informationen zur Demokratie zu befähigen, erfüllt werden. Der Rundfunk dient den Bürgern und dem gesamten gesellschaftlichen System, indem er Informationen aufbereitet, auswählt und in überschaubaren Formaten bereitstellt. Er nimmt seinen Rezipienten die Arbeit ab, aus einer unüberschaubaren Masse an Informationen selbst das Wichtigste herausfiltern zu müssen. Aufgrund dieser Informationen kann sich der Bürger ein eigenes Bild machen und seine politische Meinung bilden. Ohne diese Vorarbeit des Rundfunks wäre er dazu in der heutigen Zeit kaum mehr in der Lage. Mit diesem Informationsbedürfnis und -anspruch korrespondiert aber zugleich auch der Vertrauensvorschuss, den der Bürger dem öffentlich-rechtlichen Rundfunk entgegenbringen muss. Er muss sich darauf verlassen können, nicht manipuliert oder selektiv informiert zu werden. Er muss wissen, dass die Informationen nach professionellen journalistischen Auswahlkriterien ihren Weg in die Informationskette gefunden haben und nicht das Resultat von wirtschaftlichen oder politischen Interessen ist. Damit erfüllt das Erfordernis der unvoreingenommenen Berichterstattung einen doppelten Schutzmechanismus: zum einen schützt es den Bürger vor interessensgelenkter Manipulation durch den breitenwirksamen Rundfunk und zum anderen schützt es dadurch die Demokratie selbst.

Inhaltlich verlangt eine objektive Berichterstattung zunächst eine besonnene und unabhängige Quellenauswahl. Daneben muss die Information sachlich und gründlich recherchiert werden.[567] Schließlich muss der den Rezipienten übermittelte Bericht oder Text sachlich abgefasst sein. Dabei kommt gerade der unabhängigen Quellenauswahl eine besonders wichtige Rolle zu. Die Nachrichtenauswahl soll ebenso unvoreingenommen erfolgen wie die Darstellung im Programm selbst. Das heißt nicht, dass politische Gegebenheiten unkritisch übernommen und nicht in Gesprächsrunden und Reportagen hinterfragt werden sollten. Gerade die kritische Auseinandersetzung mit vorhandenem Material ist wichtiger Bestandteil eines sorgfältig recherchierten Sachverhaltes. Natürlich ist es dem öffentlich-rechtlichen Rundfunk nicht verwehrt, neben den rein informierenden journalistischen Darstellungsformen auch meinungsäußernde Formen wie den Kommentar, die Glosse oder die Rezension zu verwenden. Allerdings darf auch hier keine polemische Darstellung erfolgen. Objektiv und unparteiisch muss die Berichterstattung aber nicht nur in politischer Hinsicht, sondern auch in allen anderen Lebens- und Programmbereichen sein. So spielt in der Produktionsbranche die wirtschaftliche Unabhängigkeit eine große Rolle. Die jüngsten Schleichwerbungsfälle sind ein trauriger Beweis dafür, wie wichtig das Gebot

---

566 BVerfGE 12, 263; BVerfGE 31, 326; BVerfGE 57, 325.

567 Zu den Grundsätzen der Recherchearbeit siehe Schult/Buchholz (Hrsg.), Fernsehjournalismus, S. 240 ff und La Roche, Einführung in den praktischen Journalismus, S. 49 ff.

des unabhängigen Rundfunks ist.[568] Der Rundfunkstaatsvertrag normiert hier zwar ausdrücklich nur die objektive und unparteiliche Berichterstattung, davon erfasst sind aber alle Tätigkeitsbereiche des Rundfunks, also auch die Produktion, denn auch hier kann eine unbewusste Einflussnahme auf den Zuschauer oder Zuhörer stattfinden.

Das Gebot der objektiven und davon umfassten unparteilichen Berichterstattung ist immer dann verletzt, wenn die Berichterstattung nicht das Ergebnis einer an journalistischen Grundsätzen und Codizes orientierten Recherche und Auswahlentscheidung ist, sondern aufgrund politischer, wirtschaftlicher oder sonstiger Interessen Eingang in das Programm findet. Nicht verletzt wird die Verpflichtung zur Unparteilichkeit, wenn die in § 11 Abs. 2 RStV geforderten Beiträge zur Völkerverständigung und europäischen Integration geliefert werden, indem etwa wohlwollend über europäische Belange berichtet wird.[569]

b) Meinungsvielfalt und Ausgewogenheit

Das Gebot, die Meinungsvielfalt angemessen zu berücksichtigen und ausgewogen zu berichten, zielt auf den gleichen Schutzbereich ab, wie das Erfordernis der objektiven und unparteilichen Berichterstattung.[570] Wieder ist es der informationshungrige Bürger, der sich auf seine „Glaubwürdigkeitsinsel" öffentlich-rechtlicher Rundfunk verlassen können muss.[571] Gerade die Ausgewogenheitsverpflichtung beinhaltet aber neben der politischen Vielfalt der Meinungen, die unverkürzt im Programm dargestellt werden müssen, ein tiefergehendes Erfordernis. Dem öffentlich-rechtlichen Rundfunk obliegt es nämlich auch, sachlich und nüchtern, schlicht und nicht reißerisch die Geschehnisse dem Bürger zu vermitteln. Davon unterscheidet er sich wesensmäßig von den privaten Anbietern, die durch teilweise boulevardeske Aufmachung bessere Quoten zu erzielen suchen. Sie unterliegen als werbefinanzierte und wirtschaftsabhängige Unternehmen aber auch nicht den strengen Anforderungen an eine vielfältige Berichterstattung, wie sie das Bundesverfassungsgericht für die öffentlich-rechtlichen Rundfunkanstalten im dualen System entwickelt hat. Dem öffentlichen Rundfunk obliegt die Gewährleistung eines Grundstandards an ausgewogener Berichterstattung. Der öffentlich-rechtliche Rundfunk muss besonnen, überlegt und mit dem nötigen Abstand beobachten, analysieren und interpretieren, ohne unsouveräne Quotenhascherei. Er ist in der starken Situation, nicht auf Quoten angewiesen und dank der Rundfunkgebühr unabhängig sein zu können. Dieses

---

568 Vgl. hierzu nur Lilienthal, epd medien 55/2005, S. 3 ff.; Lilienthal, epd medien 53/ 2005, S. 3 ff.; epd medien 56/2005, S. 7 f.; epd medien 56/2005, S. 9 f.; epd medien 56/2005, S. 12 f.

569 So auch Hartstein/Ring/Kreile/Dörr/Stettner, Rundfunkstaatsvertrag, Loseblatt, § 11, Rdnr. 21.

570 Siehe hierzu oben D. V. 3. a)

571 Das Institut der öffentlich-rechtlichen Glaubwürdigkeitsinsel taucht auf bei Holznagel, Der spezifische Funktionsauftrag, S. 11 ff.

Bewusstsein müssen seine Mitarbeiter verinnerlichen und vermitteln, sie müssen unangreifbare, umfassende Informationen zu allen Aspekten eines Sachverhaltes liefern.

Das Vielfaltsgebot ist nicht zu verwechseln mit dem Ansinnen, den öffentlich-rechtlichen Rundfunk zu verpflichten, Minderheitenrundfunk zu veranstalten. Ganz im Gegenteil muss auch der öffentliche Rundfunk darauf bedacht sein, eine möglichst große Anzahl von Menschen mit seinem Programm zu erreichen. Nur wenn er in einer gewissen Breite in der Bevölkerung wahrgenommen wird, kann er überhaupt seinen Auftrag zur umfassenden Meinungsbildung und kulturellen Wertevermittlung erfüllen. Ein für weite Bevölkerungsteile uninteressanter Intellektuellenrundfunk ist mit den Zielen des Art. 5 Abs. 2 GG genauso wenig vereinbar, wie ein am wirtschaftlichen Profit orientierter Massenunterhaltungsrundfunk. Hier muss den Programmverantwortlichen die schwierige Aufgabe gelingen, eine Balance zwischen einer angemessenen Zuschauerattraktivität und der verfassungsrechtlichen Verpflichtung zur Meinungsbildung zu schaffen.

4. Das Verfahren der Selbstverpflichtung nach § 11 Abs. 4 RStV

a) Die staatsvertragliche Grundnorm

Der Rundfunkstaatsvertrag verpflichtet die öffentlich-rechtlichen Sender zum Erlass von Satzungen oder Richtlinien, in denen die Anstalten ihren Auftrag näher ausgestalten. Diese Verpflichtung nimmt Bezug auf den in § 11 Abs. 1 bis 3 RStV umrissenen Auftrag.[572] Die staatsvertragliche Festschreibung des Auftrages ist somit als Grundnorm die erste Stufe des Verfahrens zur Selbstverpflichtung der Anstalten. Erfasst sind von dieser Pflicht die in der ARD zusammengeschlossenen Landesrundfunkanstalten, das ZDF und das Deutschlandradio.[573]

b) Programmziele mit längerer Geltungsdauer

Auf der zweiten Stufe des Verfahrens zur Auftragssicherung stehen die Programmziele, die jede öffentlich-rechtliche Rundfunkanstalt für sich wahlweise in Form von Satzungen oder Richtlinien zu definieren hat. Die inhaltlichen Vorgaben an das eigene Programm sind auf einen längerfristigen Zeitraum angelegt und sollen die Transparenz innerhalb des anstaltlichen Schaffens verbessern. Die Verantwortlichen der öffentlich-rechtlichen Rundfunkanstalten werden damit verpflichtet, sich im Vorhinein ihren Auftrag klarzumachen und sich an die selbst gemachten Vorgaben zu halten. Durch die Verpflichtung, die angestrebten Ziele in amtlichen Verkündungsblättern zu veröffentlichen, entsteht neben der Selbstbindung auch eine gewisse öffentliche, wenn auch nicht rechtsverbindli-

---

572 Siehe hierzu ausführlich oben D. V. 1. D. V. 2. und D. V. 3.

573 Im Folgenden wird auf die Selbstverpflichtung des DeutschlandRadios nicht näher eingegangen.

che Bindung. Zudem kann von den anstaltseigenen Kontrollgremien eine bessere Prüfung vorgenommen werden, ob das gesendete Programm tatsächlich dem näher ausgestalteten Auftrag entspricht. Die Selbstverpflichtungserklärungen dienen damit in erster Linie dem Schutz der Anstalt vor Verfehlung der verfassungsrechtlichen Vorgaben. Daneben wird auch der Gebührenzahler entlastet, denn nicht vom Programmauftrag gedeckte Tätigkeiten können leichter entdeckt und abgestellt werden.[574]

c) Konkrete Selbstverpflichtung mit Rechenschaftsbericht

Über die Erfüllung der konkreten Selbstverpflichtung durch Richtlinien oder Satzungen hat der öffentlich-rechtliche Rundfunk Rechenschaft abzulegen. Alle zwei Jahre ist ein Bericht über die Erfüllung des jeweiligen Auftrags, über die Qualität und Quantität der Angebote und Programme sowie über die geplanten Schwerpunkte der jeweils anstehenden programmlichen Leistungen nach § 11 Abs. 4 Satz 3 i.V.m. § 11 Abs. 4 Satz 1 RStV von den Anstalten zu erstellen und zu veröffentlichen. Die ersten Rechenschaftsberichte der Anstalten waren erstmals ab dem 1. Oktober 2004 zu veröffentlichen.[575]

Durch die staatsvertragliche Verpflichtung wird den Anstalten die detaillierte Ausgestaltung ihres Auftrages auferlegt. In der Begründung zum 7. Rundfunkänderungsstaatsvertrag ist ausgeführt, dass die bislang bestehenden internen Anstaltsregelungen zur Programmgestaltung nunmehr rechtsverbindlichen Charakter erhalten und durch Selbstverpflichtungserklärungen zu verwirklichen sein sollen. Der Gesetzgeber erwartet konkrete Aussagen zu den Aktivitäten sowohl in qualitativer als auch in quantitativer Hinsicht. Dabei ist er sich bewusst, solche Regelungen nicht selbst vornehmen zu können, da sie in die Programmfreiheit der Anstalten eingreifen könnten.[576] Die Selbstverpflichtungen sind für die Anstalten bindend, sofern sie konkrete Verpflichtungen enthalten.

Der staatsvertraglichen Verpflichtung zur Rechenschaftslegung sind die Anstalten nachgekommen. So hat die ARD Leitlinien für die Programmgestaltung 2005/2006 und das ZDF Programm-Perspektiven 2004-2006 entwickelt und veröffentlicht.[577]

---

[574] Dazu oben D. II. 3.

[575] Hierzu unten ausführlich D. V. 4. c) aa) D. V. 4. c) bb)

[576] So auch Hartstein/Ring/Kreile/Dörr/Stettner, Rundfunkstaatsvertrag, Loseblatt, § 11, Rdnr. 27.

[577] Die Leitlinien der ARD sind abgedruckt in: Programmdirektion Erstes Deutsches Fernsehen (Hrsg.), Leitlinien für die Programmgestaltung der ARD 2005/2006 sowie in: Hartstein/Ring/Kreile/Dörr/Stettner, Rundfunkstaatsvertrag, Loseblatt, § 11, Anhang, Rdnr. 29 und Funkkorrespondenz 39.2004, S. 10 ff. Die Programm-Perspektiven des ZDF sind abgedruckt in: Hartstein/Ring/Kreile/Dörr/Stettner, Rundfunkstaatsvertrag, Loseblatt, § 11, Anhang, Rdnr. 30 und Funkkorrespondenz 39.2004, S. 21 ff.

Auch das DeutschlandRadio hat einen Bericht über programmliche Leistungen und Perspektiven 2004 - 2006 erstellt.[578]

aa) Leitlinien der Programmgestaltung der ARD 2005/2006

In der Präambel der Leitlinien der ARD wird Bezug auf die rundfunkstaatsvertragliche Auftragsdefinition genommen und die unverzichtbare Funktion des öffentlich-rechtlichen Rundfunks für die demokratische und plurale Gesellschaft unterstrichen. Der damit verbundene Auftrag sei verknüpft mit einem umfassenden Qualitätsanspruch und der Wertevermittlung. Die eigentliche Selbstverpflichtungserklärung ist in die Programmbereiche Information, Kultur, Bildung und Beratung und Unterhaltung unterteilt.

Die Information wird von der ARD zur stärksten Programmsäule erklärt.[579] Als eine der wichtigsten Aussagen der Leitlinien verpflichtet sich die ARD auf einen Informationsanteil von 40 %, worin die 10 % Sportinformation noch nicht berücksichtigt sein sollen. Neben der aktuellen Information, die mit mehr als sechs Stunden im täglichen Programm berücksichtigt werden soll, soll auch der investigative Journalismus durch Hintergrundberichte und analysierende Beiträge im Hauptabendprogramm gepflegt werden. Die Europa- und Auslandsberichterstattung soll durch drei Magazinformate abgedeckt werden und die Sportberichterstattung wird für bestimmte Großereignisse im Selbstverpflichtungszeitraum präzisiert.

Die Kultur wird von der ARD nach eigenen Angaben als Kernaufgabe des öffentlich-rechtlichen Fernsehens gesehen.[580] Dabei soll neben einer reinen Kulturabbildung in besonders engagierter Weise genuine Fernsehkultur produziert werden. Die Beteiligung an großen kulturellen Ereignissen auch in finanzieller Hinsicht soll Veranstaltungen ermöglichen und ihnen internationale und nationale Aufmerksamkeit verschaffen. Kernfelder des Kultursektors sollen dabei Kulturberichterstattung, Fernsehfilm, Dokumentationen, Features und Reportagen sowie Kirche und Religion sein.[581]

Im dritten Programmbereich Bildung und Beratung soll in erster Linie auf die Zuschauerbedürfnisse eingegangen werden.[582] Verbraucherorientierte Beratung soll rein nach journalistischen Maßstäben gestaltet und die kommerzielle Einflussnahme ausgeschlossen werden. Verwirklicht werden soll dieser Programmschwerpunkt in Magazinen und Shows ebenso wie in Sendereihen und Doku-

---

578 Der Bericht des Deutschlandradios ist abgedruckt in Hartstein/Ring/Kreile/Dörr/Stettner, Rundfunkstaatsvertrag, Loseblatt, § 11, Anhang, Rdnr. 31 und wird hier nicht näher behandelt.

579 Vgl. hierzu Funkkorrespondenz 39.2004, S. 10 f.

580 Programmdirektion Erstes Deutsches Fernsehen (Hrsg.), ARD Leitlinien, S. 26 ff.

581 Programmdirektion Erstes Deutsches Fernsehen (Hrsg.), ARD Leitlinien, S. 32 f., 34 f.

582 Programmdirektion Erstes Deutsches Fernsehen (Hrsg.), ARD Leitlinien, S. 38.

mentationen. Daneben sollen spezielle Beratungs- und Serviceangebote den Zuschauern zur Verfügung gestellt werden.

Im Bereich der Unterhaltung setzt die ARD laut ihren Leitlinien auf Anregung und Entspannung auf hohem Niveau.[583] Fiktionale Unterhaltung soll in alt bewährter Form weiterhin das Profil der ARD prägen. Auch Shows, Bühnenprogramme und Talkshows sollen in seriöser und kompetent gestalteter Form Themen der Zeit aufgreifen.

Besonderes Augenmerk soll auf die Wertevermittlung bei Kindern und Jugendlichen gelegt werden. Dabei soll dem Jugendschutz große Bedeutung beigemessen werden.[584]

Die ARD will sich weitgehende Regeln zur Umsetzung des Trennungsgebotes von Werbung und Programm geben.[585] Einheitliche Kriterien zur Abgrenzung von Sponsorhinweisen und Werbespots sollen zur Transparenz beitragen und das öffentlich-rechtliche Selbstverständnis unterstreichen. Eine diesbezügliche Absprache mit dem ZDF wird angestrebt. Bei den Online-Angeboten soll die Information zum Schwerpunkt des Angebotes werden und der Programmbezug charakteristisches Merkmal sein.

bb) Programm–Perspektiven des ZDF 2004-2006

Auch die Programmperspektiven des ZDF beginnen mit einer einführenden Präambel.[586] Zunächst liest sich die Einleitung wie ein Werbeprospekt des Senders. Das ZDF wird angepriesen als qualitativ führender und akzeptanzstarker Programmanbieter, der von den Zuschauern als kompetenter Anbieter angesehen werde. Anschließend werden in allgemeiner Form Programmziele formuliert, die neben der Betonung der staatsvertraglichen Vorgaben auch weitergehende Vorgaben an das Programm enthalten. So soll das Programm Toleranz und Fairness vermitteln und dadurch zur Festigung der zentralen Werte in der Gesellschaft beitragen. Daneben soll die Qualität der Programme dauernd überprüft werden und die Stellung des ZDF als führendes Hauptprogramm gesichert werden.

Dem folgen in zehn Abschnitten die Selbstverpflichtungserklärungen in Bezug auf einzelne Tätigkeitsbereiche.[587]

Vorangestellt wird das Postulat der Vielfaltssicherung. Durch die Mischung der verschiedenen Programmsparten im richtigen Verhältnis soll dem Rechnung getragen werden. Konkret legt sich das ZDF fest auf einen Informationsanteil, der

---

583 Programmdirektion Erstes Deutsches Fernsehen (Hrsg.), ARD Leitlinien, S. 48.

584 Programmdirektion Erstes Deutsches Fernsehen (Hrsg.), ARD Leitlinien, S. 58 f.

585 Programmdirektion Erstes Deutsches Fernsehen (Hrsg.), ARD Leitlinien, S. 76 f.

586 Programm-Perspektiven des ZDF 2004 - 2006, Funkkorrespondenz 39.2004, S. 21.

587 Programm-Perspektiven des ZDF 2004 - 2006, Funkkorrespondenz 39.2004, S. 22 ff.

die Hälfte des Programms ausmachen soll.[588] Daneben soll rund ein Drittel des Programms aus Fiktion und je rund sieben Prozent aus Unterhaltung, Sport und kindgerechten Inhalten bestehen.[589] Anders als die ARD verwendet das ZDF nach jedem Bereich den Terminus Selbstverpflichtung, um zusammenfassend die Vorhaben zu den einzelnen Tätigkeitsschwerpunkten zu bekräftigen und teilweise zu konkretisieren. Die erste Selbstverpflichtung zum Vielfaltserfordernis erhebt die Information ausdrücklich zur stärksten Programmsäule und unterstreicht den Stellenwert dadurch, dass sie vornehmlich zur Hauptsendezeit, also zwischen 19 und 23 Uhr, ausgestrahlt werden soll. Betont wird zudem, dass die Vielfalt der Programm-Mischung und die Kultur als Leitprinzip der Programmarbeit die Grundorientierung des ZDF darstellen.

Im zweiten Punkt werden die Aktualität und das Zeitgeschehen herausgestellt. Ein Drittel des Hauptprogramms soll dem Zuschauer zuverlässige Information als Orientierungshilfe bieten.[590] Sehr konkret verpflichtet sich das ZDF, in mindestens sechs Stunden täglich einen nachrichtlichen Überblick über das relevante Tagesgeschehen zu liefern. Die Hintergrundinformation soll verstärkt und die politische Wirklichkeit kontinuierlich abgebildet werden. Der regionale Bezug soll durch so genannte Vor-Ort Produktion herausgestellt werden. Neben der europäischen Berichterstattung, die den Integrationsprozess fördern soll, sollen Reiseberichte insbesondere aus dem fernöstlichen Raum die wachsende Bedeutung des asiatischen Kontinents verdeutlichen. Die Online-Angebote des ZDF sollen diesbezüglich über den europäischen Fortschritt berichten.

Die Kultur wird an dritter Stelle als programmliches Leitprinzip des ZDF hervorgehoben.[591] In der Selbstverpflichtung ist hierzu vorgesehen, die Online-Angebote programmbezogen ebenso auszubauen wie den Kulturverbund. Es wird sehr konkret auf einzelne Vorhaben eingegangen, wie etwa Beiträge zum Mozart-Jahr 2006 oder Beiträge anlässlich des 200. Todestages von Schiller, die die kulturelle Debatte von nationaler Bedeutung anregen und aufgreifen sollen.

Hervorgehoben wird insbesondere auch die Stärkung des Programmprofils von 3SAT, das das regionale Kulturleben den Zuschauern näher bringen soll. Das ZDF will durch regionale ausgewogene Verteilung der Produktionsaufträge zur Stabilisierung der Produktionswirtschaft in Deutschland beitragen.

Im vierten Punkt legt das ZDF dar, wie es den Erkenntnisgewinn und den Nutzenwert des Zuschauers in den Bereichen Bildung, Wissen und Service erhöhen will.[592] Neue Programmakzente sollen der anhaltend hohen Bedeutung der Bil-

---

588 Programm-Perspektiven des ZDF 2004 - 2006, Funkkorrespondenz 39.2004, S. 22.

589 Vgl. Programm-Perspektiven des ZDF, auch abgedruckt in Harstein/Ring/Kreile/Dörr /Stettner, Rundfunkstaatsvertrag, Loseblatt, § 11, Anhang, Rdnr. 30.

590 Programm-Perspektiven des ZDF 2004 - 2006, Funkkorrespondenz 39.2004, S. 22 f.

591 Programm-Perspektiven des ZDF 2004 - 2006, Funkkorrespondenz 39.2004, S. 24.

592 Programm-Perspektiven des ZDF 2004 - 2006, Funkkorrespondenz 39.2004, S. 25.

dung Rechnung tragen. Berichterstattung über Grundlagenforschung und deren Nutzen im Alltag sowie über Wissenschaft und Technik im Allgemeinen sollen die Wichtigkeit unterstreichen. Geschichtliche Information soll dabei eine genauso große Rolle spielen wie die Vermittlung der Bedeutung von Natur und Ökologie. Das ZDF verpflichtet sich darüber hinaus zur Nachwuchsförderung und zum kostenfreien Informationszugang für Schulen und andere Bildungseinrichtungen.

Die fiktionalen Programmelemente, die im fünften Punkt abgehandelt werden, sollen einen Beitrag zur Identitätsstiftung leisten.[593] Das ZDF will hierbei sein Konzept des fiktionalen Qualitätsprogramms fortführen und Innovationen durch neue Künstler gewährleisten. Die Unterhaltung wird als sechster Punkt aufgegriffen und soll dem Entspannungsbedürfnis des Publikums gerecht werden.[594] Das ZDF verpflichtet sich hierbei, in seinen Shows eine Verbindung aus Ereignis, Erlebnis und nützlichem Wissen in den Mittelpunkt zu stellen. Neben altbekannten Formaten wie „Wetten, dass..." sollen neue Comedy-Programme entwickelt werden und ein breites Musikspektrum gezeigt werden. Die Shows sollen in den Dienst sozialer Anliegen gestellt werden.

Siebter Punkt in den Perspektiven ist das Kinder- und Jugendprogramm, das einen markanten Platz im Hauptprogramm einnehmen und altersgerecht sein soll. Kinder sollen gefördert werden durch die Entwicklung neuer Rahmenprogramme. Konsequente Jugendschutzrichtlinien sollen für das gesamte Programm gelten.[595]

Die Digitalisierung als nächster Topos soll weiter aktiv vorangetrieben werden, wobei aber gleichzeitig die Anzahl der digitalen Programme eingefroren werden soll.[596]

Im vorletzten neunten Punkt werden die Bedeutung der Mediendienste und deren Programmbezug nochmals betont. Hierbei sollen Qualität und Tiefe ausgebaut werden, die Themenbreite aber reduziert werden. Inhaltlich verpflichtet sich das ZDF zu besonderer redaktioneller Sorgfalt.[597] Schließlich werden in einem letzten Punkt die Kooperation und Mehrwertdienste thematisiert.[598] Die journalistische Unabhängigkeit soll den obersten Grundsatz bilden. Erstaunlich ist, dass sich das ZDF zu etwas verpflichtet, was eigentlich selbstverständlich sein sollte, nämlich die Offenlegung der Erträge im Haushaltsplan.

---

593 Programm-Perspektiven des ZDF 2004 - 2006, Funkkorrespondenz 39.2004, S. 26.

594 Programm-Perspektiven des ZDF 2004 - 2006, Funkkorrespondenz 39.2004, S. 27.

595 Programm-Perspektiven des ZDF 2004 - 2006, Funkkorrespondenz 39.2004, S. 28, 29.

596 Programm-Perspektiven des ZDF 2004 - 2006, Funkkorrespondenz 39.2004, S. 29.

597 Programm-Perspektiven des ZDF 2004 - 2006, Funkkorrespondenz 39.2004, S. 29.

598 Programm-Perspektiven des ZDF 2004 - 2006, Funkkorrespondenz 39.2004, S. 30.

Abschließend verpflichtet sich das ZDF, die niedergelegten Leitlinien und Programmprojekte umzusetzen und Anregungen und Kritik konstruktiv aufzunehmen.

cc) Bewertung der Selbstverpflichtungen

Die Selbstverpflichtungserklärungen der beiden großen öffentlich-rechtlichen Rundfunkanstalten ARD und ZDF sind ähnlich strukturiert und auch inhaltlich lassen sich Parallelen erkennen. Beide stellen in einer Präambel die Grundsätze des öffentlich-rechtlichen Systems in den Vordergrund und nehmen in erhabenen Sätzen auf die verfassungsrechtlichen und staatsvertraglichen Vorgaben Bezug. Auf Seiten des ZDF fällt die Eigenwerbung dabei noch stärker aus als bei der ARD, die, bevor sie ihre unübertreffliche Wirkung herausstellt, zunächst den gesamten öffentlich-rechtlichen Rundfunk als Garant einer pluralistischen und demokratischen Gesellschaft heraushebt.

Auch auf den zweiten Blick zeigt sich, dass die Perspektiven der ARD und des ZDF in einzelnen Punkten kaum präzise gefasst sind und damit wenig Aussagekraft haben. Zwar nennt das ZDF konkret Vorhaben, die es umzusetzen gedenkt. So verpflichtet es sich gleich zu Beginn, den hohen Stellenwert der Information dadurch zu belegen, dass ihr wesentliche Teile der Hauptsendezeit zwischen 19 und 23 Uhr gewidmet werden sollen. Zu bemängeln ist aber, dass die Sendeformate noch konkreter hätten genannt werden müssen, um zu verdeutlichen, wie das Informationsversprechen gegenüber den Zuschauern in welchem Umfang eingelöst werden soll. Auch die ARD erklärt die „Tagesschau" zur Institution, die täglich um 20.00 Uhr ausgestrahlt wird. Allen anderen Informationsformaten, die vielfach namentlich genannt werden, wird keine konkrete Sendezeit zugewiesen. Allgemein führt die ARD aus, den „verschiedenen innenpolitischen Magazinen am Hauptabend" einen Platz einzuräumen.

Bezüglich der Auslandsberichterstattung beispielsweise verpflichtet sich die ARD, Auslandsthemen drei Magazinformate zu widmen. In welchen Umfang die Sendungen zu sehen sein werden, wird nicht erwähnt. An vielen Stellen hätten beide Anstalten genauere Angaben machen müssen, welche politischen Sendeformate zu welcher Zeit gesendet werden sollen. Damit könnte der Kritik begegnet werden, die zu Recht den Informationsanteil zwar anerkennt, aber die unattraktiven Sendeplätze bemängelt und ein Konkurrenzgerangel um massenattraktive Unterhaltung mit den privaten Sendern befürchtet. Man gewinnt den Eindruck, die Anstalten haben sich vor allzu konkreten Aussagen gescheut, denn allein die Verpflichtung, bestimmte Format weiterhin zu pflegen, ist nicht ausreichend, um Auftragsdiskussionen auch auf europäischer Ebene endgültig auszuräumen. Mit den vorhandenen Selbstverpflichtungserklärungen dürfte das Anliegen, im Wege öffentlicher Rechnungslegung die Akzeptanz der Arbeit der

Anstalten bei den Rundfunkteilnehmern zu erhöhen, verfehlt worden sein.[599] Die Erklärungen lesen sich stellenweise eher wie Selbstbeweihräucherung der Anstalten. Von sachlicher und konkreter Aufgabendefinition kann nicht die Rede sein. Das Ziel, den Anstalten durch Selbstverpflichtung vor Augen zu führen, welche Aufgabe ihnen obliegt, scheint ebenso misslungen. Die Selbstverpflichtungserklärungen sind, von einigen wenigen Ausnahmen abgesehen, eine Bestandsaufnahme des bisher geleisteten und eine Erhebung zur öffentlich-rechtlichen Grundidee. Es hätte den Anstalten gut zu Gesicht gestanden, sich etwas zurückzunehmen und auf die eigentliche Aufgabe, nämlich das Erstellen einer schnörkellosen und nachvollziehbaren Eigenverpflichtung auf der Grundlage eines ernst gemeinten öffentlich-rechtlichen Selbstverständnisses, zu konzentrieren. Zutreffend lässt sich mit Lilienthal sagen, dass sich die Positionspapiere zwischen Sonntagsrede und Gremiendeutsch, zwischen nüchterner (reiner) Bestandsaufnahme und fantastischer Projektion bewegen.[600] Eine selbstkritische Analyse und Innovation kann den Papieren nicht entnommen werden. Aufgrund dieser Erklärungen wird es den Gremien auch weiterhin kaum möglich sein, Programmverfehlungen zu entdecken und nicht auftragsgemäße Programme zum Schutz des Gebührenzahlers einzustellen.

5. Die Überprüfungsklausel des § 11 Abs. 5 RStV

Bemerkenswert bezüglich der neuen staatsvertraglichen Regelung ist, dass sich die Länder vorbehalten, die Anwendung der Bestimmungen des Absatzes 4 zu überprüfen. Die Überprüfung soll drei Jahre nach Inkrafttreten des 7. Rundfunkänderungsstaatsvertrages stattfinden.[601]

Dieses ausdrückliche Überprüfungsvorhaben ist ungewöhnlich, denn auch ohne einen solchen Vorbehalt ist es dem Gesetzgeber unbenommen, Regelungen auf ihre „Alltagstauglichkeit" zu überprüfen und gegebenenfalls zu überarbeiten. Damit erhebt der Gesetzgeber bildlich gesprochen mahnend den Zeigefinger, um die Anstalten zu einem gewissenhaften Umgang mit den verlangten Selbstverpflichtungen anzuhalten. Sollte die Umsetzung nicht zur Zufriedenheit verlaufen, behält er sich stillschweigend eine Verschärfung der Regelung vor. Schon in der Begründung des 7. Rundfunkänderungsstaatsvertrages betonen die Länder, dass die damals vorgelegten Selbstverpflichtungserklärungen im Hinblick auf Qualität und quantitativer Begrenzung noch weiterer Präzisierung bedurften. Daraus lässt sich ableiten, dass die Länder eine gewisse Skepsis dahingehend zum Ausdruck bringen wollen, ob der gewählte Weg der Selbstverpflichtungserklärungen den politischen Forderungen nach einer Aufgabenkonkretisierung Rechnung tragen kann und wird.

---

599 Dieses Anliegen formulierte Eberle, MMR 2003, 626; darauf Bezug nehmend Hartstein/Ring/Kreile/Dörr/Stettner, Rundfunkstaatsvertrag, Loseblatt, § 11, Rdnr. 27.

600 Lilienthal in epd medien 73/2004, S. 3.

601 Demnach müsste die erste Überprüfung im Frühjahr 2007 stattfinden.

VI. Die quantitative Auftragskomponente nach § 19 RStV

1. Allgemeines

Die quantitative Programmzahlbegrenzung des § 19 RStV fand mit dem 8. Rundfunkänderungsstaatsvertrag Eingang in die Rundfunkgesetzgebung. Geregelt wird hier erstmalig die Höchstzahl der zulässigerweise von den öffentlich-rechtlichen Rundfunkanbietern veranstalteten Rundfunkprogrammen. Der Gesetzgeber hat dabei zwischen der Veranstaltung von Fernsehprogrammen und Hörfunkprogrammen differenziert und jeweils dezidierte Regelungen aufgestellt.

2. Regelungen für Fernsehprogramme (Abs. 1-6)

a) Quantitative Vorgaben

In § 19 Abs. 1 RStV ist festgelegt, dass die in der ARD zusammengeschlossenen Landesrundfunkanstalten und das ZDF jeweils nur ein Fernsehvollprogramm veranstalten. Dieses eine Programm ist gleichzeitig die Pflichtvorgabe an die beiden Rundfunkanstalten und Mindestvoraussetzung dessen, was zu leisten ist. Für die einzelnen Landesrundfunkanstalten schreibt die Regelung vor, dass die zum 01. April 2004 bestehende Zahl an Programmen veranstaltet werden darf. Eine Pflicht hierzu besteht nach dem Wortlaut der Norm im Gegensatz zur Veranstaltung der beiden erstgenannten Vollprogramme nicht. Damit wurden de facto neben den beiden Vollprogrammen der ARD und des ZDF weitere neun Programme für zulässig erachtet und gleichzeitig als Obergrenze für analoge Programme festgeschrieben.[602] Dabei bezieht sich die Obergrenze lediglich auf die Anzahl an Programmen, nicht aber auf die bestimmten Programme selbst. Damit steht es auf den ersten Blick den ARD-Anstalten quantitativ offen, in einem gemeinsamen Konsens Programme abzuschaffen und durch neue zu ersetzen. Allerdings ist zu beachten, dass sie diese Flexibilität nur im Rahmen der strengen Vorgaben des § 19 Abs. 6 RStV umsetzen können.[603]

Weiter steht es der ARD und dem ZDF offen („...können gemeinsam veranstalten...“), ein weiteres Programm und zwei Spartenfernsehprogramme gemeinsam zu betreiben. Dabei wird bei dem erstgenannten möglichen Programm eine inhaltliche Festschreibung vorgenommen, denn die kulturelle Ausrichtung wird

---

[602] Zum 01. April 2004 haben die Landesrundfunkanstalten folgende Fernsehprogramme veranstaltet: NDR Fernsehen (gemeinsames Drittes Fernsehprogramm von NDR und Radio Bremen); RBB Fernsehen; MDR Fernsehen; WDR Fernsehen; Bayerisches Fernsehen; BR-alpha; SR Südwest Fernsehen (SR Südwest Fernsehen ist das Dritte Fernsehprogramm des SR und hervorgegangen aus dem seit dem 05.04.1969 von SR, SDR und SWF für Baden-Württemberg, Rheinland-Pfalz und das Saarland veranstalteten Programm Südwest 3.); Südwest Fernsehen (Drittes Fernsehprogramm des SWR, Vollprogramm rund um die Uhr, seit 30.8.1998 veranstaltet für die Bundesländer Baden-Württemberg und Rheinland-Pfalz); Hessen Fernsehen.

[603] Vgl. hierzu unten D. VI. 2. b)

vorgegeben. Es ist hier von einem engeren Kulturbegriff auszugehen, der zwar auch moderne Erscheinungen erfasst, aber an den klassischen Künsten wie Schauspiel, Oper, Tanz, Malerei oder ähnlichem orientiert sein soll. De facto wurden damit der bestehende Sender 3Sat als Kulturkanal und die gesetzlich nicht festgelegten Spartensender Kinderkanal und Phoenix anerkannt. Zudem schreibt Abs. 2 S. 2 RStV den in der ARD zusammengeschlossenen Landesrundfunkanstalten und dem ZDF verpflichtend vor, sich am Europäischen Fernsehkulturkanal (ARTE) zu beteiligen und korrespondiert damit mit dem in § 11 Abs. 1 RStV normierten europäischen Integrationsauftrag.[604] Hinsichtlich des Verbreitungsweges ist entsprechend dem Regelungsgehalt des alten Abs. 1 geregelt, dass die Sparten- und Kulturprogramme nach Abs. 2 über Satellit auszustrahlen sind.[605] Bezüglich der anderen Verbreitungswege verweist der Rundfunkstaatsvertrag auf den Vorrang der landesrechtlichen Regelungen.

Abs. 4 regelt ebenfalls die Verbreitungsart, der wie nach alter Rechtslage bestimmt, dass alle in Abs. 1 bestimmten Programme neben der Satellitenübertragung auch in digitaler Form verbreitet werden können. Eine Pflicht hierzu normiert der Rundfunkstaatsvertrag nicht. Über die zulässigen analogen Programme steht es sowohl den in der ARD zusammengeschlossenen Landesrundfunkanstalten als auch dem ZDF frei, zusätzlich je drei Programme mit einer kulturellen, bildenden oder informierenden Ausrichtung ausschließlich in digitaler Technik zu verbreiten. Zudem wird die Möglichkeit eröffnet, die Programme in einem elektronischen Programmführer, auch EPG genannt,[606] zusammenzufassen und damit ein Programmbouquet zu bündeln. Auch diese Normierung entspricht dem tatsächlichen Bestand der vorhandenen digitalen Sender zum Zeitpunkt der Normierung. Es handelt sich bei den in der ARD zusammengeschlossenen Landesrundfunkanstalten um die ausschließlich digital verbreiteten Programme EinsPlus, EinsExtra und EinsFestival. Beim ZDF waren mit dem ZDFdokukanal, dem ZDFinfokanal und dem ZDFtheaterkanal ebenfalls drei digitale Sender vorhanden.[607] Mit dieser Regelung ist der Gesetzgeber dem Problem entgangen, bereits bestehende Sender für unzulässig zu erklären, hat aber andererseits einer Expansion eine klare Absage erteilt.

Die Möglichkeit der digitalen Verbreitung wird nicht vorbehaltlos gewährt, sondern an die Bedingung geknüpft, dass der Umfang für das ZDF von einem und für die in der ARD zusammengeschlossenen Landesrundfunkanstalten von zwei analogen Fernsehkanälen nicht übersteigen darf. Damit entspricht diese Regelung der Rechtslage vor dem 8. Rundfunkänderungsstaatsvertrag. Nicht klar geregelt ist an dieser Stelle, worauf genau sich die Bemessung des Umfangs be-

---

[604] Vgl. hierzu oben unter D. V. 2. a) aa)

[605] Vgl. hierzu § 19 Abs. 3, 1. Hs.

[606] EPG ist die Kurzform von electronic program guide

[607] Vgl. zu alledem oben B. III. 2.

zieht. Die Zusammenschau mit § 19 Abs. 5 2. Hs. RStV legt jedoch den Schluss nahe, dass sich der Umfang auf die tatsächlichen Kanäle bezieht. Die Anstalten sind insofern gehalten, sich über die Aufteilung ihrer derzeitigen analogen Fernsehprogramme zu verständigen. Es besteht somit die Verpflichtung der Anstalten zu Kooperation.[608]

b) Die Austauschentwicklung nach § 19 Abs. 6 RStV

Die wohl interessanteste Regelung des neu gefassten § 19 RStV dürfte in Abs. 6 zu finden sein. Hier hat der Gesetzgeber die vorher nur für die digitalen Programme geltende Austauschentwicklung normiert. Die öffentlich-rechtlichen Anstalten der ARD und das ZDF hinsichtlich der Gemeinschaftsprogramme dürfen demnach neue Programme nur unter drei kumulativ vorliegenden Bedingungen starten. Zunächst muss ein altes bestehendes Angebot eingestellt werden, damit die vorgegebene Höchstzahl nicht überschritten wird.[609] Dabei ist der Tausch gegen das originäre Fernsehvollprogramm der ARD und des ZDF, also das „Erste" und das „Zweite" Programm, und gegen ARTE ausgeschlossen, da es sich hierbei um Pflichtaufgaben nach Abs. 1 und Abs. 2 Satz 2 handelt. Eine Auswechslung kommt nur hinsichtlich der einzelnen in der ARD angebotenen Dritten Programme im Rahmen der landesrechtlichen Regelungen und der gemeinsamen Kultur- und Spartenprogramme nach Abs. 2 sowie hinsichtlich der digitalen Programme nach Abs. 4 RStV in Betracht. Durch den Austausch darf weiterhin die Erfüllung des Programmauftrages nicht gefährdet werden. Schließlich dürfen durch das neue Programm insgesamt keine Mehrkosten entstehen. Durch diese Gesamtbetrachtung können in der Entwicklungsphase entstandene Kosten oder Anschubfinanzierungen kompensiert werden und führen, wenn das Programm schließlich kostengünstiger produziert werden kann – aber auch nur dann -, letztlich nicht zur Unzulässigkeit des Programms. Neben dem konkreten Kostenvergleich zwischen dem alten zu ersetzenden Programm und dem neuen Programm lässt diese Formulierung aber auch eine Gesamtbetrachtung aller Kosten vor und nach dem Austausch zu. Sparen somit, was realiter kaum vorkommen wird, die Gemeinschaftssender von ARD und ZDF Geld ein, könnte eines der Dritten Programme durch ein teureres Programm der in ARD zusammengeschlossenen Landesrundfunkanstalten ersetzt werden. Faktisch indes dürfte diese Regelungen jedoch dazu führen, dass neue Programme nur sehr schwer initiiert und durchgeführt werden können, da die Entwicklungs- und Anfangskosten immer höher sein dürften, als die reinen Betriebskosten eines seit längerer Zeit eingespielten und daher planbareren Sendebetriebes. Es ist bei der ver-

---

[608] Siehe hierzu auch Lindner, der zwischen formeller und materieller Koordinierung unterscheidet, aber dem Rundfunkstaatsvertrag kein solches Koordinierungsgebot zwischen ARD und ZDF entnehmen will. Seiner Auffassung nach ergibt sich lediglich ein formelles Koordinierungsgebot aus den Regelungen der §§ 3 ARD-StV und 2 Abs. 2 ZDF-StV. Lindner, AfP 2005, S. 313, 314 ff.

[609] Siehe hierzu oben D. VI. 2. a)

gleichenden Gesamtbetrachtung der für die vorherige Gebührenperiode ermittelte Bedarf zugrunde zu legen und mit dem zu vergleichen, wie er letztlich nach dem KEF-Prüfverfahren auf den Gebührenzahler umgelegt werden würde, wenn der neue Sender in Kraft treten würde. Das heißt also, dass die Sender erst dann ein neues Programm betreiben dürfen, wenn zuvor die KEF die entsprechenden Bedarfsanmeldungen geprüft hat und durch die Neueinführung des Programms keine Mehrkosten auf den Gebührenzahler umgelegt werden müssten. Nur so kann der primäre hinter der Reglung stehende Zweck, den Gebührenzahler zu entlasten, erreicht werden.

Die vom Bundesverfassungsgericht entwickelte Bestands- und Entwicklungsgarantie, die auch in den Rundfunkstaatsvertrag in § 12 Abs. 1 eingeflossen ist, ist folglich durch die Austauschgarantie modifiziert worden. Ob das den Grundsätzen der Rundfunkfreiheit entspricht und in welchem Verhältnis beide zueinander stehen, ist fraglich und bedarf der eingehenden Prüfung.[610]

3. Regelungen für Hörfunkprogramme (Abs. 7-8)

Auch hinsichtlich der Hörfunkprogramme sind nun quantitative Obergrenzen eingeführt worden. Ebenso wie bei den Fernsehprogrammen wurde die Höchstzahl der analogen und digitalen Programme auf den status quo am 01. April 2004 eingefroren, wobei bei der Berechnung inhaltsgleiche digitale und analoge Programme nur einmal gezählt werden. Faktisch sind damit vierundsechzig Hörfunkprogramme für zulässig erachtet worden.[611] Auch hier können die ARD-Anstalten nach Maßgabe des Landesrechts die Programme wechselseitig austauschen, wenn insgesamt die Programmzahl nach Abs. 7 S. 1 nicht überschritten wird und keine Mehrkosten entstehen. Die Mehrkosten sind ebenso wie bei den Fernsehprogrammen im Rahmen einer auf die Gebührenperiode bezogenen Gesamtbetrachtung zu ermitteln. Ein wesentlicher Unterschied zu den Regelungen die Fernsehprogramme betreffend besteht aber deshalb, weil ein Austausch von digitalen Programmen gegen analoge nicht möglich ist. Das soll auch für den Fall gelten, dass auf eine digitale Ausstrahlung ganz verzichtet wird.[612] Soll hingegen der gesamte Programmbereich nur noch in digitaler Form ausgestrahlt werden, sieht die Protokollerklärung der Länder eine neue Beratung vor. Schließlich enthält Abs. 8 ein Bündelungs- und Kooperationsgebot sowie eine hierauf bezogene, durch Verweis auf § 11 Abs. 4 RStV normierte Berichts-

---

[610] Siehe hierzu unten D. VII.

[611] Zahl der Hörfunkprogramme der einzelnen Anstalten: NDR 8, RBB 7, MDR 8, BR 10, SWR 8, SR 5, HR 7, WDR 8, Radio Bremen 3. Die Liste der ARD-Hörfunkprogramme zum 01. April ist der Begründung zum 8. Rundfunkänderungsstaatsvertrag beigefügt und abgedruckt in Hartstein/Ring/Kreile/Dörr/Stettner, Rundfunkstaatsvertrag, A 2.6, S. 24.

[612] Vgl. Begründung zum 8. Rundfunkänderungsstaatsvertrag abgedruckt in Hartstein/Ring/Kreile/Dörr/Stettner, Rundfunkstaatsvertrag, A 2.6.

pflicht. Damit wird deutlich, dass auf eine Verringerung der Gesamtzahl der Hörfunkprogramme hingewirkt werden soll.[613]

VII. Verfassungskonformität der Auftragsdefinition

Um die Verfassungskonformität der beiden dargestellten Regelungen beurteilen zu können, bedarf es zunächst ihrer Einordnung in das oben beschriebene grundrechtsdogmatische System des Art. 5 GG.[614] Zu prüfen ist, ob es sich bei den §§ 11 und 19 RStV um Ausgestaltungsregelungen im Rahmen des Art. 5 Abs. 1 S. 2 GG handelt oder ob den Regelungen Eingriffcharakter zugeschrieben werden muss.[615] Die Rechtfertigung einer Eingriffnorm würde sich dann nach dem strengen Maßstab des Art. 5 Abs. 2 GG richten.

1. Ausgestaltung der Rundfunkfreiheit

Ausgestaltungsregelungen unterliegen weitaus geringeren Rechtfertigungserfordernissen und stellen keine Beschränkung der Rundfunkfreiheit dar. Sie finden ihre verfassungsrechtliche Rechtfertigung in dem Ziel, die Rundfunkfreiheit zu sichern.[616] Vorrangig ist also, dass die Funktionsfähigkeit der Rundfunkordnung im Interesse der Meinungsbildungsfreiheit der Bürger gesichert wird.[617]

Zunächst ist bei der Prüfung das Ziel der in Frage stehenden Maßnahme herauszuarbeiten und anhand dessen zu ermitteln, ob überhaupt eine Ausgestaltungsregelung vorliegt. Handelt es sich um kommunikationsbezogene Ziele,[618] die vorrangig den in der Verfassung hervorgehobenen Kommunikationsprozess zu schützen suchen, liegt eine Ausgestaltungsregelung vor. Der Kommunikationsprozess verlangt insofern vorrangig die Vielfaltssicherung im Sinne einer umfassenden Darstellung der vorhandenen Meinungsströmungen als Leitmotiv.[619]

Aber auch eine politisch ausgewogene Darstellung innerhalb des Kommunikationsprozesses kann eine Rolle spielen. Nach der hier vertretenen Ansicht kann sogar die Qualitätssicherung bei der Aufrechterhaltung der Kommunikationsstruktur relevant sein. Zwar obliegt die Auswahl der Inhalte auch hinsichtlich der qualitativen Bewertung dem journalistischen Know-how der Rundfunkmitarbeiter. Allerdings ist es denkbar und angesichts der derzeitigen Entwicklung auch angezeigt, qualitative Mindeststandards festzulegen. Mit diesem Gedanken

---

613 So auch Hartstein/Ring/Kreile/Dörr/Stettner, Rundfunkstaatsvertrag, § 19, Rdnr. 30.

614 Siehe hierzu oben C.

615 Dabei wird die Grundrechtsträgerschaft der öffentlich-rechtlichen Rundfunkanstalten vorausgesetzt. Kritisch hierzu Hain, Rundfunkfreiheit und Rundfunkordnung, S. 118 ff.

616 Vgl. BVerfGE 73, 197, 334.

617 Hoffmann-Riem, Rundfunkrecht neben Wirtschaftsrecht, S. 71.

618 Eine Darstellung der möglichen Sicherungsziele in der weltweiten Rundfunkregulierung findet sich bei Hoffmann-Riem, Regulierung der dualen Rundfunkordnung, S. 94 f.

619 Schellenberg, AöR (119) 1994, S. 427; Hoffmann-Riem, Regulierung der dualen Rundfunkordnung, S. 99.

korrespondiert auch der Schutz vor Manipulation des Rezipienten, der sich selbst ein Meinungsbild machen soll und dabei auf ausgewogene und unparteiische Informationen zugreifen muss.[620] Fehlentwicklungen hinsichtlich dieser Ziele sollen mit Ausgestaltungsgesetzen vermieden werden. Voraussetzung ist, dass einer unmittelbar bevorstehenden, gerade stattfindenden oder noch andauernden Fehlentwicklung im Rundfunk zweckmäßig entgegengewirkt werden kann. Hierbei hat der Rundfunkgesetzgeber eine weite Einschätzungsprärogative. Abzustellen ist damit neben den Anforderungen an die Bestimmtheit einer Regelung auf eine qualifizierte Geeignetheitsformel. Erfüllt eine Ausgestaltungsregelung diese Anforderungen nicht, kann sie als fehlgeschlagene Ausgestaltung anhand der Schrankenregelung des Art. 5 Abs. 2 GG gemessen werden, ohne zwangsläufig am Allgemeinheitsvorbehalt zu scheitern.

a) Qualifizierung und Rechtmäßigkeit des § 11 RStV

Anhand der dem § 11 RStV zugrunde liegenden Ziele ist also zu bestimmen, ob diese Regelung ein Ausgestaltungsgesetz der Rundfunkfreiheit darstellt. Der Begründung des 7. Rundfunkänderungsstaatsvertrages lässt sich entnehmen, dass der Gesetzgeber davon ausgeht, den Ordnungsrahmen für das duale Rundfunksystem mit dem neuen Staatsvertrag weiter fortentwickelt zu haben.[621] Allerdings hat diese Aussage nur eine Indizwirkung auf die tatsächliche Qualität der einzelnen Norm. Wesentlich relevanter sind in diesem Zusammenhang die gesetzgeberischen Ausführungen, die zu § 11 RStV verfasst wurden. Es wird angeführt, dass in Anlehnung an das Bundesverfassungsgericht die Funktion der Programme für die öffentliche Meinungsbildung beschrieben werde. Weiter wird betont, dass der Rundfunk nicht nur vorhandene Informationen und Meinungen medial vermitteln soll, sondern auch selbst zur öffentlichen Meinungsbildung beitrage. Die erfolgte Auftragsbeschreibung soll damit vorrangig dem Ziel dienen, die Meinungsvielfalt und die Qualität der Berichterstattung sicherzustellen. Daneben soll sie auch vor einer Tätigkeitsausweitung durch die Rundfunkanstalten schützen, in dem für bestimmte Bereiche der durchgehende Programmbezug gefordert wird.

Diese Zielsetzung wird auch in den Absätzen deutlich, die für die Gesamtbeurteilung jeweils gesondert zu untersuchen sind. Absatz 1 der Norm stellt einen klaren Bezug zum demokratiesichernden Auftrag her, indem er dem Rundfunk klarstellend die Medium- und Faktorrolle der öffentlichen Meinungsbildung auferlegt, die ihm das Bundesverfassungsgericht mehrfach zugesprochen hat. Folglich hat dieser Absatz lediglich deklaratorischen Charakter und ist kommu-

---

620 Hoffmann-Riem, Regulierung der dualen Rundfunkordnung, S. 102 verbindet dieses Anliegen mit der Forderung nach der Schaffung von Medienkompetenz. Daneben findet sich hier eine vertiefende Darstellung der möglichen Unterziele der Vielfaltssicherung, die auf der Feststellung beruht, Vielfalt setze sich aus unterschiedlichen Facetten zusammen.

621 Begründung zum 7. Rundfunkänderungsstaatsvertrag abgedruckt in Hartstein/Ring/Kreile /Dörr/Stettner, Rundfunkstaatsvertrag, A 2.5.

nikationsgerichteter Art. Absatz 1 Satz 2 der Norm konkretisiert in Anlehnung an die Verfassungsrechtsprechung den Aufgabenbereich dahingehend, dass programmbegleitende Druckwerke und Mediendienste angeboten werden dürfen und gestaltet somit den Wirkungsbereich der Rundfunkanstalten aus.[622] Zwar billigte das Verfassungsgericht den Anstalten Druckwerke mit vorwiegendem Programmbezug zu, aber die Forderung nach einem durchgehenden Programmbezug ändert an der Beurteilung als Ausgestaltung nichts. Hierin ist lediglich eine gebotene Konkretisierung innerhalb des bestehenden Rundfunkssystems zu sehen, die auch einen Bezugspunkt zur Rundfunkfinanzierung und damit zum Schutz des Gebührenzahlers aufweist.

§ 11 Abs. 2 RStV beschreibt den inhaltlichen Mindeststandard, den der Gesetzgeber an den öffentlich-rechtlichen Rundfunk stellt.[623] Es wird dem öffentlich-rechtlichen Rundfunk aufgetragen, einen umfassenden Überblick über das internationale, europäische, nationale und regionale Geschehen in allen Lebensbereichen zu geben. Abs. 2 S. 2 beschreibt das Ziel dieser inhaltlichen Vorgaben, nämlich die internationale Verständigung, die europäische Integration und den gesellschaftlichen Zusammenhalt in Bund und Ländern zu fördern. Außerdem hat sein Programm gemäß S. 3 der Information, Bildung, Beratung und Unterhaltung zu dienen. Im vierten und letzten Satz ist die Relevanz der kulturellen Beiträge ausdrücklich hervor gehoben. Hier werden konkrete Vorgaben gemacht, die der Rundfunk bei seiner Tätigkeit zu beachten hat. Es wird klargestellt, dass der öffentlich-rechtliche Rundfunk diese Maxime nicht nur in seinen Programmen, sondern in allen anderen Angeboten zu erfüllen hat. Damit wird einfachgesetzlich normiert, was verfassungsrechtlich geboten ist. Hier liegt die Ermächtigung für den öffentlich-rechtlichen Rundfunk, unterstützende Tätigkeiten ebenso zu verfolgen zu dürfen wie die eigentliche Rundfunktätigkeit. Auch diese Bestimmung ist geeignet, kommunikationsbezogene Ziele zu verfolgen und zu sichern.

Auch in Abs. 3 wird dem Rundfunk aufgegeben, seine Inhalte an bestimmten Werten zu orientieren und damit umschreibt dieser Absatz das Wirkungsfeld des Rundfunks. Hier wird die Kontur gezeichnet, die der Rundfunk durch seine professionellen Journalisten auszufüllen hat. Auch diese Norm ist als ausgestaltendes Gesetz zu qualifizieren.

Insbesondere die in Abs. 4 normierte Selbstverpflichtung der Anstalten tangiert den Schutzbereich der Rundfunkfreiheit nicht. Es handelt sich auch hier um eine Ausgestaltung, ohne die die Rundfunkfreiheit nicht wirksam werden kann. Das gewählte Modell der „regulierten Selbstregulierung", wie es in ähnlicher Form bereits im Rahmen des Jugendmedienschutz-Staatsvertrages normiert wurde, verleiht den Anstalten die Befugnis, ihre Inhalte selbst auszugestalten und stellt

---

622 Vgl. BVerfGE 83, 238, 312 f.

623 Vgl. hierzu im Einzelnen oben D. V. 2.

so den größtmöglichen Schutz der Programmautonomie dar, in die dadurch folglich nicht eingriffen wird. Die Anstalten sollen selbst bestimmen, wie sie ihren Auftrag auszufüllen gedenken. Auch hierin liegt eine reine Ausgestaltung der Rundfunklandschaft, wie sie das Bundesverfassungsgericht im Rahmen einer positiven Ordnung gefordert hat.

Zusammenfassend kann somit die Regelung zunächst als Ausgestaltungsnorm und nicht als Eingriff in die Rundfunkfreiheit gesehen werden. Bleibt zu prüfen, ob es sich vorliegend um eine rechtmäßige Ausgestaltung handelt. Wie bereits ausgeführt, bedarf es zur Rechtmäßigkeitsbestimmung von Ausgestaltungsgesetzen neben der Zielbestimmung auch einer qualifizierten Geeignetheitsprüfung.[624]

Die Ausformung des Programmauftrages muss geeignet sein, die formulierten, am Kommunikationsprozess orientierten Ziele zu erreichen. Das ist mit der Auftragsregelung des § 11 RStV der Fall.

Der Kommunikationsprozess wird schon dadurch geschützt, dass eine klare Festlegung dessen, was die zwingende Aufgabe des öffentlich-rechtlichen Rundfunks ist, erfolgt. Er soll Medium und Faktor der Meinungsbildung sein und damit Grundlage der Kommunikation. Weiter bürdet die neue Regelung den Anstalten die schwierige Aufgabe auf, die Vielfaltssicherung im Sinne einer umfassenden Darstellung der vorhandenen Meinungsströmungen als Leitmotiv ihrer Sendungen umzusetzen.[625] Auch die Qualitätssicherung spielt nun eine große Rolle und dient der Aufrechterhaltung der Kommunikationsstruktur. Fehlentwicklungen, wie sie sich in der Vergangenheit im Programm durch zunehmende Selbstkommerzialisierung gezeigt haben, können durch die bestehenden Regelungen vermieden werden. Damit ist das Erfordernis an eine unmittelbar bevorstehende, gerade stattfindende oder noch andauernde Fehlentwicklung im Rundfunk, der entgegengewirkt werden soll, erfüllt.[626] Der Rundfunkgesetzgeber hat von seiner Einschätzungsprärogative, wie der Gefährdungslage zu begegnen ist, zulässig Gebrauch gemacht.

b) Qualifizierung und Rechtmäßigkeit des § 19 RStV

Erheblich schwieriger ist die Einordnung des § 19 RStV, der als wesentlichen Bestandteil die Programmzahlbegrenzungen für Hörfunk und Fernsehen enthält.

---

624 Siehe oben C. IV. 4. d)

625 Siehe hierzu auch: Schellenberg, AöR (119) 1994, S. 427; Hoffmann-Riem, Regulierung der dualen Rundfunkordnung, S. 99. Dörr, Programmvielfalt im öffentlich-rechtlichen Rundfunk durch funktionsgerechte Finanzausstattung, S. 13, 23.

626 Siehe hierzu oben C. IV. 4. d)

Programmzahlbegrenzungen durch den Gesetzgeber wurden schon vor Einführung des § 19 RStV n.F. kontrovers diskutiert.[627] Aber auch nach der gesetzlichen Festlegung der Programmoberzahl wird die Zulässigkeit einer solchen Maßnahme unterschiedlich beurteilt.

aa) Meinungsstand zu Programmzahlbegrenzungen

Es wird teilweise darauf abgestellt, Programmzahlbegrenzungen seien grundsätzlich zulässig. Derartige gesetzliche Bestimmungen der Zahl der zu veranstaltenden Programme bedeuteten eine Konkretisierung des Grundversorgungsauftrages der Rundfunkanstalten und damit eine Ausgestaltung und keine Beschränkung der Rundfunkfreiheit des öffentlich-rechtlichen Rundfunks.[628] Das Bundesverfassungsgericht habe in seinen Entscheidungen die konstituierende gesetzliche Aufgabenzumessung vorausgesetzt, wenn es davon sprach, in der Entscheidung der Anstalten über Inhalte und Formen läge zugleich eine Entscheidung über die notwendige Zeit und damit auch über die Zahl der Programme.[629] Diese Auffassung charakterisiert Programmzahlbegrenzungen offensichtlich als Ausgestaltungsnormen.

An anderer Stelle wird zwar dem Gesetzgeber die Prärogative im Hinblick auf Programmfestschreibungen zugebilligt, aber auch auf das Konfliktpotential im Hinblick auf die Programmautonomie hingewiesen und die Zulässigkeit von Programmzahlbegrenzungen davon abhängig gemacht, ob sie medienpolitisch und medienrechtlich gerechtfertigt sind, einen hohen Abstraktionsgrad aufweisen und den programmlichen Entfaltungsspielraum der Anstalten nicht unverhältnismäßig einschränken.[630] Diese Auffassung will also im Rahmen einer Güterabwägung den Eingriff in die Rundfunkfreiheit gegebenenfalls rechtfertigen.

Zunehmend mehren sich die Stimmen in der Literatur, die eine Programmzahlbegrenzung ablehnen. Eine Konkretisierung des Sendeauftrages sei zwar unverzichtbar. Diese Aufgabe dürfe aber nicht vom Staat wahrgenommen werden. Ebenso wenig wie er private Anbieter zulassen und beaufsichtigen dürfe, dürfe der Staat über die Anzahl der öffentlich-rechtlichen Programme entscheiden.[631]

---

[627] Vgl. zur Rechtslage bezüglich der ausschließlich digitalen Angebote Neun, Öffentlich-rechtlicher Rundfunk, S. 42 ff.; 425 ff. Siehe auch Degenhart in: Bonner Kommentar Art. 5, Rdnr. 780 ff; Hesse, Rundfunkrecht, 4. Kapitel, Rdnr. 26.

[628] Degenhart, ZUM 2005, 295, 298; ders., K&R 2000, 49, 56; Lerche, Gestaltungskompetenz des Gesetzgebers, S. 239, 242, 243 f.; Bullinger, Die Aufgaben des öffentlich-rechtlichen Rundfunks, S. 24.

[629] Lerche, Gestaltungskompetenz des Gesetzgebers, S. 239, 243.

[630] Libertus in: Hahn/Vesting, Beck'scher Kommentar zum Rundfunkrecht, § 13 Rdnr. 77.

[631] Gersdorf, promedia 7/05 S. 8; ablehnend ebenfalls Knothe/Schwalba, Media Perspektiven 3/99, 111, 113,114; wohl im Ergebnis auch Hertel in Flechsig, SWR-Staatsvertrag, § 3, Rdnr. 21 f.; Gounalakis, ZUM 2003, 180,188, der im Gegensatz zu solchen gegenständlichen Begrenzungen des Funktionsauftrages keine grundsätzlichen Bedenken dagegen hat,

Eine weitere Auffassung vertritt, dass Programmzahlbeschränkungen nicht als Ausgestaltung, sondern als Schranke des Art. 5 GG zu sehen seien. Diese seien wiederum nicht als allgemeine Gesetze im Rahmen des Abs. 2 einzuordnen. Dennoch sei in Programmzahlbegrenzungen aber kein Verstoß gegen Art. 5 GG zu sehen, da die Möglichkeit eines Missbrauchs nicht ausreiche, sondern in einer Demokratie von einer fairen Anwendung der Norm auszugehen sei.[632]

bb) Eigene Bewertung

Zunächst muss an dieser Stelle hervorgehoben gemacht werden, dass auch Programmzahlbegrenzungen nicht pauschal charakterisierbar sind. Auch hier muss immer anhand einer Einzelfallprüfung die Rechtmäßigkeit ermittelt werden.

Nach den oben entwickelten Grundsätzen ist zunächst das vorrangige Ziel der Programmzahlbegrenzungen herauszuarbeiten und zu bestimmen, ob eine Ausgestaltung oder eine Schrankenregelung vorliegt.

Aufschlussreich hierzu ist die Begründung zum 8. Rundfunkänderungsstaatsvertrag. Hiernach soll mit dem vorliegenden Regelwerk der Ordnungsrahmen für das duale Rundfunksystem weiter fortentwickelt werden.[633] Diese Formulierung ließe vordergründig betrachtet auf eine Ausgestaltung schließen. Allerdings reicht die reine Intention der Reglung nicht aus, eine Ausgestaltung anzunehmen. Schon im nächsten Satz macht der Rundfunkgesetzgeber klar, worum es ihm mit der neuen Regelung vorrangig geht. Er führt an, dass dem öffentlich-rechtlichen Rundfunk insbesondere Strukturen angelegt werden, die seine Finanzierbarkeit längerfristig sichern sollen.[634] Damit handelt es sich gerade nicht um ein vorrangig kommunikationsgerichtetes Ziel, sondern um monetäre Hintergründe, die zu der Programmzahlbegrenzung geführt haben. Der Gebührenzahler soll nicht überstrapaziert werden, indem er für alle Programmentscheidungen der Rundfunkanstalten aufkommen soll. Auch wenn ein solches Ziel legitim für ein Gesetz sein kann, verfehlt es den Zweck einer tauglichen Ausgestaltungsregelung. Wie bereits ausgeführt, kann die Sicherung der Rundfunkfreiheit anhand kommunikationsbezogener Ziele bezweckt werden.[635] Vorrangig ist also, dass die Funktionsfähigkeit der Rundfunkordnung im Interesse der Meinungsbildungsfreiheit der Bürger gesichert wird.[636] Im Fall dieser Programmzahlbegrenzung allerdings hebt der Gesetzgeber selbst hervor, dass vor-

---

die spezifischen Aufgaben der Rundfunkanstalten, die in der dienenden Funktion der Rundfunkfreiheit begründet sind, rechtsnormativ in den Anstaltsgesetzen festzuschreiben.

632 Klaes, Informationsauftrag und Programmautonomie des Rundfunks unter den Bedingungen der Digitalisierung und im Zeitalter von „Multimedia", 295.

633 Begründung zum 8. Rundfunkänderungsstaatsvertrag abgedruckt in epd medien 84/ 2004, S. 17 ff. und in Hartstein/Ring/Kreile/Dörr/Stettner, Rundfunkstaatsvertrag, A 2.6.

634 Begründung zum 8. Rundfunkänderungsstaatsvertrag in Hartstein/Ring/Kreile/Dörr/Stettner, Rundfunkstaatsvertrag, A 2.6., S. 1.

635 Vgl. BVerfGE 73, 197, 334.

636 Hoffmann-Riem, Rundfunkrecht neben Wirtschaftsrecht, S. 71.

dergründiges Ziel ist, dem Rundfunk bezahlbare Strukturen anzulegen. Damit überwiegen eindeutig die finanziellen Aspekte dieser Regelung und die Ambitionen, den Rundfunk tief greifend zu reglementieren. Schon die Wortwahl „Strukturen anlegen“ zeigt auf, dass nicht der Kommunikationsprozess beziehungsweise die Vielfaltssicherung im Sinne einer umfassenden Darstellung der vorhandenen Meinungsströmungen als Leitmotiv dringlichtes Anliegen des Rundfunkgesetzgebers war.[637] Folglich kann es sich nicht um eine Ausgestaltung der Rundfunkfreiheit handeln. Die verfassungsmäßige Rechtfertigung der Regelung ist damit anhand der Schrankenregelung des Art. 5 Abs. 2 GG zu bestimmen.

Es müsste sich dann bei der Regelung des § 19 RStV um ein allgemeines Gesetz im Sinne des Art. 5 Abs. 2 GG handeln, um von einer verfassungskonformen Regelung ausgehen zu können.

Nach der Rechtsprechung des Bundesverfassungsgerichts handelt es sich bei solchen Gesetzen um allgemeine Gesetze, die sich nicht gegen eine bestimmte Meinung oder den Rundfunk richten, sondern einem im konkreten Einzelfall höheren, der Rundfunkfreiheit überwiegendem Rechtsgut dienen.[638] Dabei wird die eigentliche Güterabwägung im Rahmen der Verhältnismäßigkeitsprüfung vorgenommen.[639] Festgestellt wurde, dass vorrangiges Ziel der Schutz der Gebührenzahler ist, indem der Rundfunk durch die Programmzahlbegrenzung „finanzierbar“ bleiben soll. Dieses Gesetz stellt zwar einen Eingriff in die Programmautonomie dar, richtet sich aber nicht gegen den Rundfunk als solchen. Ein allgemeines Gesetz liegt vor.

Fraglich ist, ob der angestrebte Schutz des Gebührenzahlers in diesem Fall der Rundfunkfreiheit überwiegt. Dabei ist im Rahmen der Wechselwirkungslehre die hohe Bedeutung der Rundfunkfreiheit zu beachten. Wie ausgeführt, ist die freie Berichterstattung durch den Rundfunk die Grundlage des funktionierenden Informationsaustausches. Nur durch einen unabhängigen Rundfunk kann gewährleistet werden, dass die Vielzahl der Meinungsströmungen, ob populär oder unpopulär, in der politischen Diskussion widergespiegelt werden. Durch die statische Programmzahlfestlegung bleibt den Anstalten nicht genügend Freiraum, um flexibel auf Veränderungen in der Gesellschaftsstruktur, des Meinungsstandes sowie auf Entwicklungen und schwerwiegende Ereignisse reagieren zu können. Auch die Austauschmöglichkeit nach § 19 Abs. 6 RStV ändert hieran nichts, denn durch den Austausch dürfen keine Mehrkosten entstehen. Innovationen, die in Anlaufphasen nahezu zwangsläufig eine finanzielle Belastung dar-

---

[637] Schellenberg, AöR (119) 1994, S. 427; Hoffmann-Riem, Regulierung der dualen Rundfunkordnung, S. 99.

[638] BVerfGE 7, 198, 209; BVerfGE 97, 125, 146; BVerfGE 62, 230, 244; BVerfGE 71, 162, 175; BVerwGE 93, 323, 325.

[639] Vgl. hierzu die Ausführungen zu C. III. 4.

stellen, werden dadurch unmöglich gemacht und haben nur noch theoretischen Wert. Soll etwa ein neues Programm, das gegen ein bestehendes ausgetauscht werden soll, in einer Vorlaufphase entwickelt und getestet werden, ohne dass gleichzeitig das andere Programm abgeschaltet wird, entstehen auch hier zwangsläufig Mehrkosten. Damit wird die Austauschoption für die Rundfunkanstalten wertlos, solange das zwingende Verbot der Mehrkosten existiert. Die Eingriffsintensität wird auch an dieser Stelle nicht gemindert. Der Gesetzgeber also legt verbindlich und ohne echten Handlungsspielraum fest, dass die vorhandene Zahl an Programmen reicht, um den Auftrag zu erfüllen. Was aber notwendig zur Erfüllung des Auftrages ist, bestimmen die Anstalten im Rahmen ihrer Programmautonomie selbst.[640] Das ist nicht bloß rein inhaltlich, sondern auch quantitativ zu verstehen. Ein weiteres Argument gegen das Überwiegen des Gebührenzahlerschutzes besteht darin, dass nicht jede Programmentscheidung der Anstalten honoriert werden muss, wie das Bundesverfassungsgericht ausführt.[641] Die KEF hat durchaus die Möglichkeit, einzelne Entscheidungen der Anstalten nicht in die Bedarfermittlung einfließen zu lassen, wenn sie es als unabhängige Kommission für nicht mit den Grundsätzen der Sparsamkeit und Wirtschaftlichkeit für vereinbar hält. Durch das strikte Verbot, neue zusätzliche und kostenintensivere Programme zu konzipieren, wird nahezu denknotwendig jede Neuentwicklung ausgeschlossen. Damit ist auch der Entwicklungsgarantie nicht Genüge getan, denn die Erprobung und Entwicklung neuer Techniken sind in der Regel kostenintensiver, als die bloße Aufrechterhaltung des bestehenden Programmbetriebes.[642] Es kann, wie jüngst die Einführung der DVB-T Technik gezeigt hat, durchaus notwendig im Sinne der umfassenden Vollversorgung der Bevölkerung sein, neue und alte Verbreitungstechniken parallel nicht nur kurzfristig zu testen.

Zwar führt das Bundesverfassungsgericht auch aus, dass gesetzliche Programmbegrenzungen nicht von vorne herein mit der Verfassung unvereinbar wären.[643] Daraus kann jedoch nicht geschlossen werden, dass sie in jedem Fall einen gerechtfertigten Eingriff in die Rundfunkfreiheit darstellen. Vielmehr ist, wie hier geschehen, anhand der konkreten Gesetzeslage die Verfassungskonformität zu ermitteln. Die Regelung des § 19 RStV ist nicht gerechtfertigt und stellt mithin einen Verstoß gegen die Rundfunkfreiheit dar.[644]

---

640 BVerfGE 87, 181, 200 f.; BVerfGE 89, 144, 152.

641 BVerfGE 87, 181, 198 ff.; BVerfGE 90, 60, 87, 92.

642 A.A. Reese, Der Funktionsauftrag des öffentlich-rechtlichen Rundfunks vor dem Hintergrund der Digitalisierung, S.274 (4. Teil, D, VII).

643 BVerfGE 87, 181, 201; BVerfGE 90, 60, 87, 92.

644 A.A. Hartstein/Ring/Kreile/Dörr/Stettner, Rundfunkstaatsvertrag, § 19, Rdnr. 19; Reese, Der Funktionsauftrag des öffentlich-rechtlichen Rundfunks vor dem Hintergrund der Digitalisierung, S.274 (4. Teil, D, VII) die die Regelung des § 19 Abs. 4 S. 4 RStV nicht als abschließend betrachten will, sondern im Wege der Auslegung die Verfassungskonformität begründet.

cc) Lösungsvorschlag

Angebracht wäre, um die Rundfunkfreiheit und den Gebührenzahlerschutz sowie europäischen Anforderungen gerecht zu werden und zum Ausgleich zu bringen, eine Öffnungsklausel innerhalb der Norm, die den Anstalten ermöglicht, in zwingenden Fällen auch neue Programme initiieren zu können, ohne bestehende Strukturen abbauen zu müssen. Es ist durchaus denkbar, dass es aufgrund verschiedenster Faktoren nötig werden kann, dass von Seiten der Anstalten flexibel im Programmbereich reagiert werden muss. In Betracht kommen hier in erster Linie technische Entwicklungen, an denen der öffentlich-rechtliche Rundfunk teilhaben muss, um seine Rezipienten erreichen zu können und attraktiv zu bleiben. Die Öffnungsklausel könnte vorsehen, dass eine unabhängige – staatsferne aber auch rundfunkexterne – Expertenkommission über das Anliegen zu entscheiden hat, denn die Rundfunkanstalten können sich bekanntlich nicht selbst überwachen, aber auch der Staat darf es nicht.[645] Eine Parallele zum Gebührenverfahren wäre denkbar, wo sich der Gebührenvorschlag der KEF an den Bedarfsanmeldungen der Anstalten orientiert. So könnte eine auf Antrag der Anstalten einzusetzende Kommission über die Notwendigkeit einer Programmausweitung beschließen. Deren Empfehlung sollte anschließend zwingende Berücksichtung bei der Gebührenermittlung durch die KEF finden. Ein Begründungszwang dahingehend, die Notwendigkeit eines neuen Programms substantiiert darlegen müssen, sollte dem Antrag vorangehen. Allein ein solcher Zwang könnte vor vorschneller Inanspruchnahme der Kommission schützen. Die Anstalten sollten darlegen, warum ein neues Programm zwingend erforderlich sein soll, um den Informations- oder Kulturauftrag erfüllen zu können. Dabei muss den Anstalten aber weiterhin ein gewisser Beurteilungsspielraum zugebilligt werden, was zur Erfüllung ihres Auftrages notwendig erscheint. Der Prüfungsmaßstab der Kommission wären dann Plausibilität sowie Sparsamkeits- und Wirtschaftslichkeitserwägungen. Zu denken wäre bei der Besetzung insbesondere an Experten aus den Gebieten des Journalismus, Soziologie, Publizistik, Kultur, Wirtschaft und Recht, die Defizite und Begründungsmängel aufgrund eigener Sachkenntnis erkennen können.

2. Ergebnis zur Aufgabendefinition nach §§ 11 und 19

Die mit den letzten beiden Staatsverträgen normierten Auftragsdefinitionen mögen zwar medienpolitisch gewünscht sein. Medienrechtlich, genauer verfassungsrechtlich, aber ist die quantitative Regelung des § 19 RStV nicht mit der Rundfunkfreiheit aus Art. 5 Abs. 1 GG vereinbar. Wie oben gezeigt, sind weder der Bestands- und Entwicklungsgarantie noch der Programmfreiheit hinreichend Rechnung getragen worden.

---

645 In diesem Sinne auch Gersdorf, promedia 7/05, 7, 8.

Die qualitative Auftragsdefinition des § 11 RStV hingegen hat verfassungsrechtlich Bestand, wenn auch einige Formulierungen aus Bestimmtheitserwägungen klarer gefasst sein könnten. Insbesondere bei den zwingenden Zielvorgaben sollten die Maßstäbe geklärt werden, an denen eine Auftragsverfehlung fest gemacht werden können.

Gut gelungen ist das ausdrücklich normierte Koordinierungsgebot[646] zwischen den Anstalten, das Synergieeffekte bringen und so Kosten sparen kann. Zudem erscheint es auch aus inhaltlicher Sicht vorteilhaft, wenn nicht auf allen öffentlich-rechtlichen Kanälen Adelshochzeiten gleichzeitig gezeigt würden.

---

646 Siehe zum Gebot der Programmkoordinierung auch Lindner, AfP 2005, 313 ff.

E. Ausblick und Zusammenfassung

I. Ausblick

Die in § 11 Abs. 5 RStV normierte Überprüfung der neuen staatsvertraglichen Regelung dürfte zuungunsten der Rundfunkanstalten ausfallen. Angesichts der abgelieferten Selbstverpflichtungserklärungen, die vielfach als zu schwammig eingeschätzt werden, dürfte die schon in der Begründung zum 7. RStV ausdrücklich verlangte Präzisierung nicht eingetreten sein. In verfassungsrechtlicher Hinsicht sind jedoch weitere detaillierte inhaltliche Vorgaben bedenklich, da sie immer mehr in die Programmfreiheit der Anstalten eingreifen könnten. Andererseits sind weitere zulässige Ausgestaltungen der Rundfunkfreiheit durchaus denkbar, wenn die Gefahr besteht, dass der öffentlich-rechtliche Rundfunk seinen Auftrag zur umfassenden Meinungsbildung mit dem derzeitigen oder zukünftigen Programmangebot nicht nachkommen kann.

Der Entwurf des 9. Rundfunkänderungsstaatsvertrages sieht hinsichtlich der Auftragsdefinition kaum Änderungen vor.[647] Erwähnenswert ist diesbezüglich, dass § 11 Abs. 2 RStV statt Mediendiensten nunmehr neben den Druckwerken auch Telemedien mit programmbezogenem Inhalt zulassen soll. Diese Änderung geht einher mit der grundsätzlich geplanten Änderung des Anwendungsbereiches des neuen Regelungswerkes, das dann in „Staatsvertrag für Rundfunk und Telemedien" umbenannt werden soll.

Nach § 2 Abs. 1 S. 3 RStV fallen unter den Begriff Telemedien alle elektronischen Informations- und Kommunikationsdienste, soweit sie nicht ausschließlich Telekommunikation (§ 3 Nr. 22 TKG) oder Rundfunk (§ 2 Abs. 1 S. 1 und 2 RStV) darstellen. § 2 Abs. 1 S. 4 RStV geplante Fassung bestimmt, dass auch Fernseh- und Radiotext sowie Teleshoppingkanäle unter den Begriff der Telemedien fallen. Damit wird die bisherige Trennung in die Bereiche Tele- und Mediendienste aufgegeben. Der Mediendienstestaatsvertrag soll mit dem Neunten Rundfunkänderungsstaatsvertrag aufgehoben werden; daneben ist derzeit ein Telemediengesetz des Bundes in Vorbereitung, dessen Inkrafttreten mit den staatsvertraglichen Änderungen durch den Neunten Rundfunkänderungsstaatsvertrag abgestimmt werden soll. Der Rundfunkstaatsvertrag soll künftig in Abgrenzung zum Telemediengesetz die Anforderungen an die Inhalte von Telemedien festlegen (vgl. § 1 Abs. 4 des Entwurfs zum Telemediengesetz).

Der öffentlich-rechtliche Rundfunk sollte keine Möglichkeiten der Stärkung des dualen Systems und Erhöhung der Akzeptanz der Gebührenfinanzierung und des

[647] Der Entwurf ist abrufbar unter http://www.iid.de/iukdg/9_RAEStV_180405.pdf (Abrufdatum 05.08.2005).

öffentlich-rechtlichen Rundfunks selbst auslassen. Mit den Selbstverpflichtungserklärungen wurde ihm ein Instrument an die Hand gegeben, das es ihm ermöglicht, seinem Programm schärfere Konturen zu geben und eine Anpassung an private Formate zu vermeiden. Es könnte eine Distanzierung von massenattraktiven und „platten" Formaten erfolgen und gleichzeitig der Versuch unternommen werden, hohe Ansprüche ansprechend zu gestalten. Der öffentlich-rechtliche Rundfunk sollte zu einem Selbstverständnis finden, das ihn unangreifbar macht.

II. Zusammenfassung in Thesen

1. Die Entwicklung des Rundfunks

- Die Entdeckung der drahtlosen Verbreitung elektromagnetischer Schwingungen im Jahr 1887 war die Grundlage des heutigen Rundfunks. Diese Errungenschaft wurde zunächst nur für militärische Zwecke genutzt.

- Die Entwicklung des gesamten deutschen Rundfunkrechts ist geprägt durch die Erfahrungen aus dem Dritten Reich und der Einflussnahme der Besatzungsmächte nach dem Zweiten Weltkrieg. Sie haben die heutige Rundfunkordnung erheblich beeinflusst. Verhindert werden sollte vorrangig eine vorherrschende Meinungsmacht, die zu Manipulationszwecken eingesetzt werden könnte.

- Mit der Gründung der Bundesrepublik Deutschland und der Verkündung des Grundgesetzes am 23. Mai 1949 war der Einfluss der Besatzungsmächte nicht aufgehoben. Die Vorbehaltsrechte der Alliierten galten vielmehr weiter bis am 05. Mai 1955 aufgrund des Deutschland-Vertrages Deutschland wieder Souveränität erlangte.

- Dieser Einfluss war ausschlaggebend dafür, dass öffentlich-rechtliche Landesrundfunkanstalten gegründet wurden.

- Das erste Fernsehurteil des Bundesverfassungsgerichts führte nicht nur zur Gründung des Zweiten Deutschen Fernsehens. Hier wurde auch grundlegend festgestellt, dass die Länder die Kompetenz für den Rundfunk innehaben. Zudem formulierte das Gericht die Grundsätze der Rundfunkorganisation. Das Vielfaltsgebot wurde ebenso postuliert wie die damals ausschließlich in der Frequenzknappheit und Kostenintensität begründete Sondersituation des Rundfunks, die eine positive Ordnung unerlässlich macht.

- Der Entstehung der dualen Rundfunkordnung gingen zahlreiche verschiedenste Initiativen voraus, wie etwa das DENA-Projekt. Erst das Pilotprojekt in Ludwigshafen im Jahr 1984 führte dazu, dass das öffentlich-rechtliche Sendemonopol gebrochen wurde. Grundlage hierfür war das Landesgesetz über einen Versuch mit Breitbandkabel vom 04. Dezember 1980.

- Die Entwicklung der Fernsehlandschaft in den letzten zwanzig Jahren lässt sich unterteilen in eine Gründungsphase der ersten privaten Sender und einer Segmentierungsphase. Als erstes privates Satellitenprogramm ging SAT.1 am 01. Januar1984 auf Sendung. RTL folgte nur einen Tag später.

- Im bundesweiten Privatfernsehen haben sich schon frühzeitig so genannte Senderfamilien herausgebildet, die im Einflussbereich eines Unternehmens stehen und daher als Veranstaltergruppe gelten.

- Auch heute stellt sich die private Rundfunklandschaft quasi als Duopol dar. Neben den beiden großen Veranstaltergruppen der ProSiebenSat.1 Media AG und der RLT Group gibt es zwar einige weitere kleinere Gruppen, die aber keinen nennenswerten Zuschaueranteil aufweisen können. Lediglich Premiere ist mit einem Zuschaueranteil von 2,3 % im Jahr 2005 als nicht zu den beiden großen Gruppen gehörig nennenswert.
- Die duale Rundfunklandschaft in der Bundesrepublik ist nicht frei von Spannungen. Immer wieder wird dem öffentlich-rechtlichen Rundfunk von Seiten der privaten Veranstalter vorgeworfen, sein Betätigungsfeld unzulässig auszuweiten.

2. Die Rundfunkfreiheit des Art. 5 Abs. 1 GG

- Ausgangspunkt für die immense Bedeutung des Rundfunks ist sein funktionaler Bezug zur Meinungsfreiheit und den Prinzipien unserer Verfassung. Die Medien transportieren die Informationen, die Grundlage und essentielle Voraussetzung der freien Meinungsbildung sind. Ihnen kommt damit eine Vermittlungs- und Brückenfunktion zu, die eine unerlässliche Voraussetzung zur Verwirklichung des Normziels des Art. 5 Abs. 1 GG ist.
- Nur durch eine umfangreiche und ausgewogene Information wird das Individuum in die Lage versetzt, sich ein umfassendes Bild der Geschehnisse machen zu können. Aufgrund dieses Eindruckes erfolgt dann die Meinungsbildung, die sich in der Stimmabgabe bei Wahlen niederschlägt. Dort leistet der Bürger seinen Beitrag zur Demokratie. Dieser Beitrag, die aktive Teilnahme am politischen und gesamtgesellschaftlichen Willensbildungsprozess, ist Grundvoraussetzung dafür, dass das demokratische Verfassungsprinzip gewahrt bleibt. Hiernach bedarf es einer Willensbildung vom Volk ausgehend, also „von unten nach oben“.
- So hat das Bundesverfassungsgericht, das maßgeblich die Interpretation der Rundfunkfreiheit und die Grundlinien der Rundfunkordnung durch seine Rundfunkentscheidungen beeinflusst hat, schon früh festgestellt, dass der Rundfunk nicht dem freien Spiel der Kräfte überlassen werden kann.
- Es bedarf also einer positiven Ordnung, die verhindert, dass Machtmissbrauch durch dieses Medium stattfinden kann. Der Gesetzgeber ist also nicht nur berechtigt, sondern von Verfassungs wegen verpflichtet, die zur Abstützung der dienenden Funktion des Rundfunks erforderliche positive Ordnung zu erlassen.
- Der Rundfunkbegriff ist weit und dynamisch auszulegen. Er schließt auch neue technische Mittel und Verbreitungsformen mit ein, wenn sie der Funktion dieses Mediums zu dienen bestimmt sind.
- Trotz aller Entwicklungsoffenheit können zur Bestimmung des verfassungsrechtlichen Rundfunkbegriffs Tatbestandsmerkmale heran gezogen werden. Anhaltspunkte dafür bietet der in § 2 RStV verwendete Rundfunkbegriff, der allerdings nur im Hinblick auf seine einfachgesetzliche Herkunft verwendet werden kann. Rundfunk setzt danach einen Kommunikationsdienst voraus, den folgende Elemente kennzeichnen: Die Bestimmung an die Allgemeinheit, Darbietungen aller Art und die fernmeldetechnische Verbreitung.

3. Die Rundfunkfreiheit als Funktionsgrundrecht

- Grundrechte sind zum einen staatsgerichtete subjektive Abwehrrechte des einzelnen Bürgers und zum anderen auch objektive Grundsatznormen und Werteentscheidungen, die für alle Bereiche des Rechts Geltung beanspruchen können.

- Der objektiv-rechtliche Gehalt wurde zu Zeiten der Weimarer Verfassung zwar diskutiert, aber nicht anerkannt. Erst mit dem Grundgesetz entdeckte man den objektiven Gehalt der Grundrechte ab Mitte der 50er Jahre. Es handelt sich bei der Qualifizierung der Grundrechte als objektive Grundsatznormen um eine Entwicklung unter dem Grundgesetz, nicht um eine Vorgabe des Grundgesetzes. Erst das Bundesverfassungsgericht brachte mit seiner Lüth-Entscheidung die Wende und verlieh dem objektiven Wertcharakter allgemeine Bedeutung.

- Die Grundrechte sind also Ausfluss einer Werteordnung, die das Grundgesetz als objektiver Maßstab verkörpert. Sie haben abwehrrechtliche Komponenten, beinhalten aber auch objektive Verbürgungen.

- Eine der vielen Besonderheiten der Rundfunkfreiheit ist, dass sie sich nicht vorbehaltlos in diese Grundrechtsdogmatik einordnen lässt. Die Rundfunkfreiheit ist nicht in erster Linie als klassisches subjektives Abwehrrecht zu betrachten.

- Die Rundfunkfreiheit wird folglich nicht allein im klassischen liberalen Grundrechtsverständnis interpretiert, sondern in erster Linie als auf ein objektiv-rechtliches Verständnis zurückgreifendes Grundrecht verstanden. Sie ist vorrangig eine „dienende" Freiheit, die nicht primär ihrem Träger die Entfaltung seines persönlichen Lebensbereiches sichern soll.

- Die besondere Funktion des Rundfunks liegt in der Meinungsfreiheit begründet und bedingt daher eine objektive Ausgestaltung.

- Der Träger der Rundfunkfreiheit ist nicht Träger um seiner selbst willen, sondern hat eine Wächterfunktion inne im Interesse der Grundrechtssicherung.

- Auch die Anforderung an den Rundfunk, staatsfern organisiert zu sein, beruht auf den nationalsozialistischen Erfahrungen.

- Die Rundfunkfreiheit des Art. 5 Abs. 1 GG findet ihre Schranken in den Vorschriften der allgemeinen Gesetze, den gesetzlichen Bestimmungen zum Schutze der Jugend und in dem Recht der persönlichen Ehre. Daneben finden auch die verfassungsimmanenten Schranken Anwendung, die im Rahmen der praktischen Konkordanz einen Ausgleich zwischen kollidierenden Verfassungsgütern zu schaffen versuchen. Die bedeutendste und zugleich umstrittenste Schranke stellen dabei die allgemeinen Gesetze dar.

4. Die Besonderheit der Ausgestaltungsgesetze

- Eine weitere Besonderheit des Rundfunkrechts ist der vom Bundesverfassungsgericht entwickelte Ausgestaltungsvorbehalt der Rundfunkfreiheit. Es bedarf es nach der Rechtsprechung des Bundesverfassungsgerichts einer positiven Ordnung, die die Rundfunkfreiheit absichert und ihr überhaupt erst Geltung verschaffen kann.
- Der wesentliche Unterschied zur einfachen Schutzpflicht des Staates besteht darin, dass diese Ausgestaltung der Rundfunkfreiheit keinen beschränkenden Charakter hat. Gesetze, die die dienende Funktion abstützen und zu sichern suchen, sind keine Schrankengesetzte im Sinne des Art. 5 Abs. 2 GG. Sie verhelfen dem Grundrecht der Rundfunkfreiheit zu seiner Realisierung.
- Die Dogmatik der Ausgestaltungsgesetze ist nach wie vor sehr umstritten. Eine im Vordringen befindliche Lehre lehnt das Konstrukt der Ausgestaltungsgesetze als Verstoß gegen die Grundrechtsdogmatik ab.
- Die Anerkennung einer Ausgestaltungsnotwendigkeit ist nicht gleichzusetzen ist mit einem Freibrief an den Gesetzgeber, die Rundfunkfreiheit nach Belieben zu verformen. Lediglich eine Konturierung der Rundfunkfreiheit kann damit gemeint sein.
- Die Rechtfertigung der Ausgestaltungsgesetze findet ihre Begründung in der Funktion der Rundfunkfreiheit. Mit dem Institut der Ausgestaltungsgesetze soll gewährleistet werden, dass der Rundfunk sich in der modernen Gesellschaft ebenso weiterentwickeln kann, wie das seine Rezipienten tun. Er muss formbar sein und Reglungen unterliegen, die sicherstellen, dass er nicht nur dem Markt und dem Konsum angepasst wird.
- Meinungsvielfalt und Pluralität stellen Werte dar, die in diesen Ausgestaltungsregelungen zum Ausdruck kommen.
- Sinn und Zweck der Rundfunkfreiheit ist vorrangig die Aufrechterhaltung eines Meinungsaustausches und nicht – wie bei anderen Freiheitsrechten – der Anspruch des Individuums auf Selbstverwirklichung. Gerade in einer schnelllebigen und konsumorientierten Gesellschaft wie der unseren muss gesichert werden, dass vielfältige und qualitativ hochwertige Informationen an den Rezipienten herangebracht werden können. Auch um dieser Vielfaltssicherung willen bedarf es einer gesetzgeberischen Ausgestaltung, die sich an dem Erhalt einer funktionstüchtigen Medienlandschaft orientiert. Dabei darf neben dem Aspekt der Pluralität auch die Qualitätssicherung eine Rolle spielen.
- Ausgestaltungsgesetze unterliegen anderen Rechtmäßigkeitsanforderungen als Schrankengesetze im Sinne des Art. 5 Abs. 2 GG.
- Zunächst ist bei der Prüfung das Ziel der in Frage stehenden Maßnahme herauszuarbeiten und anhand dessen zu ermitteln, ob überhaupt eine Aus-

gestaltungsregelung vorliegt. Handelt es sich um kommunikationsbezogene Ziele, die vorrangig den in der Verfassung hervorgehobenen Kommunikationsprozess zu schützen suchen, liegt eine Ausgestaltungsregelung vor. Der Kommunikationsprozess verlangt insofern vorrangig die Vielfaltssicherung im Sinne einer umfassenden Darstellung der vorhandenen Meinungsströmungen als Leitmotiv. Aber auch eine politisch ausgewogene Darstellung kann als Leitmotiv für Rundfunkregelungen eine Rolle spielen. Auch die Qualitätssicherung kann bei der Aufrechterhaltung der Kommunikationsstruktur relevant sein.

- Fehlentwicklungen hinsichtlich dieser Ziele oder Leitmotive sollen mit Ausgestaltungsgesetzen vermieden werden. Voraussetzung ist, dass einer unmittelbar bevorstehenden, gerade stattfindenden oder noch andauernden Fehlentwicklung im Rundfunk entgegengewirkt werden kann. Abzustellen ist damit für die Rechtmäßigkeit einer Ausgestaltung neben den Anforderungen an die Bestimmtheit einer Regelung auf eine qualifizierte Geeignetheitsformel.

- Dem Rundfunkgesetzgeber ist eine weite Einschätzungsprärogative zuzubilligen, wie die Gefährdungslage zu beurteilen ist.

- Erfüllt eine Ausgestaltungsregelung diese Anforderungen nicht, kann sie als fehlgeschlagene Ausgestaltung anhand der Schrankenregelung des Art. 5 Abs. 2 GG gemessen werden, ohne zwangsläufig am Allgemeinheitsvorbehalt zu scheitern.

- Die Angemessenheit einer Ausgestaltungsregelung ist kein ausschlaggebendes Kriterium zur Ermittlung ihrer Rechtmäßigkeit.

5. Der Auftrag des öffentlich-rechtlichen Rundfunks

- Der Auftrag des öffentlich-rechtlichen Rundfunks kann als die Gesamtheit aller ihm übertragenen Aufgaben definiert werden. Diese Aufgaben wiederum orientieren sich an der Verfassung.
- Zu den Aufgaben gehört zuvörderst die Sicherstellung der Grundversorgung, allerdings ist damit nicht das gesamte Spektrum der Aufgaben beschrieben.
- Der Auftrag des Rundfunks geht weit über die „bloße" Grundversorgung hinaus, die zwar als wichtigste und vornehmste Aufgabe, nicht jedoch als einzige zu verstehen ist.
- Dem öffentlich-rechtlichen Rundfunk sind neben der Grundversorgung, also der gründlichen Versorgung der Bevölkerung mit Informationen, Unterhaltung und Kultur, noch andere Tätigkeitsfelder eröffnet. Er hat eine über die reine Grundversorgung hinausgehende Aufgabe, die sich an den essentiellen Funktionen des Rundfunks orientiert.
- Er soll durch die Verbreitung seiner Programme als Medium und Faktor der demokratischen Willensbildung fungieren und außerdem als Kulturgarant wirken.
- Es soll die regionale und kulturelle Identität fördern und dadurch auch den gesamtnationalen Zusammenhalt stärken.
- Dem öffentlich-rechtlichen Rundfunk obliegt es in Zeiten der Globalisierung, die Heimatverbundenheit aufrechtzuerhalten und dennoch das Interesse für überregionale Belange zu wecken.
- Auch die europäische Idee muss eine entscheidende Rolle beim Auftrag des öffentlich-rechtlichen Rundfunks spielen.
- Der öffentlich-rechtliche Rundfunk hat auch eine an der Völkerverständigung und Solidarität orientierte Funktion zu erfüllen.
- Der Begriff des „Funktionsauftrages" ist rein deklaratorischer, wiederholender Natur. Es können zwar beide Begriffe synonym verwendet werden. Dennoch sollte nur vom Auftrag gesprochen werden. Damit kann Bestrebungen, die Handlungsmöglichkeiten der öffentlich-rechtlichen Rundfunkanstalten unzulässig unter Zuhilfenahme von neuen Begriffskreationen einzuschränken, entgegengetreten werden.
- Schon im Vorfeld des neuen Staatsvertrages und der Einführung der §§ 11 und 19 RStV hat die Debatte um die Präzisierung des Auftrages hohe Wellen geschlagen. Den öffentlich-rechtlichen Sendeanstalten wurde vorgeworfen, zu stark zu expandieren und ihre eigentliche Aufgabe aus den Augen zu verlieren. Immer neue Forderungen nach einer Beschränkung des Tätigkeitsfeldes der öffentlich-rechtlichen Sendeanstalten wurden laut.

- Als geeignetes Mittel, die Expansionsbestrebungen einzudämmen, sah man die Konkretisierung des Programmauftrages an.
- Grundsätzlich sind den Anstalten auch Tätigkeiten über die reine Programmveranstaltung erlaubt, denn Art. 5 Abs.1 S. 2 GG schützt eben nicht nur den reinen Programmbereich.
- Zu unterscheiden ist zwischen zwei grundsätzlich zulässigen Betätigungsformen außerhalb der eigentlichen Rundfunkveranstaltung. Zunächst gibt es Tätigkeiten, die zwar nicht zur Programmveranstaltung zählen, aber für den eigentlichen Programmablauf unabdingbar sind. Diese Tätigkeiten sind verfassungsrechtlich geboten, denn ohne sie könnte der eigentliche Auftrag nicht erfüllt werden. Hiervon zu trennen sind Bereiche, die rein unterstützende Funktion haben. Ihre Zulässigkeit ist anhand des Programmbezugs zu ermitteln.
- Das Korrektiv des konkreten Programmbezugs ist eine zulässige Beschreibung des Betätigungsfeldes.
- Dennoch reicht der Begriff des Programmbezuges allein nicht aus, um die Zulässigkeit einer über die Grundversorgung hinausgehenden Tätigkeit zu bestimmen. Oft fehlt es an einem zusätzlichen konkretisierenden Element, das festlegt, wann der Bezug noch gewahrt ist. Daher ist ein konkreter kontextueller Programmbezug zu fordern.
- Der öffentlich-rechtliche Rundfunk hat auch einen eigenständigen Kulturauftrag. Dieser beruht auch auf dem Gedanken, dass der öffentlich-rechtliche Rundfunk nicht nur Informationsvermittler, sondern auch Wertevermittler sein muss. Ihm obliegt es, neben ausgewogener Berichterstattung auch dafür Sorge zu tragen, dass bestimmte Grundwerte, die unserer Gesellschaft zugrunde liegen, übermittelt werden.

6. Die Änderungen durch den 7. und 8. Rundfunkänderungsstaatsvertrag

- Schwerpunkte der Änderungen des Rundfunkstaatsvertrages waren die Konkretisierung des Auftrages des öffentlich-rechtlichen Rundfunks einschließlich des Verbots von Pay-Angeboten und die Sicherung der Regionalfensterprogramme in den beiden bundesweit reichweitenstärksten privaten Fernsehvollprogrammen.
- Darüber hinaus sind insbesondere ergänzende Regelungen für die Bereiche Film- und Fernsehförderung sowie für die Nichtanrechenbarkeit von Warnhinweisen der Heilmittelwerbung für die Dauer der Werbezeit enthalten.
- Im Rundfunkgebührenstaatsvertrag wird das Moratorium für Internet-PCs um zwei Jahre bis zum 31. Dezember 2006 verlängert, sodass insoweit keine Pflicht zur Entrichtung von Rundfunkgebühren besteht.
- Die wichtigste Änderung, die durch den 8. Rundfunkänderungsstaatsvertrag eingeführt wurde, ist die quantitative Programmfestsetzung auf eine Obergrenze in § 19 RStV.
- Aus nationaler Sicht sind neben den politischen Erwägungen auch verfassungsrechtliche Aspekte ausschlaggebend für die Konkretisierung des Programmauftrages gewesen.
- Verfassungsrechtlich ist in erster Linie die Rundfunkgebühr zu nennen, die dazu dient, den Finanzbedarf der Rundfunkanstalten abzudecken. Die Rechtfertigung dafür liegt in der besonderen Leistung, die der öffentlich-rechtliche Rundfunk für die Gesellschaft zu erbringen hat.
- Auch unter europarechtlichen Gesichtspunkten war eine Festschreibung der Aufgabe des öffentlich-rechtlichen Rundfunks vorzunehmen.
- Beihilferechtliche Bedenken gegen die Rundfunkgebühr waren der Anstoß für die nationale Regelung.
- Im Ergebnis ist die deutsche Rundfunkgebühr mit dem Gemeinschaftsrecht vereinbar. Die Beihilfevorschriften finden keine Anwendung, weil die Tatbestandsausnahme des Art. 86 Abs. 2 EG greift und sich daher ein Rückgriff auf die Beihilfevorschriften verbietet.
- Die Auftragsdefinition des § 11 RStV hat durch eine klare Auftragsdefinition in europäischer Hinsicht zur Entspannung der Beihilfeproblematik geführt.

7. Die qualitative Ausformung des Auftrages nach § 11 RStV

- Der erste Absatz des § 11 RStV verpflichtet den öffentlich-rechtlichen Rundfunk dazu, durch die Herstellung und Verbreitung von Hörfunk- und Fernsehprogrammen als Medium und Faktor des Prozesses freier individueller und öffentlicher Meinungsbildung zu wirken. Ihm wird gestattet, programmbegleitend Druckwerke und Mediendienste mit programmbezogenen Inhalt anzubieten.

- Der erste Absatz enthält folglich in Satz 1 die obligatorischen und in Satz 2 die fakultativen Auftragselemente.

- Der öffentlich-rechtliche Rundfunk schuldet nicht nur die bloße Rundfunktätigkeit. Der Gesetzgeber verpflichtet ihn darüber hinaus zu einer weit schwierigeren und ungreifbareren Aufgabe. Er hat als Medium und Faktor des Prozesses freier individueller und öffentlicher Meinungsbildung zu wirken.

- Neben den Pflichtaufgaben ist es dem öffentlich-rechtlichen Rundfunk gestattet, Druckwerke und Mediendienste anzubieten. Der Gesetzgeber verpflichtet den Rundfunk nicht hierzu, sondern erlaubt ihm vielmehr eine über seine eigentliche Rundfunktätigkeit hinausgehende Betätigung.

- § 11 Abs. 2 RStV stellt inhaltliche Anforderungen an die Tätigkeiten des öffentlich-rechtlichen Rundfunks.

- Dem öffentlich-rechtlichen Rundfunk wird aufgetragen, einen umfassenden Überblick über das internationale, europäische, nationale und regionale Geschehen in allen Lebensbereichen zu geben. Satz 2 beschreibt das Ziel dieser inhaltlichen Vorgaben, nämlich die internationale Verständigung, die europäische Integration und den gesellschaftlichen Zusammenhalt in Bund und Ländern zu fördern. Außerdem hat sein Programm gemäß Satz 3 der Information, Bildung, Beratung und Unterhaltung zu dienen. Im vierten Satz wird die Relevanz der kulturellen Beiträge ausdrücklich hervorgehoben, indem der öffentlich-rechtliche Rundfunk beauftragt wird, Beiträge insbesondere zur Kultur anzubieten.

- Im dritten Satz wird normiert, dass das Programm der Information, Bildung, Beratung und Unterhaltung dienen muss. Beiträge aus den genannten Bereichen sind also zwingende Programmbestandteile.

- In welcher anteiligen Gewichtung die einzelnen Komponenten zueinander stehen müssen, ist unklar.

- Dem Normtext kann jedoch eine gewisse Wertung entnommen werden, wenn man auf die gewählte Reihenfolge abstellt, in der die Programmbereiche genannt sind. An erster Stelle steht dort die Information. Daraus kann abgeleitet werden, dass der öffentlich-rechtliche Rundfunk vermehrt Informationsprogramme ausstrahlen soll.

- Der Gesetzgeber unterstreicht die herausragende Stellung der Kulturbeiträge.
- Aus einer Gesamtschau folgt, dass die politische Information und Bildung sowie die kulturelle Wertevermittlung im öffentlich-rechtlichen Programm überwiegen sollten.
- Nur bei einem offenkundigen und krassen Missverhältnis zwischen den Programmbereichen kann von einem Verstoß gegen die zwingenden Programminhalte ausgegangen werden.
- Das Gebot der objektiven und davon umfassten unparteilichen Berichterstattung ist immer dann verletzt, wenn die Berichterstattung nicht das Ergebnis einer an journalistischen Grundsätzen und Codizes orientierten Recherche und Auswahlentscheidung ist, sondern aufgrund politischer, wirtschaftlicher oder sonstiger Interessen Eingang in das Programm findet.
- Nicht verletzt wird die Verpflichtung zur Unparteilichkeit, wenn die in § 11 Abs. 2 RStV geforderten Beiträge zur Völkerverständigung und europäischen Integration geliefert werden, indem etwa wohlwollend über europäische Belange berichtet wird.
- Die staatsvertragliche Festschreibung des Auftrages ist als Grundnorm die erste Stufe des Verfahrens zur Selbstverpflichtung der Anstalten.
- Auf der zweiten Stufe des Verfahrens zur Auftragssicherung stehen die Programmziele, die jede öffentlich-rechtliche Rundfunkanstalt für sich in Form von Satzungen oder Richtlinien zu definieren hat.
- Die inhaltlichen Vorgaben an das eigene Programm sind auf einen längerfristigen Zeitraum angelegt und sollen die Transparenz innerhalb des anstaltlichen Schaffens verbessern.
- Die Verantwortlichen der öffentlich-rechtlichen Rundfunkanstalten werden damit verpflichtet, sich im Vorhinein ihren Auftrag klarzumachen und sich an die selbst gemachten Vorgaben zu halten.
- Über die Erfüllung der konkreten Selbstverpflichtung durch Richtlinien oder Satzungen hat der öffentlich-rechtliche Rundfunk Rechenschaft abzulegen.
- Alle zwei Jahre ist ein Bericht über die Erfüllung des jeweiligen Auftrags, über die Qualität und Quantität der Angebote und Programme sowie über die geplanten Schwerpunkte der jeweils anstehenden programmlichen Leistungen nach § 11 Abs. 4 Satz 3 i.V.m. § 11 Abs. 4 Satz 1 RStV von den Anstalten zu erstellen und zu veröffentlichen.
- Der staatsvertraglichen Verpflichtung zur Rechenschaftslegung sind die Anstalten nachgekommen. So hat die ARD Leitlinien für die Programmgestaltung 2005/2006 und das ZDF Programm-Perspektiven 2004-2006 entwickelt und veröffentlicht. Auch das DeutschlandRadio hat einen Be-

richt über programmliche Leistungen und Perspektiven 2004-2006 erstellt.

- Mit den vorhandenen Selbstverpflichtungserklärungen dürfte das Anliegen, im Wege öffentlicher Rechnungslegung die Akzeptanz der Arbeit der Anstalten bei den Rundfunkteilnehmern zu erhöhen, verfehlt worden sein.

8. Die quantitative Auftragskomponente nach § 19 RStV

- Die quantitative Programmzahlbegrenzung des § 19 RStV fand mit dem 8. Rundfunkänderungsstaatsvertrag Eingang in die Rundfunkgesetzgebung.
- Geregelt wird erstmalig die Höchstzahl der zulässigerweise von den öffentlich-rechtlichen Rundfunkanbietern veranstalteten Rundfunkprogrammen. Der Gesetzgeber hat dabei zwischen der Veranstaltung von Fernsehprogrammen und Hörfunkprogrammen differenziert und jeweils dezidierte Regelungen aufgestellt.
- Die in der ARD zusammengeschlossenen Landesrundfunkanstalten und das ZDF dürfen jeweils nur ein Fernsehvollprogramm veranstalten. Dieses eine Programm ist gleichzeitig die Pflichtvorgabe an die beiden Rundfunkanstalten und Mindestvoraussetzung dessen, was zu leisten ist.
- Für die einzelnen Landesrundfunkanstalten schreibt die Regelung vor, dass die zum 01. April 2004 bestehende Zahl an Programmen veranstaltet werden darf. Eine Pflicht hierzu besteht nach dem Wortlaut der Norm im Gegensatz zur Veranstaltung der beiden erstgenannten Vollprogramme nicht. Damit wurden de facto neben den beiden Vollprogrammen der ARD und des ZDF weitere neun Programme für zulässig erachtet und gleichzeitig als Obergrenze für analoge Programme festgeschrieben.
- Die Obergrenze bezieht sich lediglich auf die Anzahl an Programmen, nicht aber auf die bestimmten Programme selbst.
- Weiter steht es der ARD und dem ZDF offen, ein weiteres Programm und zwei Spartenfernsehprogramme gemeinsam zu betreiben.
- Dabei wird bei dem erstgenannten möglichen Programm eine inhaltliche Festschreibung vorgenommen, denn die kulturelle Ausrichtung wird vorgegeben.
- Abs. 2 S. 2 RStV schreibt den in der ARD zusammengeschlossenen Landesrundfunkanstalten und dem ZDF verpflichtend vor, sich am Europäischen Fernsehkulturkanal (ARTE) zu beteiligen und korrespondiert damit mit dem in § 11 Abs. 1 RStV normierten europäischen Integrationsauftrag.
- Über die zulässigen analogen Programme steht es sowohl den in der ARD zusammengeschlossenen Landesrundfunkanstalten als auch dem ZDF frei, zusätzlich je drei Programme mit einer kulturellen, bildenden oder informierenden Ausrichtung ausschließlich in digitaler Technik zu verbreiten. Zudem wird die Möglichkeit eröffnet, die Programme in einem elektronischen Programmführer zusammenzufassen und damit ein Programmbouquet zu bündeln.
- Diese Normierung entspricht dem tatsächlichen Bestand der vorhandenen digitalen Sender zum Zeitpunkt der Normierung.

- Mit dieser Regelung ist der Gesetzgeber dem Problem entgangen, bereits bestehende Sender für unzulässig zu erklären, hat aber andererseits einer Expansion eine klare Absage erteilt.
- Die Möglichkeit der digitalen Verbreitung wird nicht vorbehaltlos gewährt, sondern an die Bedingung geknüpft, dass der Umfang für das ZDF von einem und für die in der ARD zusammengeschlossenen Landesrundfunkanstalten von zwei analogen Fernsehkanälen nicht übersteigen darf.
- Nicht klar geregelt ist an dieser Stelle, worauf genau sich die Bemessung des Umfangs bezieht. Die Zusammenschau mit § 19 Abs. 5 2. Hs. RStV legt jedoch den Schluss nahe, dass sich der Umfang auf die tatsächlichen Kanäle bezieht.
- Die Anstalten sind gehalten, sich über die Aufteilung ihrer derzeitigen analogen Fernsehprogramme zu verständigen. Es besteht somit die Verpflichtung der Anstalten zu Kooperation.
- Die wohl interessanteste Regelung des neu gefassten § 19 RStV ist in Abs. 6 zu finden. Hier hat der Gesetzgeber die vorher nur für die digitalen Programme geltende Austauschentwicklung normiert.
- Die öffentlich-rechtlichen Anstalten der ARD und das ZDF hinsichtlich der Gemeinschaftsprogramme dürfen demnach neue Programme nur unter drei kumulativ vorliegenden Bedingungen starten. Zunächst muss ein altes bestehendes Angebot eingestellt werden, damit die vorgegebene Höchstzahl nicht überschritten wird. Durch den Austausch darf weiterhin die Erfüllung des Programmauftrages nicht gefährdet werden. Schließlich dürfen durch das neue Programm insgesamt keine Mehrkosten entstehen.
- Auch hinsichtlich der Hörfunkprogramme sind quantitative Obergrenzen eingeführt worden. Ebenso wie bei den Fernsehprogrammen wurde die Höchstzahl der analogen und digitalen Programme auf den status quo am 01. April 2004 eingefroren, wobei bei der Berechnung inhaltsgleiche digitale und analoge Programme nur einmal gezählt werden.
- Faktisch sind damit vierundsechzig Hörfunkprogramme für zulässig erachtet worden.

9. Verfassungskonformität der Auftragsdefinition

- Die erfolgte Auftragsbeschreibung im Rahmen des § 11 RStV soll vorrangig dem Ziel dienen, die Meinungsvielfalt und die Qualität der Berichterstattung sicherzustellen. Damit handelt es sich hierbei um eine Ausgestaltungsreglung.
- Die Ausformung des Programmauftrages muss geeignet sein, die formulierten, am Kommunikationsprozess orientierten Ziele zu erreichen. Das ist mit der Auftragsregelung des § 11 RStV der Fall.
- Die Regelung des § 11 RStV ist mit der Rundfunkfreiheit vereinbar.
- Bei der Programmzahlbegrenzung des § 19 RStV handelt es sich nicht um eine Ausgestaltung der Rundfunkfreiheit, da nicht der Kommunikationsprozess beziehungsweise die Vielfaltssicherung im Sinne einer umfassenden Darstellung der vorhandenen Meinungsströmungen als Leitmotiv dringlichtes Anliegen des Rundfunkgesetzgebers war.
- Die verfassungsmäßige Rechtfertigung der Regelung ist damit anhand der Schrankenregelung des Art. 5 Abs. 2 GG zu bestimmen.
- Der angestrebte Schutz des Gebührenzahlers überwiegt hier nicht der Rundfunkfreiheit.
- Durch die statische Programmzahlfestlegung bleibt den Anstalten nicht genügend Freiraum, um flexibel auf Veränderungen in der Gesellschaftsstruktur, des Meinungsstandes sowie auf Entwicklungen und schwerwiegende Ereignisse reagieren zu können.
- Auch die Austauschmöglichkeit nach § 19 Abs. 6 RStV ändert hieran nichts, denn durch den Austausch dürfen zwingend keine Mehrkosten entstehen. Damit wird die Austauschoption für die Rundfunkanstalten wertlos. Die Eingriffsintensität wird auch an dieser Stelle nicht gemindert.
- Damit ist die Regelung des § 19 RStV nicht verfassungskonform.
- Angebracht wäre, um die Rundfunkfreiheit und den Gebührenzahlerschutz sowie europäischen Anforderungen gerecht zu werden und zum Ausgleich zu bringen, eine Öffnungsklausel innerhalb der Norm, die den Anstalten ermöglicht, in zwingenden Fällen auch neue Programme initiieren zu können, ohne bestehende Strukturen abbauen zu müssen.
- Die Öffnungsklausel könnte vorsehen, dass eine unabhängige – staatsferne aber auch rundfunkexterne - Expertenkommission über das Anliegen zu entscheiden hat.
- Eine Parallele zum Gebührenverfahren wäre denkbar, wo sich der Gebührenvorschlag der KEF an den Bedarfsanmeldungen der Anstalten orientiert. So könnte eine auf Antrag der Anstalten einzusetzende Kommission über die Notwendigkeit einer Programmausweitung beschließen. Deren

Empfehlung sollte anschließend zwingende Berücksichtigung bei der Gebührenermittlung durch die KEF finden.

- Ein Begründungszwang dahingehend, die Notwendigkeit eines neuen Programms substantiiert darlegen müssen, sollte dem Antrag vorangehen.

Literaturverzeichnis

Alexy, Robert, Theorie der Grundrechte, 3. Auflage, Frankfurt am Main,1996

Altendorfer, Otto, Das Mediensystem der Bundesrepublik Deutschland, Band 1, 1. Auflage, Wiesbaden, 2001

Arbeitsgemeinschaft der öffentlich-rechtlichen Rundfunkanstalten der Bundesrepublik Deutschland (ARD)(Hrsg.), ARD-Jahrbuch 85 (17. Jahrgang), Hamburg, 1985, zitiert als: ARD Jahrbuch 85

Arbeitsgemeinschaft der öffentlich-rechtlichen Rundfunkanstalten der Bundesrepublik Deutschland (ARD)(Hrsg.), ARD-Jahrbuch 87 (19. Jahrgang), Hamburg, 1987, zitiert als: ARD Jahrbuch 87

Arbeitsgemeinschaft der öffentlich-rechtlichen Rundfunkanstalten der Bundesrepublik Deutschland (ARD)(Hrsg.), ARD-Jahrbuch 88 (20. Jahrgang), Hamburg, 1988, zitiert als: ARD Jahrbuch 88

Arbeitsgemeinschaft der öffentlich-rechtlichen Rundfunkanstalten der Bundesrepublik Deutschland (ARD)(Hrsg.), ARD-Jahrbuch 89 (21. Jahrgang), Hamburg, 1989, zitiert als: ARD Jahrbuch 89

Arbeitsgemeinschaft der öffentlich-rechtlichen Rundfunkanstalten der Bundesrepublik Deutschland (ARD)(Hrsg.), ARD-Jahrbuch 92 (24. Jahrgang), Hamburg, 1992, zitiert als: ARD Jahrbuch 92

Arbeitsgemeinschaft der öffentlich-rechtlichen Rundfunkanstalten der Bundesrepublik Deutschland (ARD)(Hrsg.), ARD-Jahrbuch 94 (26. Jahrgang), Hamburg, 1994, zitiert als: ARD Jahrbuch 94

Arbeitsgemeinschaft der öffentlich-rechtlichen Rundfunkanstalten der Bundesrepublik Deutschland (ARD)(Hrsg.), ARD-Jahrbuch 95 (27. Jahrgang), Hamburg, 1995, zitiert als: ARD Jahrbuch 95

Arbeitsgemeinschaft der öffentlich-rechtlichen Rundfunkanstalten der Bundesrepublik Deutschland (ARD)(Hrsg.), ARD-Jahrbuch 96 (28. Jahrgang), Hamburg, 1996, zitiert als: ARD Jahrbuch 96

Arbeitsgemeinschaft der öffentlich-rechtlichen Rundfunkanstalten der Bundesrepublik Deutschland (ARD)(Hrsg.), ARD-Jahrbuch 2000 (32. Jahrgang), Hamburg, 2000, zitiert als: ARD Jahrbuch 2000

Arbeitsgemeinschaft der öffentlich-rechtlichen Rundfunkanstalten der Bundesrepublik Deutschland (ARD)(Hrsg.), ARD-Jahrbuch 2001 (33. Jahrgang), Hamburg, 2001, zitiert als: ARD Jahrbuch 2001

Arbeitsgemeinschaft der öffentlich-rechtlichen Rundfunkanstalten der Bundesrepublik Deutschland (ARD)(Hrsg.), ARD-Jahrbuch 04/05 (36. Jahrgang), Hamburg, 2004, zitiert als: ARD Jahrbuch 04/05

Arndt, Hans-Wolfgang, Europarecht, Heidelberg, 2004

Bartosch, Andreas, Der EuGH zieht der EG-Beihilfenkontrolle engere Schranken – das Urteil in der Rechtssache Ferring/Acoss, NVwZ 2002, 174 f.

Bartosch, Andreas, Die Kommissionspraxis nach dem Urteil des EuGH in der Rechtssache Altmark - Worin liegt das Neue?, EuZW 2004, 295 ff.

Bartosch, Andreas, Schranken-Schranken in der EG-Beihilfenkontrolle, NJW 2002, 3588 ff.

Bausch, Hans (Hrsg.), Rundfunk in Deutschland, Band 3, Rundfunkpolitik nach 1945, Erster Teil, München, 1980

Bausch, Hans (Hrsg.), Rundfunk in Deutschland, Band 4, Rundfunkpolitik nach 1945, Zweiter Teil, München, 1980

Bermanseder, Markus, Wann sind Mediendienste dem Rundfunk zuzuordnen?, ZRP 1997, 330 ff.

Bethge, Herbert, Die verfassungsrechtliche Position des öffentlich-rechtlichen Rundfunks in der dualen Rundfunkordnung, Baden-Baden/Hamburg, 1996

Bethge, Herbert, Stand und Entwicklung des öffentlich-rechtlichen Rundfunks, ZUM 1991, 337 ff.

Bethge, Herbert, Über die Zulässigkeit privaten Rundfunks, in: Festschrift für Walter Rudolf zum 70. Geburtstag, München, 2001

Biervert, Bernd, Das Ende der öffentlich-rechtlichen Eigenproduktionen?: zur verfassungsrechtlichen Zulässigkeit der Abschaffung und Auslagerung der Eigenproduktionen bei den öffentlich-rechtlichen Rundfunkanstalten, ZUM 1998, 19 ff.

Bockenförde, Ernst-Wolfgang, Zur Lage der Grundrechtsdogmatik nach 40 Jahren Grundgesetz, Privatdruck der Carl Friedrich von Siemens Stiftung in der Reihe „Themen", 1989

Bornemann, Roland / Hepach, Stefan, Subjektive Rundfunkfreiheit und positive Rundfunkordnung im Spannungsfeld zwischen Gesetzesausgestaltung und verfassungskonformer Auslegung, K&R 7/2004, 320 ff.

Bosmann, Wieland, Verfassungsrechtliche Aspekte eines Werbeverbotes für den öffentlich-rechtlichen Rundfunk, ZUM 2003, 444 ff.

Braml, Claudia, Das Teleshopping und die Rundfunkfreiheit, Frankfurt am Main, Berlin, Bern, Brüssel, New York, Wien, 2000, zitiert als Braml, Teleshopping

Brand, Torsten, Rundfunk im Sinne des Artikel 5 Abs. 1 Satz 2 GG, Berlin, 2002, zitiert als Brand, Rundfunk im Sinne des Art. 5

Bremer, Eckhard / Esser, Michael / Hoffmann, Martin, Der Rundfunk in der Verfassungs- und Wirtschaftordnung in Deutschland, Baden-Baden, 1992.

Brenner, Christian, Zur Gewährleistung des Funktionsauftrages durch den öffentlich-rechtlichen Rundfunk, Eine Konkretisierung der Aufgaben des öffentlich-rechtlichen Rundfunks im Fernseh-, Hörfunk- und Online-Bereich; Berlin, 2002

Buchwald, Manfred, Mediensymposium Speyer, ZUM 1995, 258 ff.

Bullinger, Martin, Die Aufgaben des öffentlichen Rundfunks, Wege zu einem Funktionsauftrag, Gütersloh, 1999

Bullinger, Martin, Freiheit von Presse, Rundfunk, Film, in: Isensee, Josef / Kirchhoff, Paul, Handbuch des Staatsrechts, Band VI Freiheitsrechte, Heidelberg, 1989

Calliess, Christian / Ruffert, Matthias (Hrsg.), Kommentar zu EU-Vertrag und EG-Vertrag, 2. Auflage, Neuwied und Kriftel, 2002

Charissé, Peter, Rundfunkveranstalterfreiheit und das Zulassungsregime der Rundfunk- und Mediengesetze, Eine verfassungs- und europarechtliche Untersuchung der subjektiv-rechtlichen Stellung privater Rundfunkveranstalter; Frankfurt am Main, Berlin, Bern, Brüssel, New York, Wien, 1999

Cornils, Matthias, Die Ausgestaltung der Grundrechte, Tübingen, 2005

Dauses, Manfred, Handbuch des EU-Wirtschaftsrechts, Loseblatt Stand Dezember 2004, München, 2005

Degenhart, Christoph, Der Funktionsauftrag öffentlich-rechtlichen Rundfunks in der „Digitalen Welt", Heidelberg 2001

Degenhart, Christoph, Medienrecht und Medienpolitik im 21. Jahrhundert, K&R 2000, 49 ff.

Degenhart, Christoph, Öffentlich-rechtlicher Rundfunk und Freizeitparks, Rechtsfragen eines ZDF-„Medienparks", Heidelberg, 2001

Degenhart, Christoph, Öffentlich-rechtlicher Rundfunkauftrag und Rundfunkgebühr nach dem siebten und achten Rundfunkänderungsstaatsvertrag, K&R 2005, 295 ff.

Deutscher Gemeindeverlag, Neue Medien, Kabel- und Satellitenrundfunk, Köln, 1986

Die Landesmedienanstalten (Hrsg.), Fortschreitende Medienkonzentration im Zeichen der Konvergenz, Berlin, 2000, zitiert als: Konzentrationsbericht der KEK 2000

Die Landesmedienanstalten (Hrsg.), Sicherung der Meinungsvielfalt in Zeiten des Umbruchs, Berlin, 2004, zitiert als: Konzentrationsbericht der KEK 2004

Dieterich, Thomas / Müller-Glöge, Rudi / Preis, Ulrich / Schaub, Günter, Erfurter Kommentar zum Arbeitsrecht, München, 2004

Direktorenkonferenz der Landesmedienanstalten (Hrsg.), DLM Jahrbuch 88, München, 1988

Dörr Dieter, Sportrechte in: Abele, Hanns / Riva, Antonio (Hrsg.), Digitalisierung und Globalisierung: Chancen und Risiken für den Rundfunk. FAR - Tagung 1998. Beiträge zur Rundfunkökonomie, Bd. 6, Potsdam 1999, S. 70 ff.

Dörr, Dieter / Schiedermair, Stephanie, Die Deutsche Welle, Die Funktion, der Auftrag, die Aufgaben und die Finanzierung heute, Frankfurt am Main, 2003

Dörr, Dieter, Big Brother und die Menschenwürde, Die Menschenwürde und die Programmfreiheit am Beispiel eines neuen Sendeformats, Studien zum deutschen und europäischen Medienrecht, Band 4, Frankfurt am Main, Berlin, Bern, Bruxelles, New York, Oxford, Wien, 2000

Dörr, Dieter, Das für die Medienkonzentration maßgebliche Verfahrensrecht, in: Die Landesmedienanstalten (Hrsg.), Die Sicherung der Meinungsvielfalt, Berlin 1995

Dörr, Dieter, Der Einfluss der Judikatur des Bundesverfassungsgerichts auf das Medienrecht, VerwArch 2001, 149 ff.

Dörr, Dieter, Der Rundfunkbegriff im Wandel der Medien in Dittmann / Fechner / Sander (Hrsg.), Symposium zum 65. Geburtstag von T. Oppermann, Berlin 1997, S. 121-128, zitiert als: Dörr, Rundfunkbegriff im Wandel

Dörr, Dieter, Die Gebührenfrage und die Debatte um die Strukturreform in: Bröhner, Jürgen / Bieber, Roland / Callies, Christian / Langenfeld, Christine / Weber, Stefan / Wolf, Joachim (Hrsg.), Internationale Gemeinschaft und Menschenrechte, Festschrift für Georg Ress zum 70. Geburtstag am 21. Januar 2005, München 2005, S. 1152-1162

Dörr, Dieter, Die Rolle des öffentlich-rechtlichen Rundfunk in Europa, Baden-Baden, 1997

Dörr, Dieter, Die Spartenkanäle von ARD/ZDF und das Europarecht, München 1999

Dörr, Dieter, Die Verfassungsbeschwerde in der Prozesspraxis, 2. Auflage, Köln, 1997

Dörr, Dieter, Die verfassungsrechtliche Stellung der Deutschen Welle, München, 1998

Dörr, Dieter, Grundversorgung vs. „Lückenfüllen" als künftige Aufgabe der öffentlich-rechtlichen Fernsehanbieter in: Kohl, Helmut (Hrsg.), Vielfalt im Rundfunk, Konstanz, 1997, S. 184-189

Dörr, Dieter, Öffentlich-rechtlicher Rundfunk und Gebührenregelung unter dem Druck des Gemeinschaftsrechts, K&R 2001, 233 ff.

Dörr, Dieter, Programmvielfalt im öffentlich-rechtlichen Rundfunk durch funktionsgerechte Finanzausstattung, Baden-Baden, 1997/98

Dörr, Dieter, Rundfunkfinanzierung und EG-Vertrag in: Stern, Klaus/Prütting, Hanns (Hrsg.), Rechtliche und ökonomische Fragen der Finanzierung des öffentlich-rechtlichen Rundfunks im Lichte des europäischen Rechts, München, 1998, S. 5-40

Dörr, Dieter, Rundfunkföderalismus auf dem Prüfstand, ZUM 1996, 617 ff.

Dörr, Dieter, Sport im Fernsehen: Die Funktionen des öffentlich-rechtlichen Rundfunks bei der Berichterstattung, Studien zum deutschen und europäischen Medienrecht, Band 8, Frankfurt am Main, Berlin, Bern, Bruxelles, New York, Oxford, Wien, 2000

Dörr, Dieter, Umfang und Grenzen des Funktionsbereichs der öffentlich-rechtlichen Rundfunkveranstalter und der Streit um den ZDF-Medienpark, K&R 2003, 138 ff.

Dörr, Dieter, Werte und Wert des öffentlich-rechtlichen Rundfunks in der digitalen Zukunft. Rechtsfragen der technischen Neuerungen, in DVB Multimedia Bayern GmbH (Hrsg), Global Media. Fusionen – Visionen – Illusionen. Dokumentation der Münchner Medientage München 2000, München 2001

Dörr, Dieter / Cloß, Wolfgang, Die Vereinbarkeit der Gebührenfinanzierung des Österreichischen Rundfunks mit dem EG-Beihilfenrecht, ZUM 1997, 105 ff.

Dörr, Dieter / Haus, Florian, Das Wettbewerbsrecht des EGV, JuS 2001, 313 ff

Dörr, Dieter / Zorn, Nicole, Die Entwicklung des Medienrechts, NJW 2003, 3020 ff.

Dörr, Dieter / Zorn, Nicole, Die Entwicklung des Medienrechts, NJW 2005, 3114 ff.

Dreier, Horst, Grundgesetz, Kommentar, 2. Auflage, Bd. I, Präambel, Art. 1–19, Tübingen, 2004, zitiert als: Bearbeiter in: Dreier, Grundgesetz Kommentar

Eberle, Carl-Eugen, Betätigung des ZDF im Online-Bereich, AfP 1997, 272

Eberle, Carl-Eugen, Die Krise der Medienwirtschaft – Ein Fall für die Medienregulierung?, MMR 2003, 623 ff.

Eberle, Carl-Eugen / Rudolf, Walter / Wasserburg, Klaus, Mainzer Rechtshandbuch der Neuen Medien, 1. Auflage Heidelberg, 2003

Eberle, Carl-Eugen / Gersdorf, Hubertus, Der grenzüberschreitende Rundfunk im deutschen Recht, (Wirtschaftsrecht der Internationalen Telekommunikation; Bd.20), Baden-Baden, 1993

Eifert, Martin, Funktionsauftrag: Funktionserfüllung als Auftrag und Aufgabe, epd medien Nr. 11 vom 12. Februar 2000, 3.

Eifert, Martin, Konkretisierung des Programmauftrags des öffentlich-rechtlichen Rundfunks, Baden-Baden, 2002

Engel, Christoph, Rundfunk in Freiheit, AfP 1994, 185 ff.

Fink, Udo, Wem dient die Rundfunkfreiheit, DöV 1992, 805 ff.

Fischer, Heinz-Dietrich / Jubin, Olaf, (Hrsg.)Privatfernsehen in Deutschland: Konzepte, Konkurrenten, Kontroversen, Frankfurt am Main, 1996

Flechsig, Norbert (Hrsg.), SWR-Staatsvertrag Kommentar, Stuttgart 1997.

Frank, Bernward / Klingler, Walter, Die veränderte Fernsehlandschaft. Zwei Jahre ARD/ZDF Begleitforschung zu den Kabelpilotprojekten, Frankfurt am Main, Berlin, 1987

Fromm, Michael, Öffentlich-rechtlicher Programmauftrag und Rundfunkföderalismus, Baden-Baden, 1998

Fuhr, Karl-Michael, Der öffentlich-rechtliche Rundfunk im dualen Rundfunksystem, ZUM 1987, 145 ff.

Geis, Max-Emanuel, Kulturstaat und kulturelle Freiheit, Eine Untersuchung des Kulturstaatkonzepts von Ernst Rudolf Huber aus verfassungsrechtlicher Sicht, Baden-Baden, 1990

Gersdorf, Hubertus, „Die Rechte des Staates gegenüber ARD und ZDF müssen klar definiert werden", promedia 7/05, S. 7 f.

Gersdorf, Hubertus, Der verfassungsrechtliche Rundfunkbegriff im Lichte der Digitalisierung der Telekommunikation, Berlin, 1995, zitiert als Gersdorf, Der verfassungsrechtliche Rundfunkbegriff

Gersdorf, Hubertus, Grundzüge des Rundfunkrechts, München, 2003

Gersdorf, Hubertus, Multi-Media: Der Rundfunkbegriff im Umbruch?, AfP 1995, 565 ff.

Gersdorf, Hubertus, Rundfunkfreiheit ohne Ausgestaltungsvorbehalt: Verfassungs- und gemeinschaftsrechtliche Voraussetzungen für die Einführung neuer Kommunikationsdienste am Beispiel reiner Teleshoppingkanäle, Rechtsgutachten, (BLM-Schriftenreihe; Bd.33), München, 1996

Gersdorf, Hubertus, Staatsfreiheit des Rundfunks in der dualen Rundfunkordnung der Bundesrepublik Deutschland, Berlin, 1991

Gounalakis, Georgios, Funktionsauftrag und anstaltliches Selbstverwaltungsrecht, AfP 2003, 395 ff.

Gounalakis, Georgios, Funktionsauftrag und wirtschaftliche Betätigung des Zweiten Deutschen Fernsehens, ZDF Schriftenreihe 59, Mainz, 2000

Gounalakis, Georgios, Regulierung von Presse, Rundfunk und elektronischen Diensten in der künftigen Medienordnung, ZUM 2003, 180 ff.

Grabitz, Eberhard / Hilf, Meinhard (Hrsg.), Das Recht der Europäischen Union, Loseblattwerk, Stand 25. Ergänzungslieferung, Januar 2005, München 2005, zitiert als Bearbeiter in: Grabitz/Hilf, Das Recht der Europäischen Union

Greissinger, Christian, Vorgaben des EG-Vertrages für nationales Rundfunk und Multimediarecht, Baden-Baden, 2001

Groh, Sabine, Die Bonusregelungen des § 26 Abs. 2 S. 3 des Rundfunkstaatsvertrages, Frankfurt/Main, Berlin, Bern, Bruxelles, New York, Oxford, Wien, 2005

Groß, Thomas, Selbstregulierung im medienrechtlichen Jugendschutz am Beispiel der Freiwilligen Selbstkontrolle Fernsehen, NVwZ 2004, 1393 ff.

Gundel, Jörg, Staatliche Ausgleichzahlungen für Dienstleistungen von allgemeinem wirtschaftlichen Interesse: Zum Verhältnis zwischen Art. 86 Abs. 2 EGV und dem EG- Beihilfenrecht, RIW 2002, 222 ff.

Hagemann, Walter, Fernhören und Fernsehen: eine Einführung in das Rundfunkwesen; Heidelberg, 1954

Hahn, Werner / Vesting, Thomas (Hrsg.), Beck'scher Kommentar zum Rundfunkrecht, Rundfunkstaatsvertrag, Rundfunkgebührenstaatsvertrag, Rundfunkfinanzierungs-staatsvertrag, Jugendmedienschutzstaatsvertrag, München, 2003

Hain, Karl-Eberhard, „Big Brother" im Gerichtssaal", DÖV 2001, S. 589 ff.

Hain, Karl-Eberhard, Buchbesprechung zu Matthias Cornils: Die Ausgestaltung der Grundrechte in: JZ 2005, S. 939 f.

Hain, Karl-Eberhard, Die Europäische Transparenz-Richtlinie und der öffentlich-rechtliche Rundfunk in Deutschland, MMR 2001, 219 ff.

Hain, Karl-Eberhard, Ockham's Razor – ein Instrument zur Rationalisierung der Grundrechtsdogmatik?, JZ 2002, 1036 ff.

Hain, Karl-Eberhard, Rundfunkfreiheit und Rundfunkordnung, Baden-Baden, 1993

Hain, Karl-Eberhard, Wirtschaftsrechtliche oder medienrechtliche Steuerung der Medien im Zeitalter der Konvergenz? in: Mainzer Runde, Gespräche des rheinland-pfälzischen Staatsministers der Justiz mit Vertretern der Rechtswissenschaft, der Rechtssprechung und der Landesvertretung in der Staatskanzlei, Sonderdruck herausgegeben vom Ministerium der Justiz Rheinland-Pfalz

Hartstein, Reinhard / Ring, Wolf-Dieter / Kreile, Johannes / Dörr, Dieter / Stettner, Rupert, Rundfunkstaatsvertrag, Kommentar, Loseblattwerk, Stand April 2004, München 2004, zitiert als: Hartstein/Ring/Kreile/Dörr/Stettner, Rundfunkstaatsvertrag

Hasse, Arne, Die Finanzierung des öffentlich-rechtlichen Rundfunks, Bestand und Alternativen, Berlin, 2005

Heintschel von Heinegg, Wolff / Pallas, Nadine, Grundrechte, Neuwied, Kriftel, 2002

Herrmann, Günter / Lausen, Matthias, Rundfunkrecht, Fernsehen und Hörfunk mit Neuen Medien, München, 2004

Herrmann, Günter, Fernsehen und Hörfunk in der Verfassung der Bundesrepublik, Tübingen, 1975

Hesse, Albrecht, Rundfunkrecht, 3. Auflage, München, 2003

Hesse, Konrad, Grundzüge des Verfassungsrechts der Bundesrepublik Deutschland, 17., neubearbeitete Auflage, Heidelberg, 1990

Hickethier, Knut, Geschichte des deutschen Fernsehens, Stuttgart, Weimar, Wetzlar, 1998

Hoffmann-Riem, Wolfgang, Der Rundfunkbegriff in der Differenzierung kommunikativer Dienste, AfP 1996, 9 ff.

Hoffmann-Riem, Wolfgang, Kommunikationsfreiheiten, Kommentierungen zu Art. 5 Abs. 1 und 2 sowie Art. 8 GG, Baden-Baden/Hamburg, 2002

Hoffmann-Riem, Wolfgang, Modellversuch als Scheintest, ZRP 1980, 31 ff.

Hoffmann-Riem, Wolfgang, Pay TV im öffentlich-rechtlichen Rundfunk, Baden-Baden/Hamburg, 1996

Hoffmann-Riem, Wolfgang, Regulierung der dualen Rundfunkordnung, 1. Auflage, Baden-Baden, 2000

Hoffmann-Riem, Wolfgang, Rundfunkrecht neben Wirtschaftsrecht, Baden-Baden, 1991

Holznagel, Bernd, Der spezifische Funktionsauftrag des Zweiten Deutschen Fernsehens, ZDF-Schriftenreihe, Heft 55, Mainz, 1999

Hruschka, Joachim, Kants Rechtsphilosophie als Philosophie des subjektiven Rechts, JZ 2004, 1058 ff.

Hufen, Friedhelm, Kulturauftrag als Selbstverwaltungsgarantie, NVwZ 1983, 516 ff.

Huntington, Samuel P., The Clash of Civilizations?, Foreign Affairs, 1993, volume 72, page 22 ff.

Huster, Stefan, Das Verbot der „Auschwitzlüge", die Meinungsfreiheit und das Bundesverfassungsgericht, NJW 1996, 487 ff.

Ipsen, Jörn, Staatsrecht II, Grundrechte, siebte, überarbeitete Auflage, München/Unterschleißheim, 2004

Janik, Viktor, Der deutsche Rundfunkbegriff im Spiegel technischer Entwicklungen, AfP 2000, 7 ff.

Janik, Viktor, Rundfunkregulierung auch im Internet?, K&R 2001, 572 ff.

Jarass, Hans / Pieroth, Bodo, Grundgesetz für die Bundesrepublik Deutschland, 5. Auflage, München, 2000

Jarass, Hans D,. Online-Dienste und Funktionsbereich des Zweiten Deutschen Fernsehens, Bochum, 1997

Jarass, Hans D., Rundfunkbegriffe im Zeitalter des Internet, AfP 1998, 133 ff.

Jarras, Hans D., Grundrechte als Wertentscheidung bzw. objektiv-rechtliche Prinzipien in der Rechtsprechung des Bundesverfassungsgerichts, AöR 110 (1985), S. 363 ff.

Jellinek, Georg, Allgemeine Staatslehre, 3. Auflage, unveränderter Nachdruck des 5. Neudruckes der 3. Auflage, Bad Homburg, Gehlen, 1966

Jury, Christine, Die Maßgeblichkeit von Art. 49 EG für nationale rundfunkpolitische Ordnungsentscheidungen unter besonderer Berücksichtigung von Art. 151 EG, Frankfurt am Main, 2005, zitiert als Jury, Die Maßgeblichkeit von Art. 49 EG für nationale rundfunkpolitische Ordnungsentscheidungen.

Kammann, Uwe, EU und öffentlich-rechtlicher Rundfunk: ein Verhältnis, epd medien 19/2005, 3 ff.

Kammann, Uwe, Höhlenbilder Steinbrück. Die Medienkrise. Und ihre Partner, epd medien 44/2003, 3 ff.

Kibele, Babette, Multimedia und Fernsehen, Die gesetzlichen Grundlagen audiovisueller Informations- und Kommunikationsdienste auf der Basis des deutschen und europäischen Medienrechts, München, 2001

Kiefer, Marie-Luise, Kirch-Insolvenz: Ende einer ökonomischen Vision?, Media Perspektiven, 10/2002, 491-500

Kirchhof, Paul, Der Öffentlichkeitsauftrag des öffentlichen Rundfunks als Befähigung zur Freiheit in: *Abele, Hanns / Fünfgeld, Hermann / Riva, Antonio,* Werte und Wert des öffentlich-rechtlichen Rundfunks in der digitalen Zukunft, FAR-Tagung 2000, Potsdam, 2001

Klaes, Roland, Informationsauftrag und Programmautonomie des Rundfunks unter den Bedingungen der Digitalisierung und im Zeitalter von „Multimedia", Dissertation (Univ. Passau), München 2005.

Knothe, Matthias / Schwalba, Michael, Die Positionierung des öffentlich-rechtlichen Rundfunk im digitalen Zeitalter, Media Perspektiven 3/99, 111 ff.

Koenig, Christian / Kühling, Jürgen / Ritter, Nicolai, EG-Beihilfenrecht, Heidelberg, 2002

Koenig, Christian / Kühling, Jürgen, „Totgesagte Vorschriften leben länger": Bedeutung und Auslegung der Ausnahmeklausel des Art. 86 Abs. 2 EG, ZHR 166 (2002), 656 ff.

Koenig, Christian / Haratsch, Andreas, Die Rundfunkgebühren auf dem Prüfstand des Altmark Trans-Urteils des Europäischen Gerichtshofs, ZUM 2003, 804 ff.

Köstlin, Thomas, Die Kulturhoheit des Bundes, Berlin, 1989.

Kübler, Friedrich, Massenkommunikation und Medienverfassung, in: Festschrift für Peter Lerche, Wege und Verfahren des Verfassungslebens, München, 1993

Kull, Edgar, „Dienende Freiheit“ – dienstbare Medien?, in: Festschrift für Peter Lerche, Wege und Verfahren des Verfassungslebens, München, 1993

Kull, Edgar, Auf dem Weg zum dualen Rundfunksystem- Das vierte Fernsehurteil des Bundesverfassungsgerichts, AfP 1987, 365 ff.

Ladeur, Karl-Heinz / Gostomzyk, Tobias, Rundfunkfreiheit und Rechtsdogmatik – Zum Doppelcharakter des Art. 5 I 2 GG in der Rechtssprechung des BVerfG, JuS 2002, 1145 ff.

La Roche, Walter von, Einführung in den praktischen Journalismus, 15. völlig neu bearbeitete Auflage, München 2001.

Lenz, Otto / Borchardt, Klaus-Dieter(Hrsg.), EU- und EG-Vertrag, 3. Auflage, Köln, 2003

Lerche, Peter, Gestaltungskompetenz des Gesetzgebers und Programmbereich der öffentlich-rechtlichen Rundfunkanstalten in: Wirtschafts- und Medienrecht in der offenen Demokratie, Freundesgabe für Friedrich Kübler zum 65. Geburtstag, Heidelberg, 1997

Liegmann, Jörg, Der Zugang zum privaten Rundfunk, Frankfurt am Main, Berlin, Bern, New York, Wien, 1996

Lilienthal, Volker, Das Fiasko, epd medien 55/2005, 3 ff.

Lilienthal, Volker, Schwarzer Sommer, epd medien 53/2005, 3 f.

Lindner, Josef Franz, Zum Gebot der Programmkoordinierung zwischen ARD und ZDF, AfP 2005, S. 313 ff.

Mahrenholz, Ernst Gottfried, Die gesellschaftliche Bedeutung des öffentlich-rechtlichen Rundfunks, ZUM 1995, 508 ff.

Mahrenholz, Ernst-Gottfried, Grundversorgung und Programmfreiheit in: *Assmann, Heinz-Dieter / Brinkmann, Thomas / Gounalakis, Georgios / Kohl, Helmut / Walz, Rainer (Hrsg.),* Wirtschafts- und Medienrecht in der offenen Demokratie, Freundesgabe Kübler, 1997, S. 251 ff.

Mand, Elmar, Erwerbswirtschaftliche Betätigung öffentlich-rechtlicher Rundfunkanstalten außerhalb des Programms, München, 2002

Maunz, Theodor / Dürig, Günter, Kommentar zum Grundgesetz, Loseblatt, Stand: 43. Ergänzungslieferung, Februar 2004, München 2004, zitiert als: Bearbeiter, in Maunz/Dürig

Michel, Eva- Maria, Rundfunk und Internet, ZUM 1998, 350 ff.

Montag, Helga, Privater oder öffentlich-rechtlicher Rundfunk? Initiativen für einen privaten Rundfunk in der Bundesrepublik Deutschland, Berlin, 1978

Naucke, Maria, Der Kulturbegriff in der Rechtsprechung des Bundesverfassungsgerichts, Hamburg, 2000

Neun, Andreas, Öffentlich-rechtlicher Rundfunk: Grenzen des Wachstums, Berlin, 2002

Niepalla, Peter, Die Grundversorgung durch die öffentlich-rechtlichen Rundfunkanstalten, München, 1990

Nünning, Volker, Schwieriges Feld, Symposium in Köln zum Kulturauftrag des öffentlich-rechtlichen Rundfunks, Funkkorrespondenz 5/6/2005, 6 ff.

Oppermann, Thomas, Deutsche Rundfunkgebühren und europäisches Beihilferecht, Berlin, 1997

Ossenbühl, Fritz, Die Interpretation der Grundrechte in der Rechtsprechung des Bundesverfassungsgerichts, NJW 1976, 2100 ff.

Ossenbühl, Fritz, Die Rundfunkfreiheit und die Finanzautonomie des Deutschlandfunks, München, 1969

Paetzold, Ulrich (Hrsg.), Kabel-Kommunikation, Organisation und Programme, München, 1978

Pestalozza, Christian, Der Schutz vor der Rundfunkfreiheit in der Bundesrepublik Deutschland, NJW 1981, 2158 ff.

Pieroth, Bodo / Schlink, Bernhard, Grundrechte, Staatsrecht II, 19. neubearbeitete Auflage, Heidelberg, 2003

Programmdirektion Erstes Deutsches Fernsehen (Hrsg.), ARD Leitlinien, Leitlinien für die Programmgestaltung der ARD 2005/2006

Rahn, Monika, Programmauftrag und Kartellrecht, Zu den Grundlagen und Grenzen der Kartellaufsicht im Bereich des öffentlich-rechtlichen Rundfunks, Konstanz, 1991

Rath-Glawatz, Michael, Betätigung öffentlich-rechtlicher Körperschaften und Anstalten im Online-Bereich, AfP 1998, 261 ff.

Reim, Dagmar, Zwischen Programmauftrag und Akzeptanz, Die Rolle des öffentlich-rechtlichen Rundfunks bei der Vermittlung von Werten, Funkkorrespondenz 53/2004, 9 ff.

Reese, Stefanie, Der Funktionsauftrag des öffentlich-rechtlichen Rundfunks vor dem Hintergrund der Digitalisierung, Dissertation Göttingen, 2005. (noch unveröffentlicht)

Ricker, Reinhart, Digitalisierung und interaktive Medienangebote – Grenzen für ARD und ZDF ?, AfP 1998, 437 ff.

Ricker, Reinhart / Schiwy, Peter, Rundfunkverfassungsrecht, München, 1997

Ring, Wolf-Dieter(Hrsg.), Medienrecht, Vorschriftensammlung, Loseblattsammlung Stand: April 2005, Heidelberg/München/Landsberg/Berlin, 2005

Ring, Wolf-Dieter, Rundfunk und Internet, ZUM 1998, 358 ff.

Rossen-Stadtfeld, Helge, Gesteigerte Differenz, Funktion des öffentlich-rechtlichen Kulturauftrages, epd medien, 16/2005, S. 5 ff.

Ruck, Silke, Zur Unterscheidung von Ausgestaltungs- und Schrankengesetzen im Bereich der Rundfunkfreiheit, AöR 117 (1992), 543 ff.

Ruttig, Markus, Der Einfluß des EG-Beihilfenrechts auf die Gebührenfinanzierung der öffentlich-rechtlichen Rundfunkanstalten, Frankfurt/Main, Berlin, Bern, Bruxelles, New York, Oxford, Wien, 2001

Sachs, Michael (Hrsg.), Grundgesetz, Kommentar, 2. Auflage, München 1999

Schatz, Heribert, Strukturen und Inhalte des Rundfunkprogramms der vier Kabelpilotprojekte Autoren: Heribert Schatz ; Nikolaus Immer ; Frank Marcinkowski. Düsseldorf : Presse- und Informationsamt der Landesregierung Nordrhein-Westfalen, 1989. (Begleitforschung des Landes Nordrhein-Westfalen zum Kabelpilotprojekt Dortmund ; 23)

Schellenberg, Martin, Pluralismus: Zu einem medienrechtlichen Leitmotiv in Deutschland, Frankreich und Italien, AöR 119 (1994), S. 427 ff.

Schmidt-Bleibtreu, Bruno / Klein, Franz, Kommentar zum Grundgesetz, 8. Auflage, Neuwied, Kriftel, Berlin, 1995

Schmitt, Carl, Verfassungslehre, 5., unveränderte Auflage, unveränderter Nachdruck der 1928 erschienenen 1. Auflage, Berlin, 1970

Schnur, Roman (Hrsg.), Festschrift für Ernst Forsthoff zum 70. Geburtstag, München, 1972

Schoch, Friedrich, Betätigung öffentlich-rechtlicher Anstalten und Körperschaften im Online-Bereich, AfP 1998, 253 ff.

Scholz, Ruppert, Das dritte Fernsehurteil des Bundesverfassungsgerichts, JZ 1981, S. 561 ff.

Schult, Gerhard / Buchholz, Axel (Hrsg.), Fernseh-Journalismus, 6., aktualisierte Auflage, München 2002.

Schulze-Fielitz, Helmuth, Betätigung öffentlich-rechtlicher Institutionen im Onlinebereich, AfP 1998, 447 ff.

Schwab, Jürgen, Probleme der Grundrechtsdogmatik, Darmstadt, 1977

Schwarze, Jürgen (Hrsg.), EU-Kommentar, Baden-Baden, 2000

Schwarzkopf, Dietrich (Hrsg.), Rundfunkpolitik in Deutschland, Wettbewerb und Öffentlichkeit, Band 1, München, 1999

Schwarzkopf, Dietrich, Funktionsauftrag, Funkkorrespondenz, 32.2003, 3 ff.

Selmer, Peter / Gersdorf, Hubertus, Die Finanzierung des Rundfunks in der Bundesrepublik Deutschland auf dem Prüfstand des EG-Beihilferegimes, Berlin, 1994

Selmer, Peter, Bestands- und Entwicklungsgarantie für den öffentlich-rechtlichen Rundfunk in einer dualen Rundfunkordnung, Berlin, 1988

Steinwärder, Philipp, Die Arbeitsgemeinschaft der öffentlichen Rundfunkanstalten der BRD – Entstehung, Tätigkeitsfelder und Rechtsnatur, Materialien zur interdisziplinären Medienforschung; (Bd.31), zugl. Hamburg Univ. Diss.1998, Baden-Baden/Hamburg 1998

Stern, Klaus, Das Staatsrecht der Bundesrepublik Deutschland, Band III/1, Allgemeine Lehren der Grundrechte, München, 1988

Stock, Martin, Medienfreiheit als Funktionsgrundrecht: die journalistische Freiheit des Rundfunks als Voraussetzung allgemeiner Kommunikationsfreiheit, München, 1985

Streinz, Rudolf, Europarecht, Heidelberg, 2003

Streinz, Rudolf, EUV/EGV, Vertrag über die Europäische Union und Vertrag zur Gründung der Europäischen Gemeinschaft, München, 2003

Stuiber, Heinz-Werner, Medien in Deutschland, Band 2 Rundfunk, Teil 1 und 2 Konstanz, 1998

Vesting, Thomas, Prozedurales Rundfunkrecht, Baden-Baden/Hamburg, 1997

Volkmann, Uwe, Veränderungen der Grundrechtsdogmatik JZ 6/2005, S. 261 ff.

von der Decken, Georg, Meinungsäußerungsfreiheit und Recht der persönlichen Ehre, NJW 1986, 1400 ff.

von Mangoldt, Hermann / Klein, Friedrich / Starck, Christian, Das Bonner Grundgesetz, Kommentar, 3. neubearbeitete Auflage, Band 1, München, 1985

von Münch, Ingo / Kunig, Philip (Hrsg.), Grundgesetz-Kommentar, München 2000,

von Wallenberg, Gabriela, Fortentwicklung des dualen Rundfunksystems zur Überwindung der wettbewerblichen Schieflage zwischen privatem und öffentlich-rechtlichem Rundfunk, ZUM 2004, 875 ff.

Weber, Werner, Rundfunkfreiheit – Rundfunkmonopol in: *Schnur (Hrsg.),* Festschrift für Ernst Forsthoff, München, 1972, S. 467 ff.

Wilke, Jürgen (Hrsg.), Mediengeschichte in Deutschland, Köln, Wien, 1999

Wolf, Joachim, Medienfreiheit und Medienunternehmen, Berlin, 1985

Zweites Deutsches Fernsehen, Jahrbuch 1962/1964, Mainz, 1965

Zweites Deutsches Fernsehen, Jahrbuch 1996, Mainz, 1997

Zweites Deutsches Fernsehen, Jahrbuch 1997, Mainz, 1998

Zweites Deutsches Fernsehen, Jahrbuch 2002, Mainz, 2003

Zweites Deutsches Fernsehen, Jahrbuch 2003, Mainz, 2004

Studien zum deutschen und europäischen Medienrecht

Herausgegeben von Dieter Dörr und Udo Fink
mit Unterstützung der Dr. Feldbausch Stiftung

Band 1 Peter Charissé: Die Rundfunkveranstaltungsfreiheit und das Zulassungsregime der Rundfunk- und Mediengesetze. Eine verfassungs- und europarechtliche Untersuchung der subjektiv-rechtlichen Stellung privater Rundfunkveranstalter. 1999.

Band 2 Dieter Dörr: Umfang und Grenzen der Rechtsaufsicht über die Deutsche Welle. 2000.

Band 3 Claudia Braml: Das Teleshopping und die Rundfunkfreiheit. Eine verfassungs- und europarechtliche Untersuchung im Hinblick auf den Rundfunkstaatsvertrag, den Mediendienste-Staatsvertrag, das Teledienstegesetz und die EG-Fernsehrichtlinie. 2000.

Band 4 Dieter Dörr, unter Mitarbeit von Mark D. Cole: *Big Brother* und die Menschenwürde. Die Menschenwürde und die Programmfreiheit am Beispiel eines neuen Sendeformats. 2000.

Band 5 Martin Stock: Medienfreiheit in der EU-Grundrechtscharta: Art. 10 EMRK ergänzen und modernisieren! 2000.

Band 6 Wolfgang Lent: Rundfunk-, Medien-, Teledienste. Eine verfassungsrechtliche Untersuchung des Rundfunkbegriffs und der Gewährleistungsbereiche öffentlich-rechtlicher Rundfunkanstalten unter Berücksichtigung einfachrechtlicher Abgrenzungsfragen zwischen Rundfunkstaatsvertrag, Mediendienstestaatsvertrag und Teledienstegesetz. 2001.

Band 7 Torsten Schreier: Das Selbstverwaltungsrecht der öffentlich-rechtlichen Rundfunkanstalten. 2001.

Band 8 Dieter Dörr: Sport im Fernsehen. Die Funktionen des öffentlich-rechtlichen Rundfunks bei der Sportberichterstattung. 2000.

Band 9 Dieter Dörr (Hrsg.): www.otello.de. Klassik nur noch im Internet oder per pay? Symposium aus Anlass des 85. Geburtstages von Professor Dr. Heinz Hübner. 2000.

Band 10 Markus Nauheim: Die Rechtmäßigkeit des Must-Carry-Prinzips im Bereich des digitalisierten Kabelfernsehens in der Bundesrepublik Deutschland. Illustriert anhand des Vierten Rundfunkänderungsstaatsvertrages. 2001.

Band 11 Stefan Sporn: Die Ländermedienanstalt. Zur Zukunft der Aufsicht über den privaten Rundfunk in Deutschland und Europa. 2001.

Band 12 Christian Ebsen: Fensterprogramme im Privatrundfunk als Mittel zur Sicherung von Meinungsvielfalt. 2003.

Band 13 Dieter Dörr / Stephanie Schiedermair: Rundfunk und Datenschutz. Die Stellung des Datenschutzbeauftragten des Norddeutschen Rundfunks. Eine Untersuchung unter besonderer Berücksichtigung der verfassungsrechtlichen und europarechtlichen Vorgaben. 2002.

Band 14 Dieter Dörr (Hrsg.): Rundfunk über Gebühr. Die Finanzierung des öffentlich-rechtlichen Rundfunks im Zeitalter der technischen Konvergenz. 3. Mainzer Mediengespräch. 2003.

Band 15 Dieter Dörr / Stephanie Schiedermair: Die Deutsche Welle. Die Funktion, der Auftrag, die Aufgaben und die Finanzierung heute. 2003.

Band 16 Frauke Blechschmidt: Das Instrumentarium audiovisueller Politik der Europäischen Gemeinschaft aus kompetenzrechtlicher Sicht. 2003.

Band 17 Christine Jury: Die Maßgeblichkeit von Art. 49 EG für nationale rundfunkpolitische Ordnungsentscheidungen unter besonderer Berücksichtigung von Art. 151 EG. Eine Untersuchung am Beispiel öffentlich-rechtlicher Spartenkanäle. 2005.

Band 18 Sabine Groh: Die Bonusregelungen des § 26 Abs. 2 S. 3 des Rundfunkstaatsvertrages. 2005.

Band 19 Sylke Wagner: Das *Websurfen* und der Datenschutz. Ein Rechtsvergleich unter besonderer Berücksichtigung der Zulässigkeit sogenannter *Cookies* und *Web Bugs* am Beispiel des deutschen und U.S.-amerikanischen Rechts. 2006.

Band 20 Stephanie Reese: Der Funktionsauftrag des öffentlich-rechtlichen Rundfunks vor dem Hintergrund der Digitalisierung. Zur Konkretisierung des Funktionsauftrages in § 11 Rundfunkstaatsvertrag. 2006.

Band 21 Henrike Maaß: Der Dokumentarfilm – Bürgerlichrechtliche und urheberrechtliche Grundlagen der Produktion. 2006.

Band 22 Dorit Bosch: Die „Regulierte Selbstregulierung" im Jugendmedienschutz-Staatsvertrag. Eine Bewertung des neuen Aufsichtsmodells anhand verfassungs- und europarechtlicher Vorgaben. 2007.

Band 23 Johannes Gerhard Reitzel: Arbeitsrechtliche Aspekte der Arbeitnehmerähnlichen im Rundfunk. 2007.

Band 24 Ulf Böge / Jürgen Doetz / Dieter Dörr / Rolf Schwartmann: Wieviel Macht verträgt die Vielfalt? Möglichkeiten und Grenzen von Medienfusionen. 2007.

Band 25 Valérie Schüller: Die Auftragsdefinition für den öffentlich-rechtlichen Rundfunk nach dem 7. und 8. Rundfunkänderungsstaatsvertrag. 2007.

www.peterlang.de

FSC
www.fsc.org
MIX
Papier | Fördert gute Waldnutzung
FSC® C083411

Kolibri 360 GmbH
Ferdinand-Jühlke-Straße 7
99095 Erfurt, Deutschland
produktsicherheit@kolibri360.de

Druck:
CPI Druckdienstleistungen GmbH
im Auftrag der
Kolibri 360 GmbH
Ferdinand-Jühlke-Str. 7
99095 Erfurt